广视角·全方位·多品种

权威·前沿·原创

皮书系列为
"十二五"国家重点图书出版规划项目

中国西北发展报告
（2014）

ANNUAL REPORT ON DEVELOPMENT OF NORTHWEST CHINA
(2014)

主　编／张进海　陈冬红　段庆林

图书在版编目(CIP)数据

中国西北发展报告.2014/张进海,陈冬红,段庆林主编.—北京:社会科学文献出版社,2013.12
(西北蓝皮书)
ISBN 978-7-5097-5416-0

Ⅰ.①中… Ⅱ.①张… ②陈… ③段… Ⅲ.①区域经济发展-研究报告-西北地区-2014 Ⅳ.①F127.4

中国版本图书馆 CIP 数据核字 (2013) 第 293095 号

西北蓝皮书
中国西北发展报告 (2014)

主　　编 / 张进海　陈冬红　段庆林

出 版 人 / 谢寿光
出 版 者 / 社会科学文献出版社
地　　址 / 北京市西城区北三环中路甲 29 号院 3 号楼华龙大厦
邮政编码 / 100029

责任部门 / 皮书出版中心 (010) 59367127　　责任编辑 / 李舒亚　陈　颖
电子信箱 / pishubu@ssap.cn　　　　　　　　　责任校对 / 谢　敏
项目统筹 / 邓泳红　　　　　　　　　　　　　责任印制 / 岳　阳
经　　销 / 社会科学文献出版社市场营销中心 (010) 59367081　59367089
读者服务 / 读者服务中心 (010) 59367028

印　　装 / 北京季蜂印刷有限公司
开　　本 / 787mm×1092mm　1/16　　　印　张 / 19.5
版　　次 / 2013 年 12 月第 1 版　　　　　字　数 / 316 千字
印　　次 / 2013 年 12 月第 1 次印刷
书　　号 / ISBN 978-7-5097-5416-0
定　　价 / 69.00 元

本书如有破损、缺页、装订错误,请与本社读者服务中心联系更换

版权所有　翻印必究

西北蓝皮书编委会

主编单位 宁夏社会科学院

协办单位 陕西省社会科学院
　　　　　　甘肃省社会科学院
　　　　　　青海省社会科学院
　　　　　　新疆社会科学院

主　　任 张进海

副 主 任 任宗哲　王福生　赵宗福　高建龙

主　　编 张进海　陈冬红　段庆林

执行主编 段庆林

编　　委（以姓氏笔画为序）
　　　　　　马廷旭　王　磊　王福生　石　英　任宗哲
　　　　　　朱智文　陈冬红　杨　辽　杨　芳　张进海
　　　　　　张少明　苏海红　段庆林　赵宗福　赵　晓
　　　　　　高建龙　葛志新

主要编撰者简介

张进海 男,汉族,1959年9月生,陕西铜川人,中共党员,研究生学历,教授,主任编辑。历任宁夏军区政治部文教办、干部文化学校、教导大队干事、教员,部队连文书、团司令部参谋;宁夏区党委宣传部办公室副主任,宣传处处长,新闻出版处处长;宁夏石嘴山市委常委,宣传部部长,宁夏固原师范高等专科学校党委书记,宁夏师范学院党委书记、院长。现任宁夏社会科学院院长,院学术委员会主任、文化学科学术带头人。兼任自治区人大常委、宁夏六盘山书画院名誉院长、宁夏文联委员、宁夏书法家协会理事等。主要研究方向为政治学、新闻传播学。

担任宁夏社会科学院院长以来,致力于繁荣哲学社会科学,围绕服务党政决策、服务发展、服务社会、服务基层,大力推进科研工作转型、建设社会主义新智库的工作,加强优势特色学科建设和人才培养,加强基础理论研究和应用对策研究,加强对外学术交流,采取多种措施活跃学术氛围,推动应用经济学、回族学、西夏学、宁夏地方历史文化、社会学、法学、文化学等学科的建设和发展,重视宁夏重大现实问题研究,积极推进应用对策研究成果转化,在自治区经济社会发展中发挥了应有作用。

主持国家重点文化项目和自治区社科规划项目各1项,自治区政府重大文化项目6项,宁夏重大现实问题研究课题8项。《新闻舆论与大众传媒》获宁夏第八次社会科学优秀成果著作三等奖,论文《银鄂榆三角区域经济发展战略研究》获宁夏第11次社会科学优秀成果论文一等奖等。

陈冬红 女,汉族,河南郑州市人,中共党员,经济学博士,中国人民大学博士后流动站应用经济学博士后,研究员,教授,硕士研究生导师,现任宁夏社会科学院党组成员、副院长。曾任宁夏财政厅党组成员、副厅长,宁夏地方税务局党组成员、副局长,河南省财政(厅)科学研究所所长,河南财政税务高等专科学校财政系主任等职。

从事财政和税务实际部门管理、财税经济理论政策研究、财经英语及财政专业教学与管理工作30多年来,完成《财政学》《资源配置论》等专著教材及财税经济理论研究成果和国家省部级等重点课题100多项(部),在《经济研究》《财政研究》《税务研究》等国际国内核心期刊公开发表及全文转载论文研究报告30余篇,获财政部等省部级以上特等奖、一等奖、"五个一工程"入选奖等20多项。

段庆林 男,汉族,1963年9月出生,宁夏平罗县人,经济学研究生学历,所学专业先后为统计学和管理学。曾任国家统计局宁夏农村经济社会调查队统计师,《调研世界》杂志编辑部主任。现系宁夏社会科学院综合经济研究所所长、研究员,院应用经济学科建设负责人、学术带头人。是中国生态经济学会理事,宁夏经济学会副会长,宁夏可持续发展研究会副理事长,宁夏大学客座教授,宁夏统计学会常务理事,宁夏金融学会理事,宁夏作家协会会员,宁夏诗词学会副会长。中组部等单位选派的首届(2004年度)"西部之光"访问学者赴中国社会科学院学习。2011年应美国驻华大使馆邀请参加美国国务院"国际访问者计划"项目赴美国访问。入选宁夏"新世纪313人才工程"学术技术带头人(2004年度),享受宁夏回族自治区人民政府特殊津贴专家(2008年度)。

研究领域涉及区域经济学、农村经济学、内陆开放与中阿合作、宁夏发展战略研究等。主持了国家社会科学基金西部项目、宁夏社会科学基金重点项目、自治区规划重大课题及社会委托课题50多项课题研究,完成科研成果100多万字。有关农村社会保障的研究报告被收入2002年中国人民大学汇编的《收入分配与社会保障》一书,该书被认为是我国收入分配与社会保障方面的代表性研究成果。被有关文献检索为"1995~1999年间《中国农村经济》杂志58位中外核心作者之一,我国近年来高水平农村经济研究论文的主要生产者"。近年来其撰写的对策研究报告多次获得自治区党政主要领导的高度评价。

在《管理世界》《经济学家》《社会学研究》《战略与管理》《中国软科学》《中国农村经济》《经济研究参考》《统计研究》《经济学消息报》《农业经济问题》等国家级权威学术期刊和核心期刊等公开发表论文百余篇。有 13 篇论文被中国人民大学复印报刊资料有关专题全文转载，或被《中国社会科学文摘》杂志摘编。研究成果获得 10 多次省部级奖励。出版专著有《中国农村家庭经济研究》（2004 年）、《城与乡——宁夏二元结构变迁研究》（2012 年）等。参与主编《宁夏经济蓝皮书》《宁夏经济年鉴》等十余部专著。

摘　要

《中国西北发展报告》(西北蓝皮书)是由我国西北地区陕西、甘肃、宁夏、青海、新疆五个省、自治区社会科学院联合组织长期从事中国西北地区发展问题的专家学者撰写,并由社会科学文献出版社出版的专题研究报告。从2012年起每年一部,由西北各省区轮流主编。《中国西北发展报告(2014)》是"西北蓝皮书"的第三部,由宁夏社会科学院主编。

《中国西北发展报告(2014)》在篇章结构上分为总报告、综合篇、评价篇、专题篇、开放篇、特色篇、区域篇等七个部分。

总报告以"黄河文明与中国梦"为题,分析了我国历史上东西部地区关系及其黄河文明与海洋文明的冲突与融合。分析了我国社会主义建设时期和改革开放时期的区域发展政策及其对西北地区发展的影响,阐释了西北地区在实现中国梦中的战略地位。分析了党的十八大以来西北地区的经济形势,特别是当前煤炭市场及其民间借贷危机等热点问题。十八届三中全会是中国改革开放的历史新起点,我们围绕转变政府职能、打造经济升级版、建设丝绸之路经济带等精神,提出了新形势下西部大开发的政策建议。

综合篇从西北地区经济建设、社会建设、文化建设以及生态文明建设等几方面进行了系统分析,指出了面临的问题与挑战,提出了西北地区"五位一体"建设的对策建议。评价篇对西北地区城市竞争力进行了综合评价,注重西北地区最适宜居住、最适宜创业城市目标建设。专题篇对西北地区羊绒产业、清真产业、能源产业等特色产业,以及贫困问题等专题进行了调查研究。开放篇围绕丝绸之路经济带战略思想,重点分析了西北地区对外开放情况,提出利用中国—阿拉伯国家博览会、中国—亚欧博览会等平台,探索向西开放道路,建设西北地区开放型经济的政策建议。特色

篇重在展现西北地区的发展特色,对建设三江源国家生态保护综合试验区、甘肃华夏文明传承创新区以及兰州新区,还有民间信仰管理等进行了探索。区域篇对关中—天水经济区、陕甘宁革命老区、呼包银榆经济区、青海东部城市群、新疆区域协调发展等问题进行了分析研究,提出了加快各自经济区发展的对策建议。

Abstract

Annual Report on the Development of Northwest China (the Blue Book of Northwest China), is contributed by experts and scholars long and deeply engaged in development issues of Northwest China. These experts and scholars, as well as the writing work, are organized by the Academies of Social Sciences of the five northwestern provinces or autonomous regions, namely Shaanxi, Gansu, Ningxia, Qinghai and Xinjiang. The final reports would be published by Social Sciences Academic Press of China. This report first came out in 2012, and from then on, the five provinces have taken turns in the editing work. The present report, *Annual Report on the Development of Northwest China* (2014), will be the third of the northwest blue book series, which has been successfully edited by Ningxia Academy of Social Sciences.

Annual Report on the Development of Northwest China (2014) is divided into 7 parts, including a general report, comprehensive reports, city evaluation report, thematic reports, open development reports, featured development reports and regional development reports.

The general report, which was titled '*Yellow River Civilization and the Chinese Dream*', gives an analysis on the relationship between the east and the west parts of China in history, as well as the clash and integration of Yellow River civilization and ocean civilization. Then the report analyzes the effects of regional policies on the development of northwestern China during China's socialist construction period as well as the reform and opening period. Through such analysis, the strategic importance of the northwest regions to the realization of the Chinese dream is explained and clarified. The part also presents an overview of the economic situation in Northwest China since the 18th CPC National Congress. In particular, hot issues, including the coal market problem and private lending crisis, are examined we argue that the Third Plenary Session of the 18th National Congress would be a new historical occasion for China's reform and opening undertaking. After the session, transformation of government functions must be stressed; an upgraded northwest

economy and a new Silk Road Economic Zone should be created. Based on these perspectives, the report proposes policy recommendations regarding the Western Development under the current situation.

The comprehensive reports with economic, social, cultural and ecological civilization construction and Islamic social issues in northwest China. Related problems and challenges are pointed out and a five-in-one suggestion about its development is put forward.

The evaluation part conducted a comprehensive evaluation on urban competitiveness, focusing on targets of constructing most livable and business friendly cities.

In the thematic reports, special subjects concerning cashmere industry, halal industry, energy industry and regional poverty were investigated.

In the open development reports, based on the strategy of constructing the Silk Road Economic Zone, the situation of Northwest China with respect to ecomomic opning is analyzed. Taking full advantage of China-Arab Expo, China-Asia-Europe Expo, as well as other platforms would be of great importance to the exploration of a westward opening path and building a more open economy in Northwest China.

The featured development reports mainly displayed northwest China's development characteristics. The construction of the comprehensive experimental eco-protection zone in the Three-River source areas, the construction of Chinese civilization innovation zone in Gansu, the construction of new city area in Lanzhou, and the management of folk beliefs in Shaanxi were explored.

The regional development reports continue to discuss specific regional development issues in northwest China. The development of Guanzhong-Tianshui Economic Zone, the development of old revolutionary base areas in Shaanxi, Gansu and Ningxia, the development of Hohhot-Baotou-yinchuan-yalin Economic Area, the construction of urban agglomerations in eastern Qinghai, and coordinated regional development within Xinjiang are analyzed.

Finally, this year's blue book gives space for the systematic discussion and analysis of Heishanxia Development Project, or Daliushu Water Conservancy Project in Yellow River, which had ever been a contention for decades and closely related to the long-term development of Ningxia, Gansu, Shaanxi, Inner Mongolia, and other northwestern provinces.

目录

BⅠ 总报告

B.1 黄河文明与中国梦
　　——2013年中国西北地区经济社会发展总报告 ········ 段庆林 / 001
　　一 黄河文明与激荡的百年史 ·· / 002
　　二 新西部大开发政策目标：打造西北经济升级版 ············· / 006
　　三 中国西进战略：建设丝绸之路经济带 ·························· / 013
　　四 十八届三中全会与中国西北地区发展 ·························· / 019

BⅡ 综合篇

B.2 2013年中国西北地区经济发展报告 ················ 马建飞 / 025
B.3 2013年中国西北地区社会发展报告 ················ 李有发 / 039
B.4 2013年中国西北地区文化发展报告 ········· 周　丽　梁红营 / 051
B.5 2013年中国西北地区生态文明建设研究报告 ········ 王林伶 / 064

BⅢ 评价篇

B.6 中国西北地区最适宜居住、最适宜创业城市综合评价报告
　　·· 段庆林 / 074

B Ⅳ 专题篇

B.7 中国西北地区羊绒产业集群发展研究 …………… 杨巧红 / 090

B.8 中国西北地区清真产业发展研究 …………… 田晓娟 / 103

B.9 中国西北地区现代能源产业体系研究
——以新疆为例 …………… 王宏丽 / 115

B.10 中国西北地区扶贫开发研究 …………… 张芙蓉 / 129

B Ⅴ 开放篇

B.11 陕西建设内陆开放型经济高地研究 …………… 高云艳 / 140

B.12 重振丝绸之路与甘肃向西开放研究 …………… 马亚萍 索国勇 / 152

B.13 宁夏内陆开放型经济试验区研究 …………… 张耀武 / 163

B.14 青海扩大对外贸易研究 …………… 杜青华 德青措 / 173

B.15 新疆打造我国向西开放桥头堡研究 …………… 苏 成 蒙永胜 / 183

B Ⅵ 特色篇

B.16 三江源国家生态保护综合试验区研究报告 …………… 张贺全 / 195

B.17 甘肃华夏文明传承创新区建设研究 …………… 何 苑 / 206

B.18 陕西民间信仰现状与管理模式研究 …………… 李继武 / 215

B.19 兰州新区建设研究 …………… 马继民 / 225

ⒷⅦ 区域篇

Ⓑ.20 关中—天水经济区发展报告 …………………… 吴　刚 / 235

Ⓑ.21 陕甘宁革命老区发展报告 ……………………… 罗　哲 / 246

Ⓑ.22 呼包银榆经济区发展报告 ……………………… 郭亚莉 / 259

Ⓑ.23 青海东部城市群建设研究 ……………………… 马　锐 / 270

Ⓑ.24 促进新疆区域协调发展的战略思考 …………… 董兆武 / 281

皮书数据库阅读使用指南

CONTENTS

B I General Report

B.1 Yellow River Civilization and the Chinese Dream: A General Report of Northwest China's Economic and Social Development in 2013

Duan Qinglin / 001

    1. *Yellow River Civilization and Its Development in the Past Century* / 002

    2. *Building an Upgraded Version of the Northwest Economy: The Goal of New Western Development Policy* / 003

    3. *Constructing the Silk Road Economic Belt: A new Westward Strategy for China* / 013

    4. *Third Plenary Session of the Eighteenth National Congress and Regional Development of Northwest China* / 019

B II Comprehensive Reports

B.2 On Economic Development in Northwest China in 2013   *Ma Jianfei* / 025

B.3 On Social Development in Northwest China in 2013   *Li Youfa* / 039

B.4 On Cultural Development in Northwest China in 2013   *Zhou Li, Liang Hongying* / 051

B.5 On Eco-civilization Construction in Northwest China in 2013   *Wang Linling* / 064

CONTENTS

BIII City Evaluation Report

B.6 A Comprehensive Report on Most Livable Cities and Most Entrepreneur Friendly cities in Northwest China *Duan Qinglin* / 085

BIV Thematic Reports

B.7 On Cashmere Industry and Its Cluster Effects in Northwest China *Yang Qiaohong* / 101

B.8 On the Development of Halal Industry in Northwest China *Tian Xiaojuan* / 114

B.9 On the Construction of Modern Energy Industry System in Northwest China: The Case of Xinjiang *Wang Hongli* / 126

B.10 On Regional Poverty Alleviation and Development in Northwest China *Zhang Furong* / 140

BV Open Development Reports

B.11 On the Construction of Inland Open Economy Highland in Shaanxi Province *Gao Yunyan* / 151

B.12 On the Revitalization of the Silk Road and Gansu Province's Westward Opening Strategy *Ma Ya-ming, Suo Guoyong* / 163

B.13 On the Construction of Inland Open Economic Experimental Zone in Ningxia Hui Autonomous Region *Zhang Yaowu* / 174

B.14 On the Expansion of Foreign Trade in Qinghai Province *Du Qing-hua, De Qingcuo* / 184

B.15 On Building Xinjiang into a Gateway in China's Westward Opening Strategy *Su Cheng, Meng Yongsheng* / 194

B VI Featured Development Reports

B.16 On the Construction of Comprehensive Experimental Eco-protection Zone in the Three-River Source Areas　*Zhang Hequan* / 206

B.17 On the Construction of Chinese Civilization Innovation Zone in Gansu Province　*He Yan* / 217

B.18 On the Management Model for Folk Beliefs in Shaanxi Province　*Li Jiwu* / 226

B.19 On the Construction of New Area in Lanzhou City　*Ma Jimin* / 236

B VII Regional Development Reports

B.20 On the Development of Guanzhong-Tianshui Economic Zone　*Wu Gang* / 246

B.21 On the Development of Old Revolutionary Base Areas in Shaanxi, Gansu and Ningxia　*Luo Zhe* / 257

B.22 On the Development of Hu-Bao-Yin-Yu Economic Area　*Guo Yali* / 270

B.23 On the Construction of Urban Agglomerations in Eastern Qinghai　*Ma Rui* / 281

B.24 Strategic Thinking on the Promotion of Coordinated Regional Development in Xinjiang　*Dong Zhaowu* / 292

总 报 告

General Report

B.1
黄河文明与中国梦
——2013年中国西北地区经济社会发展总报告

段庆林*

摘　要： 本报告从历史、产业、区域、政策四个方面分析了西北地区经济热点问题。从中国梦入题，分析了黄河文明的兴衰，以及新中国区域政策的变化对西北地区发展的影响。本报告研究了西北地区产业结构，煤炭市场变局以及鄂尔多斯—神木民间借贷危机、新型煤化工等问题；提出理顺地方—央企资源开发分配关系、实施第三代民族政策等建议。对丝绸之路经济带中西北各省区的战略定位进行了梳理，提出优先共同打造中亚经济带、探索伊斯兰经济走廊、建设国家级清真产业集聚区等建议。采用三大分配形式理论，分析了十八届三中全会全面深化改革决

---

* 段庆林，宁夏社会科学院综合经济研究所所长、研究员，宁夏回族自治区人民政府特殊津贴专家，研究方向为中国农村经济、西北区域经济、内陆开放与中阿合作，以及宁夏发展战略等。

定对西北地区发展将会产生的影响。

关键词:

黄河文明　丝绸之路经济带　西部大开发　三大分配形式

2013年,党的十八大报告、十八届三中全会公报和决定揭开全面深化改革序幕。丝绸之路经济带的提出给西北地区发展提供了历史机遇。努力提高经济发展的质量与效益,弘扬黄河文明,是实现中国梦的关键。

一　黄河文明与激荡的百年史

(一)中国梦

2012年11月29日,新一届中央领导集体在国家博物馆参观"复兴之路"展览过程中,习近平总书记提出:实现中华民族伟大复兴,就是中华民族近代以来最伟大的梦想。"中国梦"的本质内涵是实现国家富强、民族复兴、人民幸福,真正实现每个人的自由和全面发展①。全面建成小康社会和建成富强民主文明和谐的社会主义现代化国家,是中国梦的中心任务和核心环节。

实现民族复兴的中国梦,核心就是实现国家现代化②。中国梦的第一要义,就是实现综合国力进一步跃升。西北地区以占全国20%的土地、7.2%的人口,实现经济总量只占全国的6.1%,欠发达是西北地区最大的区情,西北地区处于社会主义初级阶段的较低层次。中国梦的根本目的,就是要实现好、维护好、发展好最广大人民的根本利益。必须实现跨越式发展,才能与全国同步进入全面小康社会。中华文明的复兴是实现中国梦的具体表现。黄河中下游地区是中华民族的摇篮,西北地区在很长历史时期内是我国政治、经济、文化

---

① 习近平:《在第十二届全国人民代表大会第一次会议上的讲话》,《学习》(活页文选)2013年第23期。
② 人民日报社论:《为现代中国凝聚梦想力量——热烈庆祝中华人民共和国成立64周年》,《人民日报》2013年10月1日。

中心。目前中华文明已经开启了向经济、政治、文化、社会、生态文明全面发展的更高阶段演进的新格局，西北地区"五位一体"建设任务艰巨，积极培育和践行社会主义核心价值观，促进人的全面发展，加强民族团结，实现共同发展，必将极大提升"中国梦"的吸引力、凝聚力和感召力。

2012年西北地区各省、自治区党代会上，陕西提出全面建设西部强省，新疆提出实现跨越式发展与长治久安目标，宁夏提出建设和谐富裕新宁夏，青海提出建设富裕文明和谐新青海，甘肃提出富民兴陇等。各省区均因地制宜提出了本省实现"中国梦"的阶段性目标。

（二）黄河文明与海洋文明

黄河文明是中华文明的主体，河流是缔造文明的血脉，从三皇五帝到夏、商、周三代，从《诗经》《易经》到百家争鸣，中华文明历史最悠久和价值最精华的部分产生于黄河流域。商鞅变法以郡县制、军爵制、农战立国等中央集权主义使贫弱的秦国脱颖而出，秦始皇以关中地区为经济基础统一六国，开辟了黄河文明兴盛期，直至大唐盛世，西安是我国长达一千多年的政治、经济、文化中心。宋朝是黄河文明由盛而衰的转折点，在元、明、清三朝直至当代中国，形成了以南方为经济中心、北方为政治中心的格局，西北地区地位大大降低。

在航海技术没有突破的历史时期，海洋对我国东南沿海地区既是保护也是封闭。我国古代很长时期主要依靠西北陆路与其他文明交往。西汉时期张骞两次出使西域，形成了连接欧亚大陆的丝绸之路。丝绸、陶瓷是中国通过西北地区输出的最主要商品，古代黄河流域温暖湿润，很适合种桑养蚕，传说丝绸之母是黄帝的妻子嫘祖，中国古代尤其是黄河流域很早就掌握了高超的丝绸生产技艺。商贸往来在给中国传来葡萄、石榴、胡麻、西红柿、菠菜等新物种的同时，也使佛教于两汉之际、伊斯兰教于唐代通过西域传入汉地，中国的造纸术、印刷术等技术也传入中亚和欧洲。

我国古代长期受到北方游牧民族的侵扰。魏晋南北朝时期，由于发生大规模的战乱，北方经济遭到严重破坏，而士族阶层南迁给本来安定的南方带去了文化和技术。唐代安史之乱彻底破坏了黄河流域经济基础，宋代失去对西北丝绸之路的控制。虽然元代、明代、清代对西域控制力很强,却难以遏制经济中心向南方转移,西北丝绸之路再难以重现亚欧经济走廊的辉煌。随着南方经济的崛起,海上丝绸之路成为对西北丝绸之路的替代。

我国海上丝绸之路开辟于汉武帝时期,主要是与东南亚地区的贸易。宋代指南针广泛应用于航海,形成广州、泉州、杭州等贸易中心,开辟了横越印度洋的航线。明代的航海技术已经达到世界先进水平,郑和率众28年间(1405~1433年)七次远航东南亚、东非等地,尽管比哥伦布发现新大陆早了将近100年,但目的完全不同。清初严禁"片帆入海",以隔绝大陆人民与台湾郑氏抗清力量交通,在开海与禁海之间反复。为了海防安全,乾隆时期只准在广州一口贸易。闭关政策破坏了国际贸易关系,使中国从唐宋重商时期转变为明清重农时期,直到鸦片战争,中国生产力已经明显落后。

西北丝绸之路衰落,促使西欧国家寻找通往中国的海路。15~17世纪,葡萄牙与西班牙等国由欧洲通往印度新航路的发现、美洲的发现、环球航行的成功以及其他航海探险活动,扩大了国际市场。18世纪60年代以后,就在清朝皇帝还做着"天朝大国"美梦之时,蒸汽机、煤炭、钢铁促成英国第一次工业革命,开始了资本主义发展浪潮。1840年鸦片战争爆发,英国侵略者终于用坚船利炮打开了中国的大门,各国列强陆续逼迫清政府签订了一系列不平等条约,中国逐步转变为半殖民地半封建的国家。第一次鸦片战争后,中国开放了上海、广州、福州、厦门、宁波5个通商口岸;第二次鸦片战争后,又增开了11个通商口岸。沿海地区是我国资本主义最早萌芽和发展的地区,西北地区与其差距逐步扩大。

(三)两个百年目标:全面小康社会与实现国家现代化

实现中国梦的两个历史阶段[①]。第一个百年,从1840年鸦片战争到1949年新中国成立,是寻找复兴之路,实现国家独立、民族解放的历史;第二个百年,从1949年新中国成立到21世纪中叶,建成现代化国家。

近代中国向西方学习,救亡与富强是最基本的追求。鸦片战争后,清政府

---

① 冷溶:《什么是中国梦,怎样理解中国梦》,《学习》(活页文选)2013年第21期。

开始洋务、维新等自强运动，"师夷长技以制夷"，学习列强的工业技术和商业模式在沿海地区发展近代工业。1911年辛亥革命推翻了清朝统治，孙中山提出"振兴中华"的口号，但依然是军阀混战、民不聊生。抗日战争时期沿海地区工业被迫向西南等大后方转移。长期战乱使民国始终没有能力解决地区差距问题。

新中国成立以来，确立了"鼓足干劲，力争上游，多快好省地建设社会主义"的总路线，以及追英赶美、实现国家现代化的目标。为了跳出历史周期律，中国对社会主义建设进行了探索。一是实施区域均衡发展政策，全国支援边疆建设，尤其是三线建设，大批沿海企业搬迁到西部地区，使一穷二白的中西部地区大大提高了工业化水平，1953～1978年全国GDP年均增长6.5%。二是优先发展重化工业，较多布局于西部地区，初步建立起全国完整的工业体系，独立自主发展起以"两弹一星"为代表的尖端国防力量。三是加强基础设施建设，注重大江大河治理，中西部地区交通、运输、邮电、水利、市政等工程大规模建设。四是建立高度普惠性的教育、医疗卫生、文化等社会事业，学龄儿童入学率从解放前的20%提高到1976年的97.1%，人均预期寿命从35岁增加到68岁。由于社会主义制度大试验的极"左"倾向，一系列政策不利于精英集团和沿海地区，党内路线斗争引发"文化大革命"等政治运动。

改革开放以后，在1978～1993年以放权让利为主的分权主义改革中，按照邓小平"两个大局"战略思想，一部分地区一部分人先富起来。联产承包改革取得成功以后，沿海地区获得经济特区特殊优惠政策，吸引外商直接投资，乡镇企业、民营经济异军突起，形成以轻工业、服务业为主体的外向型经济。中西部地区以劳务输出和资源输出参与了东部地区建设，西部地区与沿海东部地区差距逐步扩大。1993～2012年，是我国开始集权主义的改革时期。实行分税制以后，国家财政能力大幅度提高。1999年开始实施西部大开发政策，西北地区在重化工业中得到迅速发展，退耕还林、封山禁牧等改善了生态环境。但在30多年的市场化改革中，西北地区在市场配置资源和政府配置资源中均处于不利地位，实施公平与效率兼顾的区域政策，是实现全面小康社会的基础。

英国地缘政治学家麦金德第一个区分了陆权与海权的观念，认为随着陆上交通工具的发展，欧亚大陆的"心脏地带"成为最重要的战略地区。美国海军战略理论家马汉认为以贸易立国的国家，必须具有占优势的海上实力，夺取并保持制海权，是国家强盛和繁荣的主要因素。世界海权强国是美国、英国，陆权强国是德国、俄国。中国幅员辽阔，既有漫长的海岸线，又有广阔的陆境线，是欧亚大陆上唯一同时具有陆权和海权双重身份的国家。中国目前依然是一个陆权国家，并仍在海洋国家与陆权国家的定位间纠结，建设海洋强国目标和建设丝绸之路经济带的提出，标志着我国"东西海陆并重"策略的形成。

二 新西部大开发政策目标：打造西北经济升级版

（一）西北经济形势

2013年第一季度，全国GDP增长7.7%，第二季度进一步跌至7.6%，是中央主动控制经济增长速度、加快转变发展方式的结果。我国经济下行压力加大，国际唱衰中国言论一度甚嚣尘上。西北地区各省区GDP增长也大大低于普遍的预测，引起政府关注和群众热议。巴克莱总结，李克强经济学有三个重要"支柱"：不出台刺激措施、去杠杆化以及结构性改革，似乎是借经济危机倒逼转型升级。中共中央政治局7月30日召开会议，分析研究上半年经济形势和下半年经济工作，提出坚持稳中求进的工作总基调，统筹稳增长、调结构、促改革。第三季度全国GDP增长7.7%，各项经济指标逐步回暖。

中国西北地区经济发展相对落后。2012年，西北地区人口9784万人，占全国7.2%；GDP占全国6.1%，全社会固定资产投资占7.3%，地方公共财政收入占5.7%，全社会消费品零售总额占4.4%，进出口额占1.4%，工业主营业务收入占3.9%。西北地区以资源类产业和重化工业为主，包括石油、天然气、煤炭等采掘业，以及化工、冶金、电力、食品、机械工业等。西北占全国原油生产量的31.2%，天然气的58.6%，发电量的10.5%，棉花的53.9%。全国经济速度降低，一度对西北能源需求减少，部分行业产能过剩。全国加快产业结构调整和淘汰落后产能，西北地区传统重化工业增速明显放缓。目前西北经济开始复苏，2013年前三季度GDP增长率分别为陕西

11.1%、甘肃 11.02%，宁夏 9.5%，青海 10.6%，新疆 10.8%。

2013 年，李克强总理多次提出打造中国经济升级版。打造中国经济升级版，以提高增长的质量和效益为核心，是转变经济发展方式的形象表述。改革、内需、创新是打造中国经济"升级版"的三大新动力。以开放倒逼改革，设立中国（上海）自由贸易区；以反腐倒逼改革，处理铁道部、中石油案打破利益格局。东部地区现代服务业发展迅速，西北地区转型升级相对滞后。

（二）煤炭变局与金融风波

1. 煤炭行业告别黄金十年

中国富煤、贫油、少气，煤炭是我国主要能源，在能源消费结构中至今仍然占 68% 的比重。2000 年后，随着我国重化工业浪潮兴起，煤炭行业出现了十年黄金发展时期。10 年间，我国煤炭平均价格每吨从 227 元增加到 799 元，煤炭行业的资产总额、产品销售收入、利润总额分别增长了 8 倍、20.9 倍、103 倍。

随着我国东中部地区煤矿产能逐步下降，西北地区的陕西、新疆、宁夏的煤炭生产地位大幅度上升，神东、宁东、新疆、陕北、黄陇等跻身全国 14 大重点煤炭基地之列，甘肃陇东也具有巨大煤炭业发展潜力。2012 年，全国煤炭产量 36.6 亿吨，西北煤炭产量约占全国的 20%，其中陕西 42749.71 万吨，新疆 13918.65 万吨，宁夏 8597.66 万吨，甘肃 4878.08 万吨。

2011 年，我国煤炭市场悄然变局，价格开始暴跌，每吨原煤坑口价格比高峰时下跌了大约 200 元，约有 50% 的降幅。究其原因，一是进口煤的冲击。2008 年中国取消了煤炭进口关税，来自澳大利亚、印度尼西亚、蒙古国的煤炭到岸价格低于国内价格，致使进口煤大量增加，2012 年中国累计进口煤炭 2.9 亿吨。我国过去是从陕蒙晋宁等煤炭产区，运输煤炭到秦皇岛港、天津港等北方港口，海运到东南沿海港口，然后运往南方各省。目前北煤南运需求减少，国内进口动力煤占沿海煤炭调入量的比重已经从 2008 年的 6.8% 增长到 2012 年的 27.8%[①]。二是节能减排需要。中央对煤炭消费总量的控制政策已

---

① 胡兵：《工业化阶段跨越煤炭"黄金十年"走到尽头》，《每日经济新闻》2013 年 5 月 20 日。

对地方产生了实际影响。三是能源消费结构调整。新能源、水电、石油和天然气的使用增加。四是国内经济减速影响。国务院下发《关于化解产能严重过剩矛盾的指导意见》，将钢铁、水泥等主要耗煤产业作为整顿重点，对电力需求和煤炭需求减少。从2013年9月开始煤炭市场随经济好转而复苏，但短期内煤炭相对过剩的局面难以改变。

2. 鄂尔多斯—神木民间借贷危机

煤炭价格暴跌使鄂尔多斯、榆林等地的民间借贷浮出了水面。鄂尔多斯市、榆林市煤炭资源丰富，其煤炭探明储量分别为1600亿吨和1660亿吨，鄂尔多斯占全国煤炭总储量的1/6，神府煤田是世界七大煤田之一，这里还是我国陆上探明的最大整装气田，另有丰富的稀土和石油资源。在煤炭价格暴涨的十年，煤矿征地补偿造就了第一批千万元级富翁，容许私营企业开采煤矿又形成了一批亿元级煤老板，发了"羊煤土气"财的东胜人、榆林人又将资金投到北京、西安、银川等城市房地产行业，鄂尔多斯资产上千万的至少有10万人，榆林资产过亿元者超过7000人。短短几年之内，鄂尔多斯市成为内蒙古新崛起的经济中心，榆林市成为陕西省的北部经济中心。这里被当地人自豪地称为"中国的科威特"，曾经的国家级重点贫困县神木县成为全国第一个实行全民免费医疗的地方。

鄂尔多斯、神木从2005年左右开始形成民间借贷风潮，几乎到了全民放贷的疯狂地步，主要投向"黄金""煤矿""房地产"三大市场。经过多年的轮番炒作，煤矿等已经积累了大量泡沫。2011年温州民间借贷危机出现后，鄂尔多斯市政府于8月秘密召开会议摸查了当地的民间借贷情况。内部掌握的"黑名单"却以短信形式在社会传播，以致迅速形成追债的"九月风潮"，进一步加速了资金链的断裂。三线逼二线，二线逼一线，一线以死来结束债务或"跑路"来躲避债务。银行限制房地产信贷，也使房地产市场量缩价跌。9月24日，鄂尔多斯市中富房地产公司法定代表人王福金自缢，成为鄂尔多斯民间借贷危机爆发的标志性事件。

鄂尔多斯崩盘迅速影响到附近的神木。2012年下半年神木煤炭价格暴跌。年底"黄金大王"张孝昌出逃被拘，还牵连出"房姐"龚爱爱案。2013年6月"煤炭大王"刘旭明被捕，"房地产大王"王和平自杀。2012年底以来，神木"跑路"的老板多达200人,多人自杀,涉案非法集资额200多亿元。7月15日,陷入债务危机的民间集资借贷者集聚神木人民广场,向即将离职的县委书记讨说法。

3. 新型煤化工产业

与鄂尔多斯、榆林同为能源金三角的宁东基地,发展模式完全不同。宁夏早在2002年12月就组建了宁夏煤业集团。随着老煤炭基地石嘴山市资源日益枯竭,宁夏煤炭资源主要向宁东地区集中。2003年宁夏举全区之力建设"宁东能源化工基地",希望发展煤炭深加工"再造一个宁夏"。2006年1月,宁夏与神华集团合资组建神华宁夏煤业集团,宁夏煤炭资源绝大多数掌握在神华集团手里。

2012年宁夏原煤产量8598万吨,其中神华宁煤集团煤炭产量7408万吨,外销煤炭2000万吨,实现营业总收入340亿元,利润75亿元。煤化工项目消耗动力煤2000万吨,煤化工转化煤炭678万吨,实现营业收入58亿元,利润4.15亿元[①]。神华宁煤集团共为宁东7座发电厂提供煤炭1505万吨,只占发电厂全年煤炭用量的一半。在煤炭市场旺盛时,宁煤更希望将煤炭卖到外省;当煤炭市场低迷时,本地电厂更希望宁煤价格低于周边市场。由于煤化工初期投资回收的周期长,神华宁煤的效益还是依靠煤炭板块,但煤化工是今后转型的方向和赢利点。

宁夏2004年以前以石嘴山为中心发展焦化、电石、合成氨等传统煤化工,2005年开始在宁东基地发展新型煤化工产业,并把煤制油、煤基烯烃和煤制天然气确定为未来三大发展方向。宁夏先后建设了神华宁煤85万吨煤制甲醇、21万吨煤制二甲醚、50万吨煤制烯烃,开工建设了国电中石化煤基多联产、宝丰MTO等项目。目前正在推进神华宁煤400万吨煤制油、100万吨甲醇、100万吨煤化工副产品深加工(烯烃)、宝丰集团60万吨烯烃二期、庆华集团焦炉气制甲醇等项目。

新型煤化工是一个中国所特有的行业。中国"贫油、少气、富煤"的特殊能源背景,成为中国发展煤化工的现实考量因素。目前煤气化技术、煤间接液化制合成油品、甲醇转化烯烃等技术多由国外大公司垄断。2004年宁夏就与南非沙索公司洽谈合资建设间接液化煤制油项目。2007年神华集团自主研

---

① 李良:《神华宁煤集团2012年煤炭产量达7408万吨》,人民网-宁夏频道,2013年1月10日。

发的直接液化项目在鄂尔多斯建成。2008年8月，煤制油项目的地方审批权被直接收归中央。2012年我国煤制烯烃、煤制油示范项目和煤制乙二醇项目商业化运行成功。2013年9月，全球单套装置规模最大的煤制油示范项目——神华宁煤集团年产400万吨煤炭间接液化示范项目获得国家批复。我国煤制油领域另一个重要企业——内蒙古伊泰集团也在规划着自己的千万吨级煤制油蓝图。煤制油（间接液化）的盈亏平衡点是国际原油价格60美元/桶，具有较好的经济性。目前山西、陕西、内蒙古、新疆等都把发展新型煤化工项目作为重点。仅新疆在建、拟建的煤制天然气项目就达30多项。2013年3月，中石化宁夏分公司1000万吨炼化项目落户宁东基地，将实现石油化工和煤化工的融合发展。预计到2020年，宁夏煤制烯烃生产规模将达到1000万吨，宁夏有望成为世界烯烃之都。

（三）新西部大开发政策

西部大开发是我国采用凯恩斯主义应对经济危机的政府投资计划，取得了显著成绩，但随着四万亿投资计划的失灵，新一届政府已放弃凯恩斯主义，转而采用供给主义政策，不再出台大规模刺激计划，如何统筹区域发展值得关注。全面深化改革决定，涉及区域和民族政策较少，目前一个方向是落实全国主体功能区划，而发挥市场决定性作用可能继续拉大地区差距，但严峻的西部安全形势，使新自由主义的区域政策充满风险，因此需要制定新一轮西部大开发政策，促进西北地区跨越式发展与长治久安。

理顺地方—央企资源开发分配关系。资源是西部主要财富。1999年开始的西部大开发，央企与地方政府合作掀起的重化工业浪潮，给西北地区带来快速发展。但我国税收制度没有坚持税收和税源一致性原则，现行的税制要求企业在注册地交税，而不是按照税源地交税，这导致西部地区的税源所形成的税收，被北京等总部基地所征收。西气东输、西电东输、西煤东送等西部大开发的标志性工程，犹如抽水机，将西部优势资源形成的税收源源不断地抽走，造成东西部地区差距进一步拉大。例如中石油在庆阳市开采石油，80%的利润都被央企拿走了，国家分配不到20%，留给地方的大约只有2%。央企拿走了大部分利润，而把污染环境治理等甩给了地方。为了改善分配关系，地方政府一是向企业直接征收更多的税和费，二是要求央企将资源就地转化延长产业链。但央企往往把卖资源作为首选，深加工项目建设缓慢。国家推进的资源税改革阻力较大，地方出台的土政策还需要看央企脸色。十八届三中全会提出实行资源有偿使用制度和生态补偿制度。首次制定的《全国资源型城市可持续发展规划（2013~2020年）》提出建立资源开发补偿机制等五大机制，为解决资源型城市的民生、环境等历史遗留问题，促进可持续发展奠定了基础。最近，陕西在与中石油的资源开采补偿费谈判①中取胜，给改善央地关系带来契机。

（四）实施第三代民族政策

新中国成立以来，民族政策在两大时期具有显著特点。第一代民族政策。社会主义建设时期，在确立民族区域自治政策基础上，一是更重视发展权。实施区域均衡发展战略，支持民族地区跨越式发展，使少数民族地区基础设施显著改善，建立起完整的工业体系，在医疗、教育、文化事业大发展同时，加速了人的现代化。二是实施生产建设兵团屯垦制度。三是将民族矛盾转化为阶级矛盾。通过土地改革、宗教改革、社会改革，紧紧依靠广大人民群众，使少数民族底层群众翻身解放，感觉到共产党是比宗教势力更为强有力的依靠。虽然宗教改革有阶级斗争扩大化倾向，但社会改革的成功为民族团结奠定了基础。

第二代民族政策。改革开放以来，一是实施《民族区域自治法》，赋予自治机关自治权。二是民族化，实施柔性治疆政策，给予少数民族生育、上学甚至"两少一宽"等特殊优惠政策。三是尊重和保护宗教信仰自由等，批判"民族问题的实质是阶级问题"。四是实施对口支援边疆政策。问题是从民族地区撤出大批汉族干部，使极端宗教势力在民族地区迅速抬头。地区差距逐步扩大，也将区域矛盾转化成了民族矛盾。特别是未能充分重视国外敌对势力分裂影响，使"藏独""疆独"等成为影响长治久安的主要因素。

2010年1月和5月先后召开的中央第五次西藏工作座谈会和中央新疆工作座谈会，是边疆治理理念的重大转变。胡鞍钢教授将苏联的民族区域自治政策或"民族大拼盘"模式称为"第一代民族政策"，提出应该借鉴美国"民族

---

① 张延龙：《央地之争中石油谈判妥协曾拒缴8.5亿补偿费》，《经济观察报》2013年11月22日。

大熔炉"模式，不断淡化公民的族群意识，在政治、经济、文化、社会等各方面实施促进国内各民族交融一体的"第二代民族政策"①。我们认为，应该在坚持和完善民族区域政策基础上，总结改革开放前后两个时期民族政策的经验与教训，深刻分析产生民族分裂主义的内部土壤和外部环境，与时俱进形成第三代民族政策。

一是国家安全战略。2013年发生了"4·23"新疆巴楚暴力恐怖事件、"6·26"新疆鄯善县暴力恐怖事件、"10·28"北京天安门恐怖袭击事件、"11·16"新疆巴楚暴力恐怖袭击事件，反恐形势越来越严峻。中央成立国家安全委员会，应该加强反恐战略规划。加强上海合作组织打击恐怖主义、极端主义、分裂主义"三股势力"的合作，重点关注阿富汗、巴基斯坦等反恐形势变化，隔断国外"三股势力"与国内的联系。

二是经济融合战略。民族地区在市场经济中处于弱势地位，少数民族世代从事农牧业生产，对工业化存在语言、观念、能力等诸多文化不适应。民族地区公平问题远比效率重要得多，我们不能以新自由主义的态度来从事民族地区工作，不能片面追求GDP增长。应该强化国有企业国家安全和社会稳定的职责，提高民族地区工业化、城市化、信息化水平，实现跨越式发展。把提高少数民族青年的文化程度、适应能力和就业机会作为重点，将少数民族发展紧紧与国家现代化协同起来，各民族共同实现中国梦。应该给予沿边和内陆地区更多政策支持。没有内地与边疆、汉族和少数民族经济共同体，就谈不上中国与周边国家的命运共同体。

三是社会改革战略。继续坚持生产建设兵团、对口支援边疆、开发式扶贫等政策，给予援疆干部更多的支持，给予边远贫困地区人民更多的生活补贴。加强基层组织建设，创新群众路线方式，畅通利益诉求渠道，使干部与群众水乳交融。在民族地区优先实施不分民族、不分城乡的普遍二胎政策，保持边疆地区历史形成的各民族人口均衡增长。鼓励民族间自由通婚和融合，鼓励混区居住和混班教学。

---

① 胡鞍钢、胡联合：《第二代民族政策：促进民族交融一体和繁荣一体》，《新疆师范大学学报》2011年第5期。

四是文化保护战略。中国西北维吾尔族、回族等穆斯林文化是一种在温和的伊斯兰教义基础上，经过漫长的历史进程融合了多种文化的开放、包容和世俗化的文化，应该加强对少数民族传统优秀文化的保护和发展，加强对宗教活动的管理，防止原教旨主义的渗透，把遏制宗教狂热作为当务之急。应该优先普及高中义务教育，加强汉语和少数民族语言双语教学。

三　中国西进战略：建设丝绸之路经济带

2013年9月习近平主席访问中亚四国时提出共同建设"丝绸之路经济带"的倡议，10月，习主席在马来西亚访问时提出同东盟国家共建21世纪"海上丝绸之路"的倡议。5月李克强总理访问印度和巴基斯坦时，也分别提出共同建设"中印缅孟经济走廊"和"中巴经济走廊"的倡议。这标志着中国新一届政府已开始调整安全战略，更加注重与周边地区的关系，从经济利益优先转变为国家安全优先。通过"新丝绸之路"的经济一体化，让中国和周边国家的关系形成有利于地缘政治安全的"命运共同体"。

（一）油气之路与上合组织

中国西北地区与中亚五国有着悠久的文明交往史。2100多年前，中国汉代的张骞两次出使中亚，开辟出一条连接欧亚的丝绸之路。1991年苏联解体后，中亚五国开始独立建国历程。1996年4月开始建立"上海五国"会晤机制，2001年6月，中国、俄罗斯、哈萨克斯坦、吉尔吉斯斯坦、塔吉克斯坦和乌兹别克斯坦正式成立上海合作组织，成为确保中亚地区合作与安全的重要组织。

上合组织在其发展战略中，明确提出了大力发展能源、金融、通信、农业、基础设施等领域的经济合作。中国与中亚经贸合作发展强劲，其贸易总额从1992年的4.6亿美元增加到2012年的460亿美元，中国已成为中亚国家最主要的贸易伙伴。能源合作是中国与中亚国家合作的最大亮点，中哈原油管道、中国—中亚天然气管道等大型能源合作项目相继建成并投入运营，使古老的丝绸之路变成了油气之路，为我国能源安全作出巨大贡献。

"丝绸之路经济带"贯穿亚欧大陆,辐射40多个国家,覆盖30多亿人口。比国际道路联盟致力于的"欧亚大陆桥",具有更为广阔的战略视野。其以中亚经济带为切入点,逐步对西亚、南亚、北非、南欧、东欧等地区形成辐射和吸引。推进贸易投资便利化、深化经济技术合作、建立自由贸易区,将是丝绸之路经济带建设的三部曲。丝绸之路经济带将改变世界经济格局,突破我国长期在西方发达国家主导的国际产业分工中的分工地位,形成我国新的竞争优势和国际区域发展合力。

(二)中亚地缘政治与中国西进战略

中亚五国独立以后,美国、西欧、土耳其、伊朗、日本、韩国、印度等开始谋求填补战略空间。2001年"9·11"事件后,美国以反恐名义发动了阿富汗战争,并开始谋求在中亚的军事存在,给俄罗斯和中国的地缘政治带来很大压力。2011年,美国提出"新丝绸之路"计划,旨在建立一个以阿富汗为中心、连接中亚和南亚,并向中东地区延伸的国际经济与交通网络。体现出美国力求削弱中亚与俄罗斯的传统联系、对中国构筑"C"形包围圈、建立美国主导的地区新秩序的意图。

2011年,美国宣布实施"亚太再平衡战略",决定把战略重心转移到亚太地区。日本、菲律宾等国借中国威胁论扩军以在东海、南海与中国争岛,美国则强化对其传统盟友的安全保障。为此,著名学者王缉思认为中国不应将眼光局限于沿海疆域、传统竞争对象与合作伙伴,应该实施"西进"战略,建立具有全局性的、陆权与海权并行不悖的地缘战略[①]。十八大报告已经提出建设海洋强国的目标,目前提出建设丝绸之路经济带战略,则给西北地区带来新的发展机遇。

中亚是俄罗斯传统势力范围,2001年5月,俄罗斯、白俄罗斯、哈萨克斯坦、吉尔吉斯斯坦和塔吉克斯坦联合成立欧亚经济共同体;2010年1月,俄白哈三国决定在欧亚经济共同体框架内成立关税同盟;2012年1月,俄白哈三国成立促进一体化进程的欧亚经济委员会,并计划在2015年前建立欧亚

---

① 王缉思:《"西进",中国地缘战略的再平衡》,观察者网,2012年10月17日。

经济联盟。俄罗斯在促进中亚自贸区上取得先机。最近，习近平主席在哈萨克斯坦强调中国绝不干涉中亚国家内政，不谋求地区事务主导权，不经营势力范围[1]，为加强与俄罗斯、中亚五国的互信奠定了基础。

"扎格罗斯—兴都库什—喜马拉雅"山系历史上对中国西部安全形成了天然战略屏障，目前伊朗高原国家仍在抵抗和消耗着"北约东扩"[2]。中国加强与伊朗、巴基斯坦、阿富汗等国家的合作，也非常重要。以新疆为主的面向中亚、俄罗斯等亚欧的合作，和以宁夏为主的面向西亚非阿拉伯国家的合作，将为我国西部长治久安起到积极作用。中东与中亚都是地缘政治破碎地带，都面临大国的角力、转型的动荡等不稳定因素，虽然向西开放有其风险与阻力，却是西北地区实现长治久安和跨越式发展的重要决策。

（三）中国西北地区在丝绸之路经济带中的定位

我国西北地区在1980年代就提出了向西开放战略，却屡屡错失发展机遇。近年来我国全方位开放型经济体系逐步形成，以广西、吉林、宁夏、新疆、云南五大地方政府主导的国际区域合作平台影响力越来越大。2010年宁夏开始举办中国—阿拉伯国家经贸论坛，2011年新疆开始举办中国—亚欧博览会，使新疆、宁夏等省区成为我国向西开放的前沿阵地，2012年国务院批准宁夏内陆开放型经济试验区建设，宁夏承担了探索内陆地区开放道路的使命。

中国构筑新丝绸之路经济带，最直接的受益区域将是西部的新疆和沿海的广西，但更纵深的陆地和海上丝绸之路的主导者，更有可能是西安和广州这两座城市[3]。陕西省11月7日在西安召开加快丝绸之路经济带新起点建设座谈会，省委书记赵正永提出努力把陕西打造成丝绸之路经济带的新起点和桥头堡。西安市借举办欧亚经济论坛的机会，联合欧亚9国十几个城市共同签署《共建丝绸之路经济带西安宣言》，还拟申请建立上合组织自贸区。然而，重

---

[1] 习近平：《弘扬人民友谊共创美好未来——在纳扎尔巴耶夫大学的演讲》，中国政府网，http://www.gov.cn。
[2] 张文木：《伊朗高原：中国西陲安全的"桥头堡"》，观察者网，2013年4月18日。
[3] 易鹏：《谁将成为新丝绸之路的桥头堡？》，联合早报网，2013年10月28日。

庆市早在2010年就开通了渝新欧铁路，成为利用亚欧大陆桥开展向西开放最成功的地区，目前其正争取将渝新欧上升为国家战略，依托渝新欧铁路争夺"新丝绸之路"起点。11月28日，由西安发往阿拉木图的"长安号"国际货运班列正式开通，陕西向西开放迈出实质性步伐。

新疆维吾尔自治区党委八届六次全委（扩大）会议提出：新疆要建设成丝绸之路经济带上的核心区，努力建设成丝绸之路经济带上重要的交通枢纽中心、商贸物流中心、金融中心、文化科技中心、医疗服务中心[①]。当好建设丝绸之路经济带的主力军和排头兵，并争取在新疆设立中国—中亚自由贸易园区。

在兰州举办的"丝绸之路文化峰会"上，甘肃省委书记王三运提出，要把甘肃打造成"丝绸之路经济带"的黄金段。甘肃社会科学院范鹏书记对西部各省区在丝绸之路经济带中的定位有个高度的概括："在丝绸之路经济带中，整个陇海线、兰新线应该是经济通道中国段的主轴，而兰州则是沟通东西南北的核心枢纽。从国家以西部为重点向西开放战略格局来看，西（安）成（都）渝（重庆）大西三角是后方主力战略支撑区，以兰州为重心的西（宁）兰（州）银（川）小西三角就是向西开放的前沿主力战略支撑区和桥头堡的战略纵深区，兰州新区则是介于西安与乌鲁木齐之间的核心增长极，应该成为丝绸之路经济带黄金段的经济中心、金融中心和文化中心，成为新的综合改革试验区和保税区。"[②]

宁夏2010年开始举办中国—阿拉伯国家经贸论坛，2013年升格为中阿博览会，2012年国务院批准宁夏内陆开放型经济试验区成立。宁夏正在争取建立中国—海合会自由贸易区、中阿金融合作中心以及中国清真产业认证中心等。宁夏回族自治区刘慧主席提出：深刻把握宁夏在建设丝绸之路经济带中的战略地位和作用，把宁夏打造成向西开放的战略高地、人文交流的桥梁纽带、承东启西的交通枢纽、能源合作的重要基地。[③]

---

① 冯瑾、钟秀玲、姚彤：《新疆要建成丝绸之路经济带核心区》，《新疆日报》2013年11月17日。
② 范鹏：《将甘肃打造成丝绸之路经济带黄金段》，《人民日报》2013年11月4日。
③ 刘慧：《加快建设向西开放战略高地》，《人民日报》2013年11月8日。

宁夏作为全境开放的内陆开放型经济试验区，肩负着国家内陆开放与向西开放先行先试的使命，应该把宁夏打造成丝绸之路经济带先行开放试验区、中国西北地区—中亚—中东伊斯兰经济走廊东边界和伊斯兰丝绸之路新起点，以中国—阿拉伯国家博览会和中国—亚欧博览会为平台，形成我国"向西开放"的宁夏和新疆双桥头堡，共同打造以我国新疆为核心、西北地区和中亚地区为两翼的中亚经济带，横贯中国西北地区—中亚—中东的伊斯兰经济走廊，把西（宁）—兰（州）—银（川）经济区打造成丝绸之路经济带前沿主力战略支撑区，建设以宁夏为龙头的西兰银国家级清真产业集聚区。积极利用中巴经济走廊探索中阿海铁联运贸易大通道。

（四）建设丝绸之路经济带的设想

1. 共同打造中亚经济带

与周边国家建立命运共同体，是新一届政府的外交重点。加强与中亚地区的经济合作，是丝绸之路经济带建设的优先选择。中亚经济带是丝绸之路经济带的核心区，建好中亚经济带，将有利于逐渐向伊朗、阿富汗、土耳其以及中东南欧扩展。全面加强中国与中亚各国之间政治沟通、道路联通、贸易联通、货币流通和民心相通"五通"，对我国西部安全和发展具有重大意义。

丝绸之路经济带将是我国西北地区发展的重大机遇。中国正在积极推动与中亚国家间建成铁路、公路、航空、电信、电网、能源管道的互联互通网络。在道路互通方面，目前国家发改委已经规划了涉及欧亚大陆桥以及新丝绸之路的多条铁路。兰（州）—新（疆）高铁即将通车，银（川）—西（安）高铁即将开工建设，库尔勒至格尔铁路将为甘宁青入疆提供第二条通道，哈密经额济纳到达临河的铁路将使内蒙古也纳入丝绸之路经济带，中吉乌铁路和中巴铁路也将全面开工，将打通从太平洋到波罗的海的运输大通道。还应该可以争取建设呼和浩特—银川—兰州高速铁路，未来条件成熟后建设银川—内蒙古乌力吉到达蒙古口岸的铁路，以及新疆喀什—和田到达格尔木的铁路，使西北地区形成完善的高铁网络。

在贸易互通方面，过去西北地区因区位劣势，吸引外资和对外开放严重滞后，丝绸之路经济带，将改变目标市场并使西北地区的运输距离大大缩短。加

强中亚经济带建设,绝非仅仅是油气合作,或中国制造与资源的贸易。目前美国、欧盟、日韩、俄罗斯都在加强与中亚各国的合作,中国应该充分利用制造业体系完备的优势,鼓励企业走出去,从轻工业出口向装备制造业出口提升,并帮助中亚形成规模适度的"中亚制造"能力,防止中亚资源枯竭后成为中国西部动乱之源,加速经济一体化步伐,形成中国与中亚各民族的命运共同体。

2. 积极探索伊斯兰经济走廊

以海湾地区为中心,世界上存在三条伊斯兰走廊。第一条走廊是向东经过巴基斯坦、印度、马来西亚、印尼,到达中国沿海地区的海上伊斯兰走廊。第二条走廊是经过埃及等东非、北非国家到达西非穆斯林地区的非洲伊斯兰走廊。第三条走廊是经过中东黎凡特地区、伊朗、中亚到达我国西北地区的中亚伊斯兰走廊。"9·11事件"后阿拉伯国家"向东看",主要是沿海上伊斯兰走廊投资。受益地区主要是中国沿海地区。

中国穆斯林约有2200万人,信仰伊斯兰教的10大少数民族即回族、维吾尔族、哈萨克族、东乡族、柯尔克孜族、撒拉族、塔吉克族、乌孜别克族、保安族和塔塔尔族主要分布于西北地区。其中穆斯林人口占当地总人口比例,新疆高于52%,宁夏接近35%。实际上西亚、中亚到我国西北地区是伊斯兰文化传播的走廊。

古代丝绸之路起自中国西安,穿越中亚到达西亚乃至地中海地区。由于现在伊朗、叙利亚等国是与海合会不同的什叶派执政,中亚受俄罗斯、伊朗、土耳其等影响较大,且主要分布突厥人和波斯人及其文化,而非阿拉伯人,使这条最古老的伊斯兰走廊并非阿拉伯财富基金投资重点地区。

陕西回民在清末起义后被驱赶到宁夏等地,陕西已经不是主要穆斯林聚居地区,宁夏是现代中亚伊斯兰走廊的东边界。宁夏应该充分发挥人文优势,加强与中亚国家的合作,并探索通过中亚与伊朗、土耳其、海湾地区的贸易通道,通过中巴经济走廊探索中国与中东地区的贸易新通道,与甘肃、青海等省一起努力打造国家级清真产业集聚区,积极建设中亚产业园,承接面向中亚等地市场的产业转移,也希望能够成为中国西北—中亚—中东穆斯林新丝绸之路经济带的起点。

3. 建设西兰银核心增长极和国家级清真产业集聚区

中国西北地区,可以明显划分为陕西、甘宁青、新疆三大区域板块,甘宁青三省区的精华地带就是宁夏沿黄经济区、甘肃中部地区、青海东部城市群。目前宁夏沿黄经济区、兰州—西宁地区已经列入《全国主体功能区划》全国18个重点开发区域。

西兰银经济区是丝绸之路经济带中部黄金段的核心增长极，能源、水资源、土地资源等诸多条件优越，还具有穆斯林人口聚居的人文优势。加速甘宁青产业转型升级，积极构建内需导向型产业体系和外需导向型产业体系，学习渝新欧铁路创新经验，探索向西开放道路。

甘宁青地区穆斯林聚居，清真产业已经蓬勃发展，应该积极发展特色产业，努力构建现代产业体系。积极建设中国清真产业认证中心、生产中心、设计中心、会展中心、物流中心，建设中国清真产品及大宗商品交易所，把宁夏建成中阿结算中心、中阿金融中心、中阿版权贸易中心。

四 十八届三中全会与中国西北地区发展

十八届三中全会是迄今为止最为雄心勃勃的改革计划，与十一届三中全会一样具有重大历史意义。其精髓是"紧紧围绕使市场在资源配置中起决定性作用深化经济体制改革"，经济体制改革是全面深化改革的重点，核心问题是处理好政府与市场的关系。主要从构建国家治理体系现代化、坚持和完善基本经济制度、建立统一开放竞争有序的现代市场体系三方面，全面理顺三大分配关系。

（一）全面理顺三大分配关系

笔者曾在《城与乡》中提出三大分配形式理论。在任何一个国家，都存在按分配对象划分的三大分配形式，即统治者分配、所有者分配、经营者分配。经营者分配的主要问题是计划经济和市场经济的矛盾，所有者分配的主要问题是公有制和私有制的矛盾，统治者分配的主要问题是集权主义和分权主义的矛盾[1]。理解三中全会精神，需主要从三大分配形式入手。

---

[1] 段庆林：《城与乡》，宁夏人民出版社，2012。

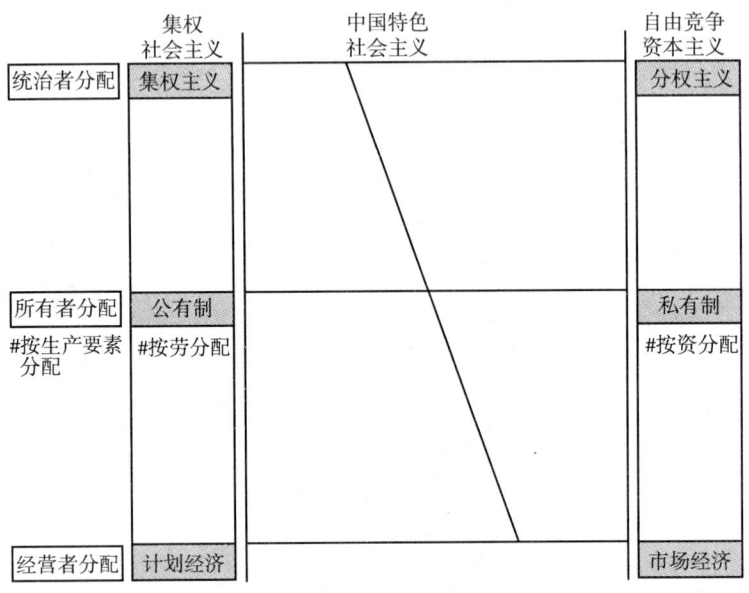

图1 三大分配形式

传统社会主义模式认为公有制、按劳分配、计划经济是社会主义的本质特征。有人说社会主义强调公平，侧重于如何"分蛋糕"；资本主义强调效率，侧重于如何"做蛋糕"。问题是一个国家不能发展生产力，就缺乏共同富裕的基础。所以改革开放以后，邓小平说："社会主义的本质，是解放生产力，发展生产力……""计划多一点还是市场多一点，不是社会主义与资本主义的本质区别"，"计划和市场都是手段"。我国从1984年提出社会主义有计划的商品经济，1993年把建立社会主义市场经济体制确定为目标，积极探索中国特色社会主义道路，创造了中国经济高速增长的奇迹。

十八届三中全会积极回应了关于经营者分配中的市场在资源配置中地位问题、所有者分配中的国有企业地位问题、统治者分配中的"宪政"地位问题等三大核心争论。不走封闭僵化的老路，不走改旗易帜的邪路，超越"左""右"之争探索中国特色社会主义道路，把推进国家治理体系和治理能力现代化作为全面深化改革的总目标，努力构建现代制度体系，为凝聚共识奠定基础，对市场化改革进行了全面部署。

（二）对西北地区经济发展的影响

1. 在市场发育不足的西部地区，如何更好地发挥政府作用？

我国改革开放以来，经历了1978～1993年放权让利的分权主义时期和1993年至今的集权主义时期。但始终没有解决好政府和市场的关系，存在市场体系不健全、政府干预过多、监管不到位等问题。这次改革把推进国家治理体系和治理能力现代化作为全面深化改革的总目标之一。向中央集权、向社会分权，限制政府特别是地方政府权力，转变政府职能，实现公共治理方式法治化、民主化、社会化。特别是成立全面深化改革领导小组、国家安全委员会，强化了党总揽全局、协调各方的领导核心作用。

张五常教授认为县际竞争是中国经济增长的源泉。《决定》[①] 提出转变政府职能，对政府职责和作用进行了界定，推行地方各级政府及其工作部门权力清单制度，把权力关进制度笼子。过去地方政府融资平台、以资源换投资、土地财政等手段都将被逐步限制。县际竞争手段的弱化是否会引起西部经济增长缓慢？

一是政绩考核机制改变政府行为。《决定》提出完善发展成果考核评价体系和改革政绩考核机制，纠正单纯以经济增长速度评定政绩的偏向，对限制开发区域和生态脆弱的国家扶贫开发工作重点县取消地区生产总值考核。这些政策导向将鼓励地方政府更好地提供公共服务，而淡化GDP崇拜，将着力解决政府不作为、乱作为问题。以深化行政审批制度改革为突破口，实施大部门制、省直管县改革等，提高行政效率。建设服务型政府非常必要，但政府不应该仅仅是守夜人，正如林毅夫教授所说：经济发展需要有效的市场和有为的政府。

二是资源优势能否转化为经济优势？西北地区是资源富集地区，周边中亚、中东国家凭资源优势而强国富民，给西北地区治理带来示范效应。而我国西北地区长期以来作为资源输出地，加重了对生态环境的破坏和资源的消耗，也激化了社会矛盾。加快自然资源及其产品价格改革，实行资源有偿使用制度和生态补偿制度，使市场在资源配置中起决定性作用，有利于资源类产品价格

---

① 《中共中央关于全面深化改革若干重大问题的决定》，2013年11月12日。

全面反映市场供求、资源稀缺程度、生态环境损害成本及修复效益。资源税改革、环保费改税，都可以为西北地区增加税收。《决定》提出健全自然资源资产产权制度和用途管制制度，强调了由中央政府统一行使所有者职责，我们希望自然资源收益分配应该更多地向出产地倾斜。

三是建立事权与财权相适应的财税制度。《决定》提出进一步理顺中央与地方的关系，上收部分社会保障等事权，将有利于提高西部地区保障水平。完善一般性转移支付增长机制，重点增加对革命老区、民族地区、边疆地区、贫困地区的转移支付，具有社会和生态等多种效应。应该完善地方税务体系，赋予地方发行债券权限。

全面深化改革是一条社会转型和经济升级之路，经济增长速度降低会短期内影响以能源化工产业为主的西北地区，但有利于给结构调整释放空间。应该落实科学发展观，加快转变经济发展方式。

2. 在公有制经济为主体的西北地区，如何增强经济活力？

所有制是执政的经济基础和合法性来源之一，产权是所有制的核心，是市场交易的基础。《决定》提出坚持和完善基本经济制度，在处理公有制和非公有制经济关系时，继续强调了两个"毫不动摇"，一是强调都是社会主义市场经济的重要组成部分，都是我国经济社会发展的重要基础。二是强调完善产权保护制度，公有制经济和非公有制经济的财产权同样不可侵犯。三是坚持权利平等、机会平等、规则平等。发展非公有制经济，是西部地区经济的增长点。

国有企业改革、混合所有制经济、农村第二次土改，每一项都是事关国运盛衰的重大改革。

国有企业改革是争论焦点。《决定》提出国有企业分类改革，继续保留了十五届四中全会明确的国有经济三个领域，即国家安全、自然垄断、公益性领域，而没有提对高新技术产业和重要行业中的骨干企业的控制力。2008年美欧发生金融危机后，我国国有企业在4万亿投资刺激下开始"国进民退"，挤压了民营经济空间。打破行政垄断，退出竞争性领域，放开竞争性业务，有利于增强企业活力。划转部分国有资本充实社会保障基金，提高国有资本收益上缴公共财政比例，是所有者权益的体现。西北地区国有企业基本被央企控制，主要属于自然垄断的基础设施、公用事业和资源类企业，应该推进公共资源配置市场化,加大对公益性企业的投入,增加对当地发展和社会保障的贡献。

发展混合所有制经济,融合与博弈同在,活力与风险并存。投资主体和股份多元化,可以在一定程度上消除国企与民企的对立,通过产权流动保值增值,增强国有经济活力、控制力和影响力。但应该防止民企傍国企的权力经济、权贵与国企结合的垄断分肥经济等,避免一哄而上和国有资产流失现象。国企股权多元化为国资监管提出挑战,应以管资本为主加强国有资产监管,逐步从管国有企业为主向管国有资本为主转变。

赋予农民更多财产权利,将掀起第二次土改。《决定》将保障农户宅基地用益物权,慎重稳妥推进农民住房财产权抵押、担保、转让,农民住房财产权并不包含宅基地。农民对承包地只有占有、使用、收益的权力,并没有处分权,可抵押的仅仅是土地承包经营权而不是承包权。提出建设城乡统一的建设用地市场,允许符合规划和用途管制的农村集体经营性建设用地入市。赋予农民更多财产权,将提高农民市民化能力。但农村土地流转风险自不待言,历代封建王朝更迭,都是豪强兼并土地导致流民化的恶果。所以《决定》对农村土地流转进行了许多限定。

3. 市场在资源配置中起决定性作用,是否会拉大区域、城乡、阶层三大差距?

建设统一开放、竞争有序的市场体系,是使市场在资源配置中起决定性作用的基础。我国目前商品市场基本实现充分竞争,而生产要素市场则绝大部分受到政府垄断。全面深化改革推动从"(政)府内市场"到"(市)场内政府"①的转变,强调了十四大以来的市场经济改革方向。

建立城乡统一的建设用地市场是否有助于缩小城乡差距?土地财政对改善基础设施、加速工业化和城镇化作出了贡献,但征地过程中与农民的冲突激化社会矛盾。《决定》提出允许农村集团经营性建设用地与国有土地同价同权,完善对被征地农民合理、规范、多元保障机制,扩大国有土地有偿使用范围等。兼顾国家集体个人土地增值利益,加速城乡一体化。

金融市场化对西北地区和中小微型企业的影响。完善金融市场体系,推进

---

① 郑永年:《三中全会回答了什么样的经济问题?》联合早报网,2013年11月19日。

汇率市场化和利率市场化，健全多层次资本市场体系，是金融改革措施。利率市场化的目的是通过加强金融市场的竞争机制来有效动员和分配资金，实现资金的优化配置，以促进金融体系乃至整个国民经济运行效率的提高。目前我国贷款利率上浮基本已经放开，中小微企业贷款利率普遍上升。利率市场化还引导资金向东部沿海地区等盈利能力高、大型国有企业等议价能力强的地方流动，对西北地区及其与普通居民相关的小微型企业有负面影响。汇率市场化改革可能导致人民币进一步升值，对出口产生不利影响。不实现银行业充分竞争，不放开存款利率限制，就不能形成有效资本市场。

深化科技体制改革激发创新驱动发展。实施创新驱动发展战略，使经济增长从主要依靠资源消耗、投资拉动向依靠效率提高、科技投入转变。构建以企业为主体、市场为导向、产学研相结合的技术创新体系，发挥市场配置科技资源作用，可以加速科技与经济的紧密结合。应该加强知识产权保护，建设国家创新体系。西北地区科技人才较少，需要强化企业在技术创新中的主体地位，完善政府对西部地区科技研究的支持机制。应该尊重知识、尊重人才、尊重劳动，使创新人才先富起来。

十八届三中全会为西北地区发展提供了难得的发展机遇，市场在资源配置中起决定性作用将给西北地区提出更大的挑战。西北地区应该充分借鉴社会主义建设时期和改革开放时期的经验教训，让有效的市场与有为的政府相结合，实施更为积极的新一轮西部大开发政策，实现西北地区的跨越式发展与长治久安，为实现中国梦奠定基础。

综合篇

Comprehensive Reports

B.2
2013年中国西北地区经济发展报告

马建飞[*]

摘　要： 2013年西北地区经济增速继续小幅回落，主要经济指标增速减缓。通货膨胀得到有效抑制，对外贸易呈现较快增长。2014年预计国际、国内经济将筑底回升，西北地区主要经济指标可能出现反转态势。建议加大投资力度，保证经济增长率不低于下限，重点是现代农业、战略性新兴产业、现代服务业，以及新型城镇化和各项民生领域。

关键词： 分析预测　经济形势　西北地区

---

[*] 马建飞，陕西省社会科学院农村发展研究所助理研究员，西安理工大学博士，主要研究领域为宏观经济及房地产业。

西北地区作为全国重要的能源、有色金属基地，受金融危机二次探底的影响，2013年经济增速不断回落，但依然高于全国平均水平。在国际、国内经济形势逐渐趋稳的宏观环境下，预计2014年经济发展态势将会有所改善。

一　2013年西北地区经济发展回顾

2013年，西北地区的消费、投资增速均有所下降，但部分省（区）出口出现快速增长。经济增长总体上呈现继续回落趋势。

1. 地区生产总值增速继续回落

从2013年前三季度生产总值累计增长速度来看，西北地区普遍高于全国平均水平。西北五省（区）生产总值占全国比重为6.1%，比2012年前三季度6.0%有小幅提升。但由于金融危机影响逐渐传递到产业链上游，西北五省（区）经济增速回落幅度高于全国平均水平。2013年前三季度，陕西、甘肃、宁夏、青海和新疆的生产总值增速分别比上年同期回落1.6个、1.28个、1.5个、1.7个和0.7个百分点，均高于全国水平。

2013年前三季度，西北地区各省（区）经济总量在西部的位次没有发生变化。依然是陕西最高，达到10579.43亿元；青海最低，为1432.46亿元。增长较快的是陕西和甘肃，增速分别为11.1%和11.02%；增长较慢的是宁夏，增速为9.5%（见表1）。

表1　2013年前三季度西北地区生产总值、增速在西部地区排名

地区	生产总值(亿元)	全国排名	变化	增速(%)	全国排名	变化
陕西	10579.43	3	0	11.1	5	-1
甘肃	4159.55	9	0	11.02	6	0
宁夏	1757.80	10	0	9.5	11	2
青海	1432.46	11	0	10.6	10	-4
新疆	5700.00	7	0	10.8	7	2
全国	386761.70	—	—	7.7	—	—

2. 工业增速回落效益下滑

从2013年前三季度规模以上工业增加值增速来看，西北各省（区）增速

均明显高于全国平均水平。增长最快的是陕西，达到13.3%；增长较慢的是甘肃，达到11.6%。在能源化工产业增速减缓的形势下，有色金属开采及冶金工业、装备制造业、食品工业成为支撑西北地区工业增长的主要力量。

随着金融危机后我国财政扩张政策效力的减退，资源类及重化工产品需求增长减缓，西北地区受影响较大。2013年前三季度与上年同期比较，除新疆外各省（区）规模以上工业增加值增速出现全面回落，回落幅度高于全国平均水平（见表2）。

表2　2013年前三季度西北地区规模以上工业增加值

地区	累计数（亿元）	增长率（%）	增速变化（个百分点）
陕西	5217.48	13.3	-3.1
甘肃	1498.39	11.6	-2.8
宁夏	648.45	12.2	-0.4
青海	745.17	12.0	-2.5
新疆	2043.86	12.1	0.4
全国	—	9.6	-0.4

2013年受煤炭和石油相关行业大幅下行影响，西北地区规模以上工业效益有所下滑。其中，陕西主要受到煤炭行业需求和价格下跌的影响，2013年上半年煤炭开采和洗选业的利润为232.9亿元，同比下降20.5%，比上年同期回落27.9个百分点。新疆主要受到石油产业影响，2013年1～5月石油工业实现利润259.53亿元，占全部利润的77.7%，下降8.8个百分点。但第三季度开始能源化工产业均有企稳迹象。

3. 固定资产投资增速趋同

从2013年前三季度全社会固定资产投资总额月度数据来看，西北五省（区）增速均高于全国平均水平。各省（区）的增速差异较小，有逐渐趋同的倾向。增长最快的是青海，达到27.9%；增长较慢的是陕西，达到24.3%。

2013年前三季度，西北地区全社会固定资产投资增速同比均出现了显著下滑，降幅高于全国平均水平。下降最大的是新疆，达到7.9个百分点，下降最小的是宁夏，达到0.6个百分点。相比金融危机前水平，则有20个百分点左右的降幅。

表3 2013年前三季度西北地区全社会固定资产投资

地区	累计数(亿元)	增长率(%)	增速变化(个百分点)
陕西	10257.1	24.3	-3.6
甘肃	5016.19	27.3	-3.9
宁夏	1847.92	27	-0.6
青海	1833.74	27.9	-3.3
新疆	4833.77	24.9	-7.9
全国	309207.6	20.2	-0.3

金融危机后西北各省区采取的产业结构调整力度加大，同时由于重工业产品市场下行导致第二产业投资增长较慢，一产、三产的投资呈现较快增长。以投资结构优化驱动产业结构优化取得了一定的成绩。

4. 消费水平较低增长减缓

2013年前三季度，由于中央政府对于房地产市场调控政策延续，与其相关联的家具、家用电器、装修材料等家居类商品消费增速放缓。2013年汽车消费市场也维持低速增长。中央的"八项规定"对于规模以上餐饮业产生较大影响，网络销售的快速增长挤占了西北地区实体店的零售额增长。诸多消费热点的褪去导致西北地区各省（区）社会消费品零售总额增速出现持续回落，且回落幅度高于全国平均水平。

表4 2013年前三季度西北地区社会消费品零售总额

地区	累计数(亿元)	增长率(%)	增速变化(个百分点)
陕西	3519.4	13.6	-2.1
甘肃	1557	13.6	-2.2
宁夏	443.46	12.1	-2.8
青海	386.2	13.6	-1.7
新疆	1444.29	13	-3.3
全国	168817	12.9	-1.2

2013年前三季度，西北地区各省（区）的人均消费水平均大幅落后于全国平均水平。陕西的消费水平在西北地区大幅领先于其他省（区），而其余四省（区）则差别不大，只有全国平均水平的一半左右，与北京（30081元）、

上海（25120元）的差距更大。居民的收入水平较低以及市场化程度不高是人均社会消费品零售总额较低的主要原因。

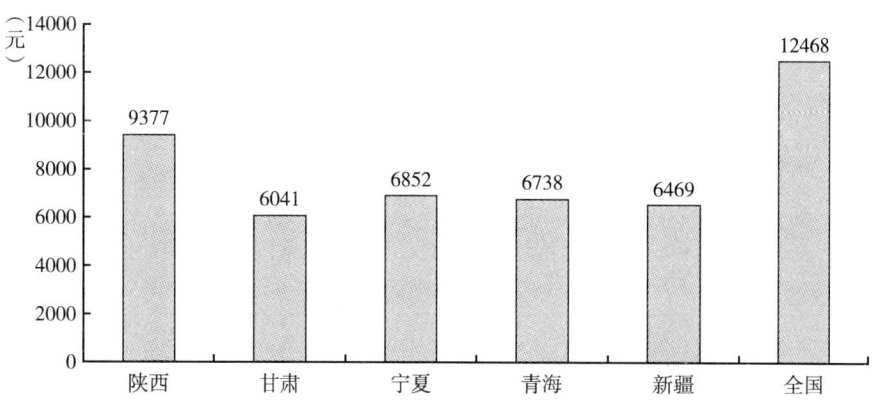

图1　2013年前三季度西北地区人均社会消费品零售总额比较

5. 进出口总额呈现较快增长

2013年前三季度，西北地区对外贸易呈现较大恢复。其中宁夏、陕西、青海增速分别加快65.1个百分点、43.5个百分点和41.6个百分点。宁夏对外贸易大幅度增长的主要贡献者为私营企业，2013年前三季度宁夏私营企业进出口额为17.7亿美元，占宁夏进出口总额的66.8%，同比增长135%。

从外贸依存度来看，西北地区普遍低于全国平均水平，由高到低依次为新疆、甘肃、宁夏、陕西和青海。新疆利用其边境口岸优势，进出口总额增速在

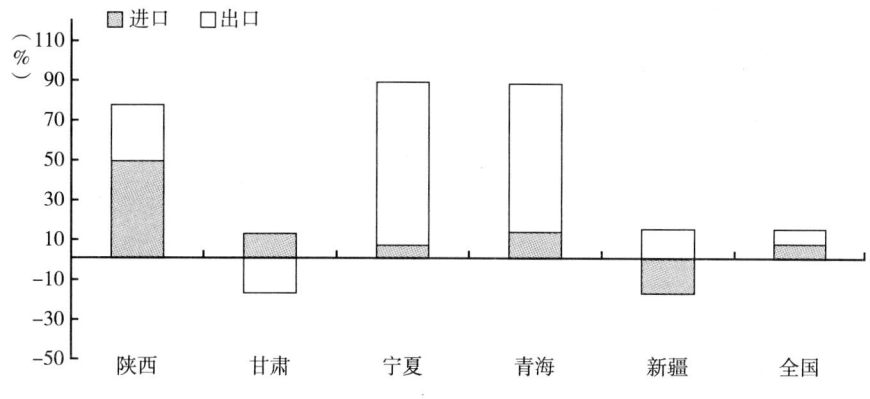

图2　2013年前三季度西北地区进口和出口增速

注：甘肃为2013年上半年数据。

西北处于领先地位。2013年前三季度,西北五省(区)出口出现较大增长,而进口增长幅度相对较小。

6. 财政、居民收入快速增长

2013年前三季度,西北五省(区)财政收入和居民收入增速均有所减缓,除宁夏城镇居民可支配收入外,其他各项指标增幅依然高于全国平均水平,农民收入增幅高于城镇居民。

表5 2013年前三季度西北地区财政、居民收入增速与上年同期对比

单位:%

地区	财政一般预算收入		城镇居民可支配收入		农民人均纯收入	
	增速	变化	增速	变化	增速	变化
陕西	13.3	-9.0	10.0	-4.0	13.1	-4.2
甘肃	18.0	-6.3	10.3	-4.2	13.7	-4.2
宁夏	15.7	0.8	9.4	-4.6	12.7	-2.7
青海	14.8	-6.9	11.5	-3.2	15.9	-2.3
新疆	9.3	-15.5	10.9	-3.2	14.4	-5.1
全国	8.6	-6.6	9.5	-3.5	12.5	-2.9

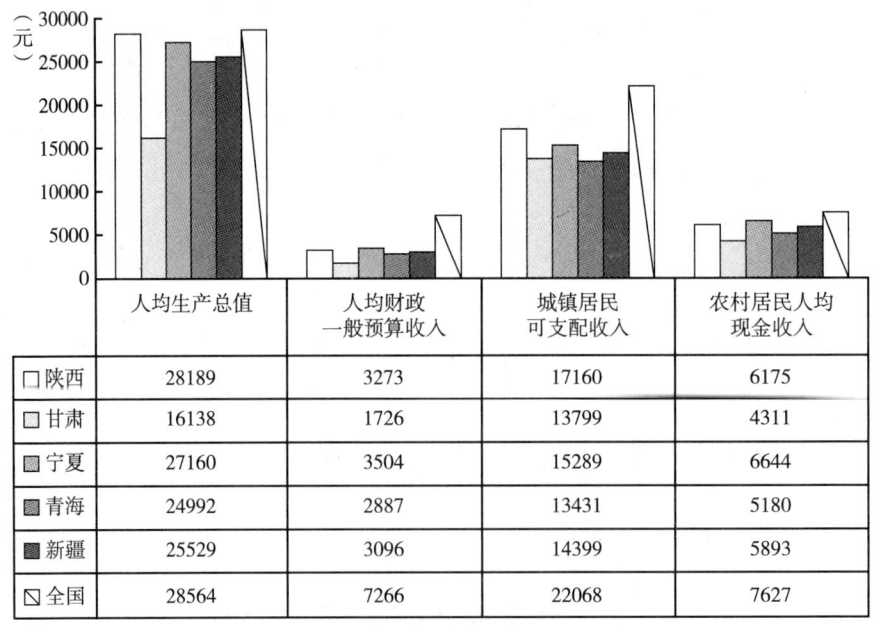

图3 2013年前三季度西北地区人均生产总值、人均财政收入和居民人均收入

2013年前三季度，从人均生产总值来看，西北地区各省（区）均低于全国平均水平：最高的陕西达到28189元，已经接近全国平均水平28564元；最低的甘肃达到16138元，只有全国平均水平的56.5%。西北五省（区）政府人均财力存在较大差别。从人均财政一般预算收入来看，宁夏最高、甘肃最低，前者是后者的2倍。居民收入水平与全国平均水平依然存在较大差距。西北地区城镇居民人均可支配收入从高到低排序分别是：陕西、宁夏、新疆、甘肃、青海，农村居民人均现金收入从高到低排序分别是：宁夏、陕西、新疆、青海、甘肃。

二 2014年宏观经济环境分析

2014年，预计西北地区经济发展面临的外部环境较为平稳。虽然国际形势依然存在不确定性，但总体上国际、国内经济形势将会逐步企稳。并且，中央政府目前宏观经济政策采取的相机决策，也具有熨平较大经济波动的作用。新型城镇化，以及其带动的工业化、农业现代化可能成为2014年主要的经济增长点。

1. 全球经济继续温和复苏

2013年全球增长速度有所回升，增长率从2012年下半年的2.5%上升到2013年第一季度的2.75%，但低于之前的预期。近期，世界主要机构对于2014年世界经济增长的乐观程度有所降低，但仍然预计全球经济将会继续温和复苏。世界经济增长的核心力量将为美国和中国、印度、东盟等新兴市场国家。随着美国经济温和增长、股票市场显著改善、就业市场适度增长、消费者信心指数持续复苏、实体经济企稳和房地产市场复苏，美国有望提前退出量化宽松政策。欧洲国家尚未走出债务危机阴影，重债国财政紧缩、银行系统脆弱、主权债务危机、区内需求不足以及竞争力丧失、劳动力市场僵化等结构性问题，将影响大多数国家经济增长。安培新政起到明显效果，日本政府最新发表的统计报告显示，日本2013年第二季度国内生产总值（GDP）增速比第一季度增加0.6个百分点，实质年增长率达到2.6%。总体来看，金融危机最坏的时期已经过去，各国采取的积极财政政策和货币政策将逐渐显效。预计

2014年世界经济将会从2012年、2013年形成的底部中温和复苏，增长速度将会有所加快。

2. 国内经济形势逐步趋稳

2013年，全国经济增速虽然不断下降，但降幅不断收窄，有逐渐企稳迹象。克强指数连续处于正增长区间，且自5月份以来不断升高，发电量、铁路货运量、银行中长期贷款三项增速均明显提高。

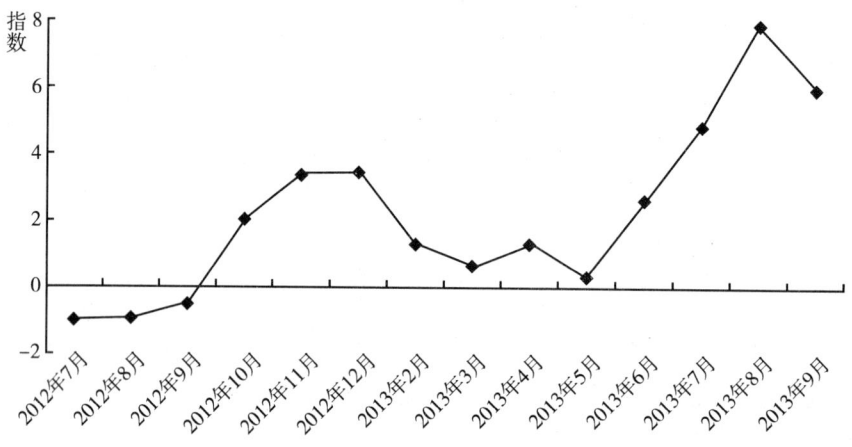

图4 我国"克强指数"变化趋势

注：由于缺乏工业用电数据，用发电量代替。克强指数＝发电量增速×0.45＋银行中长期贷款增速×0.35＋铁路货运量×0.25。

2013年，我国PMI指数均处于荣枯分水线以上。制造业PMI指数较低，与我国目前部分产业产能过剩有关。但非制造业（商务活动）指数处于较高位置，将会引导制造业逐步消化库存，景气程度有望逐步提高。

3. 十八届三中全会全面推进改革

改革开放以来中国经济高速增长的30年，主要受惠于人口红利、改革红利，以及经济的全球化发展。当前，改革进入深水区，已经无法继续采用"摸着石头过河"的改革方式，必须开始注重顶层设计，提出系统性改革思路。

目前亟须进行改革的领域，均是多年以来遗留的"硬骨头"；而且如今的改革已经不再是"共赢博弈"，而是必须触动某些部门、群体的利益，必须有强势推进的气魄。将于2013年11月召开的中国共产党十八届三中全会有望出台全面深化改革的文件。国务院发展研究中心为十八届三中全会提交的方案提出八个重点改革领域：深化政府行政管理体制改革、加快基础产业领域改革、深化土地制度改革、推动金融体系改革、新一轮财税体制改革、深化国有资产管理体制改革、促进创新和绿色发展、深化涉外经济体制改革。如果在户籍制度、农村土地制度方面有所突破，则有望成为新型城镇化的政策支撑。

4. 宏观经济政策可能适度积极

近期，国务院总理李克强指出："经济增长率、就业水平等不滑出下限"。按照国内生产总值十年翻一番的目标，经济增长的"下限"应该是7.1%。2013年，居民消费价格指数得到有效控制，生产资料价格连续下跌，为实行适度积极的财政政策和货币政策提供了条件。在2013年前三季度全国生产总值增速达到7.7%的情况下，有可能采取适度积极的宏观政策，保持经济处于适度增长区间。

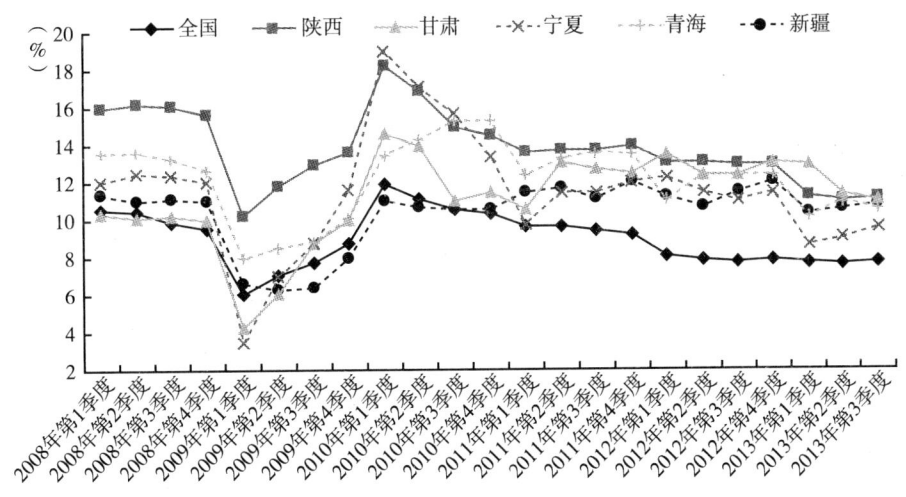

图5 2008～2013年前三季度西北五省（区）和全国生产总值增速

从金融危机以来的历史数据看，西北五省（区）经济增长的周期性变化基本与全国同步。当前经济增长方式依然较为倚重投资扩张特别是基础设施建设，对于能源、有色金属的需求将会呈现稳健性。中央政府如果采取较为宽松的财政政策和货币政策,西北五省(区)的经济增长也会随全国经济形势出现同步复苏。

5. 新型城镇化带来发展机遇

从2012年全国城镇化率来看,西北五省(区)的城镇化率均低于全国平均水平,与沿海发达地区的差距更大,因此有广阔的发展空间。新型城镇化对于西部地区具有诸多重要意义。一是城镇基础设施建设有望加强,县城和重点镇将获得中央财政的更大支持,交通、水电气暖、三废处理等城市承载能力有望大幅提高,人居环境得到显著改善。二是城乡一体化发展步伐有望加快,西北地区城市的人口压力较小,户籍、社会保障等导致城乡二元结构的政策性壁垒有望逐步破除。三是通过城镇化与工业化的良性互动,增加非农产业就业机会,逐步吸纳农业隐性剩余人口,提升居民收入水平。四是优化未来发展空间。西北地区大部分地区不适宜人居,通过避灾移民、扶贫移民等措施将人口向宜居地区集中,优化这部分群体快速致富的环境。

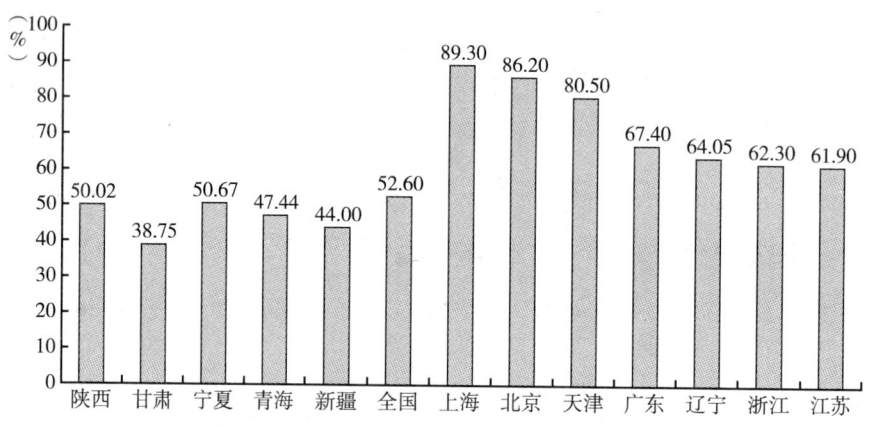

图6 2012年西北地区与全国其他部分省(区)城镇化率

6. "丝绸之路"经济带为西部大开发注入新内涵

2013年9月7日,国家主席习近平在哈萨克斯坦纳扎尔巴耶夫大学演讲中,倡议用创新的合作模式,共同建设"丝绸之路经济带"。习主席在演讲中提出了政策沟通、道路联通、贸易畅通、货币流通、民心相通的"五通"设想。"丝绸之路经济带"发展理念的提出,赋予西部大开发崭新的内涵。

"丝绸之路"经济带发展的意义,可以归结为两个层面。首先是与上海合作组织成员国的合作,获取中亚地区的石油、天然气资源满足国内能源需求,同时其较为落后的经济发展水平具有广阔的跨国投资、商品贸易、服务贸易发展空间。其次是构建我国与欧洲、非洲的陆上通道,可以在航空运输的高昂成本和海路运输的较长时限之间取得较好的平衡,部分保鲜期较短的货物具有了贸易的可能,给中欧贸易带来了较大的增长空间。

西部大开发以来,西部地区事实上并没有获得较大的政策优惠,而是受惠于近年来能源工业需求的快速上涨带来的发展机遇。"丝绸之路"经济带发展理念的提出,有可能使西北地区在政策上实现较大突破,成为西部大开发的有效支撑。同时,通过向西开放提升西北地区经济的外向程度,带来新的增长空间。

三 2014年西北地区经济工作的政策建议

2014年西北地区经济工作,建议以投资为引导,施行经济结构调整,推进新型城镇化,加快民生领域的发展,实现经济平稳较快增长。

1. 继续保持主要经济指标平稳较快增长

西北地区要缩小与东部地区经济发展的差距,必须利用"后发优势",保持相对较快的增长速度。首先,西北地区农业人口比重仍然较大,未来几年可以从农业生产转移出来的劳动力较多,相对富余的劳动力将是西北地区的比较优势。其次,西北地区丰富的自然资源,特别是能源与有色金属,对于发展相关产业提供了坚实的基础。最后,西北地区的城镇化发展空间广阔,并可以带动轻工业的快速发展,实现富民强省。

由于西北地区经济外向程度较低,出口在经济增长中的贡献度较低,加之世界经济仍未走出低谷,外贸对经济的拉动作用必然有限。诸多消费热点褪去,居民收入增长减缓,网络销售发展滞后等不利因素将导致2014年西北地区消费增速依然较低。因此,2014年西北地区经济增长仍然需要依靠投资拉动。必须以投资促进增长,以增长促进发展,实现各项经济指标的全面提升。

2. 加快产业结构调整大力发展新型业态

产业结构调整不仅是提高经济质量的手段，而且是当前经济减速情况下寻找新的经济增长点、实现经济较快发展的重要举措。三次产业结构的调整是一项长期任务，在当前西北地区的快速工业化进程中难以有显著转变。因此，2014年应该以产业的高级化作为产业结构调整的主要内容，加快建设现代产业体系。

第一产业内部，重点发展现代农业。产品类型上，以高附加值的特色水果、干果产业为重点；经营模式上，以土地流转为手段，通过公司化、规模化、标准化提高产业水平；产业链培育上，向上游和下游发展，重点进行新产品的培育、研发，以及后续深加工产品的品牌化。

第二产业内部，重点是升级现有的支柱产业和发展战略性新兴产业。壮大煤炭、石油、天然气等能源化工产业，延长产业链，提高资源转化效率；加强航空航天、汽车、输变电等产业的本地配套能力，建设具有国际竞争力的先进装备制造业基地。大力发展新能源、新材料、生物技术、节能环保等战略性新兴产业，特别是生物质能、有色金属的新材料开发、生物医药等具有较好资源禀赋的优势产业。

第三产业内部，重点发展现代服务业。大力发展生产性服务业，向制造业产业链的两端延伸，提升制造业产业水平。旅游产业需要深挖非物质文化资源，重点发展参与式体验项目，加强公共交通、旅行社、酒店管理优化旅游服务环境。文化产业方面，以现代媒体作为发展文化产业主要载体，将历史资源转变为现实生产力。重视当前和未来网络销售对于实体零售的影响，建设网络销售产业园区，做好相关物流规划。大力发展以个人电脑和智能手机为载体的智慧产业，包括游戏、动漫、软件、微电影等电子产品，以及通过上述产品嵌入的广告经营。

3. 加大公共基础设施投资夯实发展基础

坚持不懈地做好项目谋划。结合"十二五"规划项目实施进度，加强规划和年度计划的衔接，加大项目谋划储备工作，及时补充完善项目库，确保规划有序实施、项目滚动接替、投资持续增长。

加快财政资金投入。积极整合省级财政专项资金，规范政府投资管理，集中力量、突出重点地支持重点建设任务实施，切实提高政府投资使用效益。加快省投资计划执行进度，及时下达投资计划和资金预算，督促市县足额落实配套资金，保证项目建设的资金需求。

多措并举扩大社会融资。积极引导信贷资金支持实体经济，加大对"三农"和小微企业等薄弱环节的信贷倾斜。加强信贷资金与建设项目的对接，鼓励符合条件的企业发行企业债券，积极引进保险资金、社保资金投资基础设施、产业项目，规范发展股权投资基金。

4. 解决民生焦点问题促进社会和谐稳定

全面提高居民收入。通过扩大就业增加居民的工资性收入，积极创造条件增加居民经营性收入和财产性收入，提高劳动报酬在初次分配中的比重。加快推进垄断行业改革，出台对垄断行业收入分配的监管制度。

实现城乡、区域之间的基本公共服务均等化。以公共教育、公共卫生、公共交通、各项社会保障等为工作重点，加大投入、创新体制，完善各项体制保障和配套措施。逐步提高养老保险的标准，扩大疾病报销比例。增加教育投入，提升公办学校教育水平，逐步将学前教育纳入免费教育体系。提供划拨土地以及建设资金，鼓励三甲医院扩大规模或者建设分院，解决群众挂号难、看病难的问题。

5. 以新型城镇化带动经济社会全面发展

新型城镇化的核心是要实现人的城镇化。以转移农村富余劳动力为目标，从产业支撑、人居环境、社会保障、生活方式等方面实现城乡一体化。深化户籍制度改革，逐步建立城乡无差别的新型户籍管理制度。通过立法，切实保障进城农民的各种法律权利、政治权利和经济权利，使农民在工业化、城镇化过程中分享更多收益。

协调城镇化、工业化和农业现代化同步发展。通过城镇化引导各种生产要素集聚，促进产业结构和布局的优化。推进资源型城市有序转型实现可持续发展，通过工业化增强城镇对农村劳动力的吸纳能力。加快地质灾害地区的扶贫搬迁和移民建镇工程建设，试行"村企联合"模式增强城镇化产业支撑。

推动大中小城市和小城镇协调发展。逐步落实国家主体功能区规划中呼包鄂榆地区、关中—天水地区、兰州—西宁地区、宁夏沿黄经济区、天山北坡地

区等重点开发区域发展规划,加快推进各省域城市群建设。构建以大城市为核心、中等城市为副中心、县域城市和重点镇为补充的新型城镇体系。

6. 借势"丝绸之路"经济带扩大对外开放

西北地区应该联合起来,从基础建设到制度建设实现突破,真正实现复兴"丝绸之路"。在基础设施建设上,鼓励国内企业投资兴建中亚地区的高速公路、高速铁路,实现丝绸之路的高速、畅通连接。在制度建设上,建立上海合作组织成员国的免签制度,促进人员的自由流动;建立上海合作组织自由贸易区,促进物资的自由流动,在上海合作组织内实现人民币的自由流通与跨境结算。在产业发展上,利用西北地区形成的原油、煤炭、有色金属的后续加工能力,在"丝绸之路"形成的能源通道上建立各种采掘业的后续产业链。在文化发展上,利用新疆的语言优势以及西北各省区的教育资源,培养双边贸易、交流人才。可以增设、扩大中亚地区相关专业教育,培育"走出去"的国内人才;同时,可以广泛吸纳中亚地区留学生,增强其汉语能力以及中国文化教育,培养与中国经贸往来实现对接的人才。

参考文献

国际货币基金组织:《世界经济展望》,http://www.imf.org/external/chinese/,2013年7月9日。

宋继清:《当前经济形势与政策选择》,《金融时报》2013年7月1日。

B.3
2013年中国西北地区社会发展报告

李有发*

摘　要： 2013年，西北地区各省区公共财政保障和改善民生的投入稳定增长，各项社会事业取得新进展。社会发展呈现基础设施建设力度空前加大、民生工程投资显著增长等一系列亮点。同时，基于各种因素制约，西北地区社会发展仍然面临着经济支撑能力弱、贫困人口多等困难与挑战，需要进一步加快经济转型跨越发展，增强社会发展的经济支撑能力、创新社会发展机制，形成经济发展与社会发展的良性互促机制。

关键词： 西北地区　社会发展

中国西北地区既是我国限制开发区的主要分布区域，又是集老、少、边、穷于一体的区域。西北地区人口居住分散，民族宗教众多，村落类型、生活方式复杂多样，加强对西北地区社会发展的研究，对于促进区域社会和谐发展、维护民族团结具有重要的现实意义。

一　2013年西北地区社会发展的基本态势

2013年，西北地区各省区按照党的十八大关于"加强社会建设，必须以

---

* 李有发，甘肃省社会科学院社会学研究所研究员，主要研究领域为应用社会学。

保障和改善民生为重点"的战略部署，进一步加大保障和改善民生的力度，社会发展呈现出良好的态势。

（一）保障和改善民生的公共财政投入稳定增长

2013年，西北地区各省区坚持民生优先、富民惠民的政策取向，继续加大财政对保障和改善民生的支持力度，民生支出占财政总支出的比重稳定增长。据2013年西北地区各省区公布的公共财政预算支出数据显示：2013年陕西新增财力的80%和财政预算支出的80%用于保障和改善民生；[1] 2013年甘肃公共财政保障和改善民生的支出占公共财政支出的比例明显提高，其中，教育支出为39.96亿元，比2012年增加4.9亿元；新疆2013年本级公共财政预算支出787.2亿元，其中，教育支出72.9亿元、医疗卫生支出29.6亿元、社会保障和就业支出43.8亿元，分别增长21.4%、22.5%和11.5%；青海2013年公共财政用于保障和改善民生的支出占财政支出的75.4%；2013年宁夏公共财政支出的72.5%用于保障和改善民生，其中教育支出27亿元，医疗卫生支出21亿元，社会保障支出32亿元，住房保障支出16.6亿元。与此同时，2013年西北地区各省区继续将民生领域作为财政支持的重点，教育、医疗卫生、住房、社会保障等领域的财政支出明显提高。从2013年前三季度数据看，2013年1~9月，甘肃公共财政用于保障民生的资金投入达1199亿元，占财政支出的77.7%；[2] 青海用于保障民生的公共财政支出明显增长，其中，医疗卫生支出增长23.7%、城乡社区事务支出增长67.2%、农林水事务支出增长36.5%、文化体育与传媒支出增长21.2%；[3] 陕西民生支出1988.77亿元，比2012年同期增长12.5%，其中，教育支出441.82亿元、同比增长12.76%，社会保障支出387.76亿元、同比增长10.64%，医疗卫生支出174.91亿元、同比增长12.5%，城乡社区事务支出187.58亿元、同比增长31.92%，农林水事务支出256.91亿元、同比增长11.96%；[4] 宁夏公共财政预算支出615.7

---

[1] 文中数据除注明的外，均来自各省区政府部门公布的数据及相关政府部门网站。
[2] 严存义：《甘肃省前三季度经济保持平稳较快增长》，《甘肃日报》2013年10月25日。
[3] 代洪：《青海：2013前三季度经济运行情况趋好》，大公网青藏频道，2013年10月25日。
[4] 陕西省人民政府网：《2013年1~9月份财政预算执行简况》。

亿元,同比增长6.7%,重点民生领域的支出显著增长,其中,医疗卫生增长20.4%,社会保障和就业增长10.8%,城乡社区事务增长26.5%,农林水事务增长19.3%;① 新疆民生支出达1578.1亿元,增长15.4%,占公共财政支出的75.3%,其中,医疗卫生、教育、社会保障与就业、一般公共服务支出分别增长18.4%、20.8%、11.9%和15.8%。②

(二)各项社会事业取得新进展

2013年,西北地区各省区进一步加大社会事业发展力度,在学有所教、劳有所得、病有所医、老有所养、住有所居等方面取得了一系列新的进展。一是城乡居民最低生活保障标准稳步提高。甘肃城乡居民最低生活保障标准分别提高15%和28%,省级财政补助农村五保户标准提高到年人均2000元;宁夏城乡居民最低生活保障标准分别由2012年的人均每月255元、每年1750元提高到人均每月300元和每年1930元;青海城乡居民最低生活保障标准分别达到了每人每月330元和每人每年2040元;新疆城乡居民最低生活保障标准分别提高了每人每月15元和每人每月12元。二是深入实施民生就业工程。陕西省以高校毕业生、复员退伍军人、进城落户人员和被征地农民等为就业工作的重点,新增城镇就业人员35万人,转移农村劳动力650万人,大学毕业生初次就业率超过80%;甘肃省深入实施高校毕业生就业项目和五个基层服务项目;③ 宁夏实施就业优先战略,创业带动就业效果显著;新疆投入6.5亿元专项资金,对全区促进就业工作给予补助。三是围绕住有所居的目标,继续实施住房保障工程。陕西新建、续建保障性住房62万套,其中,新开工33.7万套,廉租房5.5万套、公租房7.1万套,并加快探索保障性住房分配和有序退出方面的制度;甘肃新建廉租住房25884套、公共租赁住房57354套;新疆建设保障性住房和棚户区改造住房5.53万套,改造农村危房和奖励性住

---

① 贾茹:《2013年前三季度宁夏GDP达1757.8亿元》,人民网宁夏频道,2013年10月23日。
② 朱凯莉:《2013年前三季度新疆国民经济运行情况新闻发布会召开》,2013年10月22日。
③ 五个基层服务项目是:选聘大学生村官工作计划、高校毕业生从事"三支一扶"计划、"进村(社区)"计划、"农村义务教育阶段学校教师特设岗位"计划、"大学生志愿服务西部"计划。

房建设6.5万户,游牧民定居2.57万户;宁夏加大公共租赁住房建设、城市和国有工矿棚户区的改造力度,建设各类保障性住房4.6万套,发放廉租住房补贴0.5万户;青海建设保障性住房和改造各类棚户区住房5.53万套(户)。四是加大农村基础教育条件改善力度。甘肃新建、改扩建幼儿园500所,为58个连片特困县(市、区)的1787所农村中小学新建食堂;新疆实施了58所乡村两级双语幼儿园、44所中西部农村校舍改造、5334套边远艰苦地区农村学校周转宿舍、14所农村义务教育"双语"寄宿制学校建设工程,改扩建普通高中(民汉合校)10所,新建中等职业技术学校22所,为8所普通高校和18所双语师资培训建设基地。五是基层医疗卫生服务水平继续提高。甘肃建设村卫生室250个,基本公共卫生服务补助标准由每人每年25元提高到30元,新型农村合作医疗和城镇居民基本医疗保险政府补助标准均由240元提高到280元,新农合人均筹资水平达到340元;陕西城乡居民医保补助标准提高到每人每年300元;宁夏村卫生室网络联通率达到了60%以上。

(三)公共文化服务体系建设成效显著

2013年,西北地区各省区继续健全公共文化服务体系,公共文化服务体系建设取得了显著成效。一是继续强化基层公共文化服务网络建设。甘肃以华夏文明传承创新区建设为契机,大力推进文化惠民工程,加强公共文化基础设施建设,省级文化体育与传媒支出达13.8亿元,增加6.2亿元,增长81.6%;陕西进一步加强文化阵地设备配送和农家书屋管理工作,继续实施市县两级图书馆、文化馆、剧院改扩建和重点镇综合文体中心建设工程;新疆积极推进公共文化服务体系示范区建设,进一步加强南疆三地州行政村、社区文化室项目建设;青海积极推进藏区公共文化服务体系全覆盖工作,完成37处文物保护工程;宁夏深入推进公共文化示范区建设,启动实施回族音乐汇宁夏等十大项目。二是文化信息资源共享工程建设力度进一步加大。甘肃省依托华夏文明传承创新区建设,大力推进文化信息资源共享工程建设,实施了一系列文化惠民活动;新疆开展"边疆万里数字文化长廊建设"试点项目,实施新疆文化信息资源共享工程和数字图书馆工程,成立了自治区、地州、县市三级文化志愿者队伍；宁夏回族自治区重点加快文化信息资源共享、数字图书推广、公共电子阅览室建设等三大数字文化惠民工程，建设公共电子阅览室106个，标准化规范化"一卡通"社区图书馆（点）10个。

（四）推动社会管理创新，社会大局和谐稳定

2013年，西北地区各省区进一步加强基层社会管理和服务体系建设，充分发挥群众参与社会管理的基础作用，社会大局和谐稳定。一是加快创新社会组织管理体制，社会组织快速增长，类型趋于多元化。甘肃全面推行除国家法律法规规定需前置行政审批以外的社会组织直接登记制度，有力地促进了社会组织发展，有19个社会组织参与社会服务项目获中央财政支持，立项资金554万元；新疆进一步健全和完善行业协会、异地商会和非公募基金会登记管理制度，并适度放宽了"一业一会"的限制，对公益慈善、社会福利、社会服务等社会组织实行直接向民政部门申请登记制度，获得中央财政支持社会组织参与社会服务项目立项23个，立项资金760万元；陕西有21个社会组织参与社会服务项目获得中央财政支持，立项资金591万元。二是建立健全党和政府主导的维护群众权益机制。陕西开展了"大下访、大化解、大稳定"等专项行动，深入实施"853工程"，陆续出台了流动人口就业、医疗、子女入学、社会保障等政策；甘肃启动"共创平安·共享和谐"活动，深入推进基层平安创建活动，组织开展"社会管理创新经验推广年"活动；新疆启动"创新社会管理、弘扬现代文化、转变工作作风"活动；青海以解决影响社会和谐稳定的突出问题为突破口，在巩固和加强现有人民调解组织的基础上，积极推进专业性、行业性人民调解组织建设，建立公、检、法、卫生、人力资源和社会保障部门矛盾联调机制和人民调解员专家库制度。三是改善基层社会管理基础条件。青海大幅度提高基层组织运转经费补助标准，村级组织运转经费补助标准在原标准基础上提高1.5万元，平均增长67%，其中3000人以上大村的补助标准由每年2.5万元提高到每年4万元，3000人以下小村的补助标准由每年2万元提高到每年3.5万元。这些措施的实施，有力地改善了基层社会管理的基础条件，提高了基层组织社会管理能力。

二 2013年西北地区社会发展的主要亮点

（一）社会事业基础设施建设力度空前加大

社会事业基础设施薄弱是制约西北地区各省区社会全面发展的主要因素之一。2013年西北地区各省区把加强城乡社会事业基础设施建设作为夯实经济社会发展基础的突破口，与2012年相比，社会事业基础设施建设力度空前加大。陕西以保障性住房、交通等城乡基础设施建设为重点，加大资金投入的力度，着力解决群众行路难、上学难、就医难、农用物资和农副产品运输难的突出问题。甘肃投资7650亿元全面实施"3341"项目工程（打造三大战略平台、实施三大基础建设、瞄准四大产业方向，确保到2016年全省固定资产投资规模超过1万亿元），其中，投资交通基础设施建设的资金达464亿元。青海省级财政补助2000万元开展新农村建设村级规划和村庄环境整治工程，投入3000多万元建设水运基础设施，截至2013年9月，青海基础设施投资549.03亿元，比2012年同期增长24.4%。宁夏继续加快交通基础设施建设，公路交通运输固定资产投资78亿元，比2012年增长20%；实施8万人的移民住房及生产生活配套设施建设项目，建设新农村示范村88个，改造小城镇20个。新疆投资3000亿元实施330个重点基础设施建设项目，比2012年增长32.7%，实施30万户安居富民工程、2.71万户定居兴牧工程和29.6万套保障性住房及配套设施建设项目，完成定居兴牧配套骨干水利工程212项，农村公路畅通富民工程4800公里。

（二）民生工程突出基础性和普惠性

2013年西北地区各省区在"稳中求进"的总基调下，立足省情和重点民生领域，继续深入实施民生工程。一是民生工程的数量和资金投入显著增长。新疆投入181亿元（比2012年增加13亿元）继续开展"民生建设年"活动，在实施25大类100个民生项目的同时，新增了18个民生项目；陕西投资1042.11亿元实施就业、收入倍增、社保、教育、住房等十大领域民生工程；

甘肃在继续实施"十大惠民工程"（共10项26件实事）的同时，将92亿元地方政府债券全部纳入财政预算管理，其中省级预算37亿元用于保障性住房等民生和重点项目；宁夏将一般性公共财政预算支出压减5%，加大力度实施10项、30件民生实事计划，重点加快民生水利建设，解决30.5万农村人口饮水和生态移民用水安全问题；青海1213亿元重点项目中，民生项目占17项，投资131.9亿元。二是民生项目突出基础性、普惠性。新疆坚持基础性、普惠性原则，将重点民生工程由自治区层面延伸到地州层面，围绕与人民群众生产生活密切相关的教育、医疗、卫生、文化等民生领域，重点推进安居富民和定居兴牧民生工程；甘肃坚持择急择重、量力而行和普惠性原则，重点围绕就业、医疗卫生、危房改造、饮水安全、扶贫等基础民生领域实施十大惠民工程；青海实施以农牧区水利基础设施、农牧区群众饮水安全、灌溉、新农村等基础民生领域为重点的民生工程；宁夏重点推进"学有所教、病有所医、老有所养、住有所居"四大民生工程；陕西着力实施城乡居民社会保障体系建设、保障性住房建设、陕南陕北移民搬迁和连片特困地区扶贫攻坚、特殊群体利益问题解决、妇女儿童合法权益保护等重点民生工程。

（三）城乡居民收入增速明显

2013年西北地区各省区围绕党的十八大提出的到2020年城乡居民人均收入比2010年翻一番的奋斗目标，全面实施城乡居民收入倍增计划。在2013年上半年我国城乡居民收入增速比上年同期回落3.2个百分点的形势下，西北地区各省区城乡居民收入快速增长，部分省区城乡居民收入增速高于全国平均水平。其中，2013年1~6月，甘肃城镇居民人均可支配收入为9327.32元，同比增长10.9%，比全国平均水平高1.8个百分点，增速居全国第3位；农村居民人均现金收入2736.10元，同比增长13.2%，比全国平均水平高1.3个百分点，增速居全国第9位。从部分省区已经公布的2013年前三季度数据看，2013年1~9月，青海城镇居民人均可支配收入13430.97元，同比增长11.5%；农村居民人均现金收入5180.33元，同比增长15.90%。[①] 宁夏城镇

---

① 陈悦：《2013年前三季度青海省经济运行实现平稳较快增长》，青海新闻网，2013年10月25日。

居民人均可支配收入15289元，同比名义增长9.4%，实际增长5.9%。农村居民人均现金收入6644元，同比名义增长12.7%，实际增长8.4%。① 新疆农村居民人均现金收入5893元，增长14.4%，增速高于全国1.9个百分点；城镇居民人均可支配收入14399元，增长11.1%，增速高于全国1.6个百分点。② 陕西城镇居民人均可支配收入为17160元，名义增长10%，实际增长7%，增幅高于全国平均水平0.5个百分点，增速居全国第10位。农村居民人均现金收入6175元，名义增长13.1%，实际增长9.7%，增幅高于全国平均水平0.6个百分点，增速居全国第12位。③

（四）扶贫攻坚的力度进一步加大

西北地区贫困人口多，贫困程度深，是国家集中连片特困地区之一。2013年西北地区各省区全面推进《六盘山片区区域发展与扶贫攻坚规划》的组织实施，采取产业培育、整村推进、异地扶贫搬迁等多项举措，扶贫攻坚的力度进一步加大。甘肃继续深化"联村联户、为民富民"双联行动，实施整村推进扶贫项目600个、整乡推进项目65个，新增贫困村互助资金社600个，实施易地搬迁7万人，培训"两后生"3.5万人，贫困地区农民人均纯收入增幅达到17%以上，90个乡、1040个村和2个县区整体脱贫。宁夏实施万名干部"下农村、送政策、促发展"活动，增派300名扶贫开发驻村指导员定点帮扶重点贫困村。陕西进一步加大陕南陕北移民搬迁和连片特困地区的扶贫攻坚力度，其中陕南搬迁6万户、22.8万人，陕北搬迁1.6万户、6万人，全年有90万贫困人口脱贫。青海大力推进贫困地区基础设施建设和产业项目，完成360个贫困村的整村推进和3万人的易地搬迁，实现20万人脱贫。新疆以南疆三地州集中连片特殊困难地区、其他扶贫重点县和贫困山区的623个贫困村为重点，加快实施民生扶贫工程，培训贫困农牧民21万人，贫困地区农牧民人均年纯收入增加810元。

---

① 贾茹：《2013年前三季度宁夏GDP达1757.8亿元》，人民网—宁夏频道，2013年10月23日。
② 朱凯莉：《2013年前三季度新疆国民经济生产总值增速创22年来新高》，天山网，2013年10月22日。
③ 王向华：《前三季度陕西省城乡居民收入增幅高于全国》，《陕西日报》2013年10月19日。

三 西北地区社会发展面临的主要问题与挑战

(一)社会发展的综合支撑能力有待提高

西北地区生态环境脆弱、经济发展条件差,经济总量小,社会发展综合支撑能力较弱。一是西北地区社会事业历史欠账多、基础薄弱,发展不平衡。尤其是民族地区、革命老区、贫困地区经济发展条件差,社会发展的综合支撑能力普遍低下。二是西北地区大部分贫困地区属于限制开发区和禁止开发区,这些区域生态环境脆弱,干旱少雨、自然灾害频繁,农牧业生产条件差,社会事业基础设施建设严重滞后,上学难、看病难、住房难、饮水难、行路难、养老难等基础民生问题比较突出。三是综合防灾减灾体系建设滞后,自然灾害损失抵消经济社会发展成果的现象比较突出。据不完全统计,2013年9月,甘肃因暴雨洪水、冰雹等灾害所导致的直接经济损失近25亿元。仅"7·22"岷县漳县地震灾害,就直接造成甘肃岷县230所学校不同程度受损,17所乡镇卫生院及143个农家书屋、146个文化活动室、780套"村村通"、1197.3平方米文物古迹、2800平方米文化场馆不同程度受损。损坏县级公路3条,47.4公里、乡镇道路2条,21.6公里,经济损失高达26.4亿元。

(二)社会事业基础设施建设成本高投入大

西北地区生态环境脆弱,自然条件差,地形主要以高山、丘陵、高原和沙漠为主,地震、泥石流、干旱、风沙、霜冻等自然灾害频发,水、电、路、通信等生产生活基础设施建设条件差,建设和管理成本高。以甘肃省甘南藏族自治州为例,该州牧区的社会事业基础设施建设和管理成本要远远高于农区和半农半牧区。如每块砖的产地价为0.50元,到项目实施地的单价高达1.20元以上。与此同时,西北地区的边远山区、革命老区、民族地区大多自然条件差、经济发展水平低、社会事业基础设施建设历史欠账多,资金筹措难度大,升级改造任务艰巨。

(三)贫困对社会发展的制约亟待破解

西北地区的贫困人口主要集中在秦巴山区、六盘山区以及革命老区,呈现集中连片的特征。一是贫困人口多、贫困程度深,扶贫攻坚任务艰巨。按照国家新的贫困线标准测算,截至2012年底,甘肃贫困人口占全省农村人口的80%,占全省常住人口总数的46.92%,农村人均纯收入在2300元以下的贫困人口有692万人。宁夏有贫困人口101.5万人,占全区农村人口的25.6%,主要分布在12个县、市(区)和移民安置区的132个乡(镇)1567个行政村。新疆有贫困人口329万人,占全区农村人口的31%。青海有贫困人口138.36万人,占全省农牧民人口的37.6%。陕西有558万农村贫困人口,占农村人口的20%。西北地区的贫困人口大多生活在自然条件恶劣、基础设施落后、缺乏基本生存条件的深山区、林缘区和自然灾害频发区,就地扶贫成本高,脱贫难度大。二是贫困类型多样,常规扶贫手段面临新的挑战。西北地区贫困地区的贫困程度不仅比其他地区重,而且贫困特征呈现更加复杂化和多样化,常规的扶贫措施效果不够明显。同时,西北地区抵御自然灾害能力弱,因灾返贫现象普遍。

(四)社会管理方式面临新的挑战

西北地区既是我国经济社会双重欠发达地区,又是少数民族集聚的区域之一,社会管理面临着一系列新的情况和问题。一是区域社会利益格局日益复杂多样,人民群众的利益诉求日趋多元化,对基层社会服务与管理提出了一系列新的要求和挑战;二是流动人口数量大与流动人口管理和服务政策不配套、不完善的问题比较突出;三是基层社会管理基础条件差、经费短缺问题突出;四是暴力犯罪问题时有发生,维护社会稳定的任务艰巨。

四 西北地区社会发展的对策建议

(一)加快经济转型跨越发展,进一步增强社会发展的经济支撑能力

社会发展是以提高经济支撑能力为前提的。西北地区各省区应当充分利用

政策机遇，依托资源富集优势，进一步加快经济转型跨越发展步伐，为社会事业重点领域和关键环节持续取得新进展奠定坚实的经济基础。一是做大做强经济总量，做大产业规模、优化产业结构、提升产业层次，进一步提高社会发展的经济支撑能力。二是着力破除社会发展的民生制约瓶颈。充分利用国家支持产业发展，支持基础设施建设，支持生态建设，改善民生和支持民族地区、贫困地区发展等相关政策，建立调动社会资源参与保障和改善民生的政策和机制，推动保障和改善民生工作取得新突破。

（二）加快创新社会发展机制

社会的和谐稳定发展需要建立健全完善的行政机制、市场机制和社会机制。一是进一步完善社会发展的行政机制，强化政府在以保障和改善民生为重点的社会建设中的职能，重点要完善农村社会发展的支持制度。二是进一步完善社会发展的市场机制，形成社会发展的多元化投入机制。三是不断完善社会事业发展的政策体系，最大限度地调动社会资源参与社会事业建设。四是创新社会组织参与社会服务的机制，加快制定社会组织参与社会服务的具体制度与政策，拓展社会组织参与社会服务的空间。

（三）以基础设施建设为突破口，夯实贫困地区稳定脱贫的社会基础

一是要根据贫困地区、贫困人口面临的实际困难和实际需要，着力改善贫困地区的生产生活基础设施条件。二是构建稳定脱贫致富的社会基础。西北地区各省区贫困地区的自然条件千差万别、地域文化多元、民族构成复杂，经济社会发展滞后与贫困的成因各不相同，必须根据绝对贫困、相对贫困和刚脱离贫困三种具体情况，构建稳定脱贫致富的社会基础。三是进一步完善贫困地区社会保障制度。西北地区贫困区自然条件差、生态环境脆弱、自然灾害频发的区域特点，直接决定了贫困人口生产生活保障的不确定性。必须进一步完善贫困地区社会保障机制，提高各种社会保障标准，对因病因灾等导致的贫困人口给予相应的社会救助和保障。

（四）以保障和改善民生为切入点，推动社会管理创新

一是完善企事业单位参与社会管理的政策，不断拓展企事业单位参与社会管理的渠道。二是继续完善基层诉求表达机制，进一步拓宽社情民意表达渠道，健全社会舆情汇集和分析机制。三是继续完善社会保障体系，加大对下岗失业和失地农民等生活困难群体的社会保障力度。四是完善社会组织参与社会管理的相关制度与政策，不断拓展社会组织参与社会管理的空间。

B.4
2013年中国西北地区文化发展报告

周丽 梁红营*

摘　要：

"十二五"以来，西北地区公共文化服务体系建设富有成效；文化产业发展生机勃勃；文化体制改革步履坚实；文化遗产保护事业不断推进。同时，西北地区面临着文化事业费占财政支出的比重偏低；公共文化设施不尽完善；公共文化队伍力量薄弱；文化产业成为国民经济支柱性产业的任务十分艰巨；文化企业"小、弱、散"状态普遍存在；文化产业人才匮乏等问题和困难。为此，西北地区需要在观念树立、制度创新、人才培养等方面有所作为，扎实推进文化大发展大繁荣。

关键词：

西北地区　文化事业　文化产业

党的十八大提出扎实推进社会主义文化强国建设，充分体现了党在新的历史条件下高度的文化自觉和文化自信；同时表明，社会主义文化强国建设是一个长期、艰辛的奋斗历程，需要凝聚全党、全社会的共识，一步一个脚印、富有实效地推进。在全面建成小康社会决定性阶段，西北地区需要积极肯定文化建设成就、冷静正视文化建设中存在的问题、审慎思考增强文化整体实力和竞争力的务实举措，为推动文化大发展大繁荣，作出扎实的努力。

---

* 周丽，新疆社会科学院哲学所副研究员，研究方向为社会主义文化建设、社会主义意识形态建设；梁红营，新疆社会科学院哲学所助理研究员，研究方向为生态文明、公共文化建设。

一 西北地区文化建设成就

(一)公共文化服务体系建设富有成效

1. 西北各省区公共文化设施体系建设各具特色

目前,西北地区已经初步形成省地县乡公共文化设施体系,并各具亮点。陕西省初步构建起省、市、县、乡、村五级,以固定文化阵地为主,数字文化阵地、流动文化阵地为辅的公共文化设施网络体系;甘肃农家书屋工程在全国率先实现了行政村全覆盖并向自然村延伸;宁夏在全国率先实现直播卫星公共服务"户户通"全覆盖,使偏远地区的农民能在家中收看免费的电视节目;青海依托"东风工程",以六州藏区为重点,加强出版物基层发行网络建设,构筑以城市为中心、城乡结合、上下通畅的出版物发行物流体系;《2012年中国公共文化服务发展报告》显示,在新增设的公共文化服务进步指数中,新疆取得总量排名和人均排名分别位列全国第三和第二的历史性成就。

2. 公共文化服务条件有效改善

截至2012年底,西北地区共有公共图书馆395个,比上年增加4个;总藏量4846.97万册(件),比上年增加358.97万册(件);公共图书馆阅览室坐席数由2011年的5.7万个提高至6万个;平均每万人拥有公共图书馆设施面积由2011年的92.86平方米提高至94.44平方米;平均每万人拥有群众文化设施面积由2011年的245.06平方米,提高至262.62平方米。①

3. 公共文化服务能力逐步提升

2012年,西北地区公共图书馆总流通2241.27万人次,比上年增加454.27万人次,增长25.4%;公共图书馆图书外借1547.04万册次,比上年增加172.04万册次,增长12.5%;群众文化机构共组织文艺活动65788次,

---

① 根据文化部编《中国文化文物统计年鉴(2013)》(国家图书馆出版社,2013年10月版)计算、整理而成。

比上年增加4429次,增长7.2%;群众文化机构共培训228.2万人次,比上年增加30万人次,增长15.4%①。

4. 文化惠民温暖民心

2012年以来,一批经典传统剧目在陕西文化惠民演出中绽放光彩,十余万观众走进剧场尽情领略传统戏曲的魅力。为了让普通市民一睹高雅艺术的风采,甘肃大剧院分别邀请五好家庭、低保家庭,以及来兰州务工人员和残疾人免费观看演出。青海在全省建立起以流动图书馆、演出车、电影队为主体的流动文化服务体系,一支支民间文艺队伍活跃在基层乡镇,丰富着群众的文化生活。"清凉宁夏"广场文化活动已成为宁夏文化惠民的品牌项目——活动先后开办"颂歌献给党"大合唱比赛、社区业余艺术团展演、"今晚我登台"、"戏曲票友大赛"、"拉丁舞专场"等新颖别致的栏目,持续提升了广大群众的参与热情。新疆政府购买演出机制得到有力落实——2012年自治区7个直属艺术表演团体公益性演出280场,地、县两级97个专业艺术表演团体公益性演出超过8000场,观众达百万人次,刷新2011年演出6300余场的纪录②。

(二)文化产业发展生机勃勃

1. 文化产业增加值占国民经济比重持续增长

2012年,陕西省实现文化产业增加值500.4亿元,比上年增长31.4%,占国内生产总值的3.5%③;甘肃省实现文化产业增加值78.17亿元,增长速度为26.02%,占全省GDP比重为1.4%④;青海省达35.01亿元,增长18.58%,占国内生产总值的1.86%⑤;宁夏回族自治区达47亿元,增长18.8%,占国内生产总值的1.96%⑥。从2004年起,新疆文化产业增加

---

① 根据文化部编《中国文化文物统计年鉴(2013)》(国家图书馆出版社,2013年10月版)计算、整理而成。
② 潘莹:《新疆文化大投入普惠各族群众》,新华网,2013年5月17日。
③ 陕西省统计局:《2012年陕西省国民经济和社会发展统计公报》,2013年3月5日。
④ 李满福:《甘肃省文化产业大会在兰州召开》,《甘肃日报》2013年2月1日。
⑤ 王丽一:《我省特色文化产业发展迅速》,《青海日报》2013年8月17日。
⑥ 解明:《宁夏文化产业增加值达47亿元》,《中国文化报》2013年1月11日。

值逐年递增。截至2011年底，新疆文化产业增加值达55.09亿元，占GDP的0.83%①。

2. 龙头文化企业各领风骚

龙头文化企业是文化市场的骨干力量，承担着壮大文化产业、建设社会主义文化强国的历史使命。

2013年5月，西安曲江文化产业集团进入光明日报社和经济日报社联合发布的第五届中国"文化企业30强"榜单。现阶段，该集团已构建起以文化旅游为核心，集会展、演艺、影视、动漫、出版传媒、文化商业、文化体育、文化项目建设、城市运营于一体的全文化产业链，呈现"产业军团，集群出击"的强劲态势。

作为甘肃省文化产业的龙头企业，读者出版传媒股份有限公司自成立以来，就有着良好的品牌形象，在甘肃乃至全国都具有重要地位。进入2013年，《读者》月发行量超过800万册，连续10余年位居中国和亚洲第一、世界综合类期刊第二，拥有超过3.6亿的读者群体②，创造了中国期刊史上的奇迹。

西宁市珠宝龙头企业——"宝玉陈"始终坚持宣传昆仑玉、宣传青海。2010年、2011年、2012年，"宝玉陈"连续赞助环青海湖国际公路自行车赛，以及央视体育频道相关节目。

宁夏镇北堡西部影城已为300余人提供了长期稳定的就业岗位；每年为附近居民及村民提供5万多个工作日；公司利润、接待人数从2009年的1197.2万元、64万多人次，已增至2011年的2959.7万元、89万多人次③。2012年9月，在香港举行的第7届亚洲品牌盛典上，镇北堡西部影城入选亚洲品牌500强企业。

成立于2008年9月的新疆卡尔罗媒体科技有限公司是拥有自主知识产权、具有较高多媒体技术开发技术水平的少数民族企业，也是以年轻人为中坚力量的文化企业。2012年8月，公司被文化部确定为"国家文化产业示范基地"；

---

① 自治区文化厅提供数据，2013年4月。
② 陈玮：《读者"牵手"中国联通步入数字阅读时代》，《兰州日报》2013年6月22日。
③ 卜虹：《工商助力文化产业打造"镇北堡西部影城"品牌》，宁夏新闻网，2012年11月2日。

11月，与伊朗企业签约，共同制作大型动漫连续剧《一千零一夜》；2012年1～10月，卡尔罗仅动漫画业务量已从2011年底的118.6万元增长至1296.5万元①。

3. 文化产业投融资平台建设方兴未艾

中小型文化企业的创业和发展需要社会投融资体系的扶持，大型文化产业集团的形成和运营更离不开资本运作。

2012年，全国最大的省级文化产业投资公司——陕西文化产业投资控股集团的资产总额增长到83.17亿元，实现净利润1.02亿元②。

2012年7月，宁夏文化产业投融资有限公司正式成立。公司注册资本金10亿元③，是经自治区政府批准成立的国有大型企业、非银行类金融机构，是推动宁夏文化产业发展的重要融资平台和投资主体。

2013年7月，甘肃省文化产业发展集团有限公司揭牌成立。该企业主要从事投资与资产管理、基金管理、担保服务等，搭建文化产业产权交易平台、提供文化中介服务，通过实施一批重点文化产业项目，孵化催生一批文化骨干企业，推动甘肃文化产业跨越式发展。

2012年3月，中国工商银行新疆分行与自治区文化厅、自治区文化企业签订文化产业战略合作协议，迈出金融业支持新疆文化产业发展的第一步。

（三）文化体制改革步履坚实

从2009年开始，三年三大步，陕西省率先实现了省、市、县三级文化事业单位"转企改制"，提前全面完成了中央规定的改革任务，总体进度位居全国前列：截至2012年9月，新闻出版业23家出版单位和108家发行单位全部完成转企改制；整合组建省出版集团和省新华发行集团；1个国有电影制片厂、97家市县电影公司、66家市县级电影院、3个电视剧制作机构全部转企改制；111个国有文艺院团合并成91家文艺院团④。

---

① 钟秀玲：《"卡尔罗"收获骄人业绩》，《新疆日报》2012年10月24日。
② 刘雨佳：《陕西文化产业投资控股（集团）有限公司简介》，中国经济网，2013年8月6日。
③ 张晓芳：《宁夏文化产业投融资有限公司成立》，人民网，2012年7月21日。
④ 王欢：《文化陕军西部崛起》，陕西文化产业网，2012年9月7日。

2012年5月底,甘肃省全面完成文化体制改革任务:全省250多家经营性文化单位转制为企业,核销事业编制7440多个,全省14个市州、86个县市区全部完成文化行政责任主体合并①;国有经营性出版发行单位实现全行业转企改制;甘肃省广播电视网络有限公司与下属的15家市州分公司和70家县区分公司已正式挂牌运营②,基本实现了省市县三级网络贯通、全省一网;甘肃省演艺集团、甘肃新华印刷集团公司、甘肃飞天传媒股份有限公司正式挂牌成立。

2012年9月,青海省文化体制改革主体任务进展顺利:整合省民族歌舞剧院和省戏剧艺术剧院,于2012年6月挂牌成立青海省演艺集团有限责任公司;整合西宁市歌舞团和西宁市戏剧团,成立西宁市艺术剧院有限公司;非时政类报刊体制改革与全国同步进行;市、县、区广电网络整合工作全部完成,组建成立青海省文化系统首家股份制公司——省广播电视信息网络股份有限公司。

截至2012年10月,宁夏以体制机制创新驱动文化体制改革,从加快推进重点领域和关键环节改革入手,积极推进文化单位政事分开和资源整合,全面实现经营性文化单位转企改制,基本完成中央既定的文化体制改革任务,初步实现了小省区办"大文化"的目标,并连续两年被评为"全国文化体制改革工作先进地区"。

虽然没有"时间表"的催促,新疆仍为推进文化事业单位改革迈出了坚实的步伐。2009年8月,自治区整合新疆歌舞团、新疆歌剧院、新疆话剧团、新疆人民剧场,成立新疆艺术剧院,开始了自治区文化事业单位改革的"破冰之旅";2011年7月,新疆人民出版社、新疆科学技术出版社、喀什维吾尔文出版社、伊犁人民出版社、克孜勒苏柯尔克孜文出版社、新疆音像出版社和新疆人民卫生出版社,合并成立新疆人民出版总社。

(四)文化遗产保护事业不断推进

2012年8月,陕西省政府提出每年筹措不少于5亿元的专项资金③,支持

---

① 施秀萍:《甘肃省全面完成文化体制改革任务》,《甘肃日报》2012年6月1日。
② 吕守奎:《甘肃省提前4个月完成中央规定的文化体制改革》,人民网,2012年5月31日。
③ 许祖华:《陕西将每年筹措5亿元资金用于文化遗产保护》,新华网,2012年8月16日。

大遗址和重点文物保护，支持非物质文化遗产保护传承和文化典籍保护整理出版，推进文化资源数字化；并将文物保护科研基地建设、文物保护科研项目列入省级重大科技专项。

2012年8月，甘肃省财政厅和省文化厅联合制订出台《关于加强非物质文化遗产保护工作的实施意见》。该《意见》规定，今后甘肃省保护非物质文化遗产将坚持政府主导，发挥财政、文化等部门的优势，调动社会各方面的力量，共同推进非物质文化遗产保护工作。

2012年9月，青海省财政设立400万元的省级非物质文化遗产保护专项资金，对20个省级非遗项目、158名省级传承人下拨专项补助经费[1]。

2013年，宁夏提出鼓励传承人和乡土艺术人才为青少年讲课授艺，不断发展壮大教育传承传播基地；加强非遗生产性保护，建立非遗产业孵化基地、拓宽技艺展示等，支持具有一定市场前景的回医回药、回族服饰、贺兰石雕刻、剪纸、泥塑等非遗项目进社区、进景区。

2012年，自治区投入3亿元用于丝绸之路新疆段重点文物抢救保护工程[2]。新疆台藏塔遗址保护工程和艾提尕尔清真寺修缮工程入选"2012年度中国文化遗产保护最佳工程"。2013年5月，库车县获"中国文化遗产保护典范县"称号。

二 西北地区文化建设存在的问题

（一）文化事业费占财政支出的比重偏低

就全国总体而言，近年来，相对于其他事业费占财政支出的比重大幅增长，文化事业费占财政支出的比重却持续回落。2010、2011年，这一比重均为0.36%，是改革开放以来的最低点[3]。

2011年，除青海省外，西北其他四省区文化事业费占财政支出的比重都

---

[1] 青文：《青海省设立专项资金保护省级非物质文化遗产》，中国新闻网，2012年9月28日。
[2] 《新疆将投入3亿元用于"丝路"文物抢救保护工程》，中国新闻网，2012年3月28日。
[3] 文化部编《中国文化文物统计年鉴（2013）》，国家图书馆出版社，2013。

超越了全国平均水平，但1995～2011年，各省区这一比重普遍呈现下降状态（见表1）。

表1 西北各省区文化事业费占财政支出的比重

单位：%

西北	1995年	2011年	西北	1995年	2011年
陕西	0.84	0.41	宁夏	0.92	0.50
甘肃	0.85	0.47	新疆	0.76	0.39
青海	0.89	0.35			

资料来源：根据文化部编《中国文化文物统计年鉴（2013）》（国家图书馆出版社，2013年10月版）计算、整理而成。

（二）公共文化设施不尽完善

虽然西北地区已初步形成省地县乡公共文化设施体系，但农村、贫困地区的文化设施建设仍存在一系列难题。比如，按照国家"县有两馆、乡有一站、村有一室"的建设要求，新疆阿克苏地区阿瓦提县已基本实现这一目标；然而，该县某些乡文化站既没有供暖设施，也无自来水，更匮乏电脑、电视机、照相机、乐器、灯光音响等现代文化设施，直接影响农村文化阵地建设。

2012年，全国少儿公共图书馆共计99个，其中，西北地区有6个，仅占全国总量的6.1%；而这6家少儿公共图书馆的总藏量仅占全国少儿公共图书馆总藏量的0.85%。同时，6家少儿公共图书馆仅分布于陕西（2家）、甘肃（4家）两省，青海、宁夏、新疆三省区至今均无一家少儿公共图书馆[①]。

（三）公共文化队伍力量薄弱

公共文化队伍是文化事业建设的基石。目前，在全国公共文化队伍力量薄弱的总体状态下，西北地区的表现尤为突出。以2012年乡镇文化站为例，详见表2。

---

① 根据文化部编《中国文化文物统计年鉴（2013）》，（国家图书馆出版社2013年10月版）计算、整理而成。

2013年中国西北地区文化发展报告

表2 西北地区公共文化队伍建设情况

地 域	乡镇文化站（个）	从业人员（人）	在编人员（人）	在编人员占从业人员比重（%）	平均每站在编人员数（人）
全 国	34101	83676	47240	56.5	1.4
西北地区	4306	10852	5459	50.3	1.27

资料来源：根据文化部编《中国文化文物统计年鉴（2013）》（国家图书馆出版社，2013年10月版）计算、整理而成。

（四）文化产业成为国民经济支柱性产业的任务十分艰巨

2010年，中国文化产业增加值占当年国内生产总值的比重达2.78%。按照平均增速估算，2016年中国文化产业增加值占国内生产总值的比重将达到5%①，在全国范围内可以实现文化产业成为国民经济支柱性产业的目标。

2012年，陕西省实现文化产业增加值比上年增长超过30%；甘肃比上年增长超过20%；其他三个省区文化产业增加值的增长速度均未突破20%。更加严峻的问题是，2012年，甘肃、青海、宁夏三省区文化产业增加值占当年国内生产总值的比重还未达到或只相当于全国2004年的平均水平；新疆文化产业增加值占2011年国内生产总值的比重仍未突破1%，发展进程更显滞后。这一系列数据表明，就西北地区整体而言，到2016年将文化产业发展成为国民经济支柱性产业的任务极其艰巨。详见表3。

表3 2012年西北地区文化产业占GDP比重

单位：%

地 区	比重	地 区	比重
2004年全国	1.96	青海省	1.86
陕西省	3.5	宁 夏	1.96
甘肃省	1.4	新 疆	0.83

资料来源：①各省国民经济和社会发展统计公报；②文化部编《中国文化文物统计年鉴（2013）》，国家图书馆出版社，2013年10月。

---

① 白瀛：《预计2016年文化产业成为国民经济支柱性产业》，新华网，2011年10月23日。

（五）文化企业"小、弱、散"状态普遍存在

西北地区文化产业发展的起点普遍很低，文化产业投融资平台建设刚刚起步，因此，西北地区文化企业整体呈现规模小、分散化、经济实力和自主创新能力弱、市场竞争力不强的状态。以2012年为例，详见表4。

表4　2012年西北地区文化产业情况

地　　域	文化市场经营机构(个)	平均每单位从业人员(人)	平均资产(万元)
全　　国	240993	6.67	152.49
西北地区	15418	5.49	77.2

资料来源：根据文化部编《中国文化文物统计年鉴（2013）》（国家图书馆出版社，2013年10月版）计算、整理而成。

（六）文化产业人才匮乏

目前，支撑西北地区文化产业发展的文化品牌策划、文化产品设计、文化生产经营、文化中介服务、文化市场营销等方面的人才严重匮乏，这影响了西北地区文化产业的现代发展方向，导致其不能有效整合利用文化资源，不能全力开发出市场竞争力强的文化产品，不能较快提升文化产业的品质和实力。在各类人才普遍匮乏的状况下，优秀创意人才匮乏，以及文化衍生品开发、资源整合、营销推广等产业化经营人才匮乏的问题在西北地区文化产业发展中体现得尤为突出。

三　推进西北地区文化建设的对策

（一）树立文化建设基本理念

1. 树立"以均等化统领公共文化服务体系建设"的理念

均等化是公共文化服务体系建设的核心追求。目前，西北地区在市、县能享受到的文化服务，其乡、村还不能完全享受。建设文化强省、强区，首先要

以"公共文化服务均等化"的理念统领文化设施布局、文化经费投入、文化生活安排、文化产品生产等工程,进而在政策制定与实践中真正实现公共文化服务的均等化。

2. 树立"推动文化产业成为国民经济支柱性产业"的理念

党的十七届六中全会提出"推动文化产业成为国民经济支柱性产业"。2010年,北京、上海、广东、湖南、云南、青岛、长春等省市文化产业增加值占GDP的比重已超过5%——按照国际标准,文化产业增加值占GDP的比重在5%以上,才能称为支柱性产业。

众所周知,西北地区文化底蕴深厚,是名副其实的文化资源大省、大区。现阶段,西北地区需要明确意识到,推动文化产业成为国民经济支柱性产业,是"文化强省""文化强区"的题中应有之义。依托丰厚独特的文化资源,在建设文化强省、文化强区的历史进程中,西北地区需要增强推动文化产业逐步成为国民经济支柱性产业,推动本省、本区文化产业实现科学跨越的勇气与信念。

(二)加大农村公共文化设施建设力度

逐步完善农村公共文化基础设施,是提高农村公共文化服务能力的关键环节。现阶段,西北地区要持续加大对农村文化阵地的投入力度和政策支持力度,全面建设县、乡、村文化设施和活动场所。建议在各县设立农村文化建设专项扶持资金,确保农村重点文化设施建设的资金,不断扩大公共财政覆盖农村的范围;积极鼓励社会力量发展文化事业,进一步拓宽农村公共文化设施建设的投资渠道,逐步形成多层次、多体制的投资格局;努力实现村一级数字化文化信息服务;在流动文化服务方面,可通过配备流动服务车、设立基层流动服务点等多种方式,加大山区、牧区流动文化服务力度。

(三)高度重视公共文化队伍建设

根据各省、区实际,可选聘政治强、业务精、热爱少数民族文化工作的专业人才,充实到公共文化部门特别是基层工作岗位;健全公共文化人才培训网络,依托各级公益性文化设施,对各级公共文化服务人员开展培训工作,提高其业务水平和服务能力；逐步培养和引进一批具有开拓精神的公共文化创新人才、掌握数字技术的专门人才和适应民族文化走出去需要的国际化人才，发挥高层次人才在推动西北地区公共文化发展方面的引领作用。

（四）着力化解文化企业融资难题

一直以来，融资渠道单一、缺乏银行认可的抵押担保而使融资难成为影响西北地区文化企业发展壮大的重要障碍。现阶段，在陕西、甘肃、宁夏纷纷建设文化产业投融资平台的良好态势下，西北各省、区需要努力落实本省、区金融支持文化产业发展的相关政策。要出台具体办法，使小微文化企业能够依托当地政府部门免去信用评级，降低评估审核门槛；可以通过审核，将有足够还款来源并具有一定文化背景的企业的固定资产，诸如机器设备、房屋产权等有形的资产抵押给银行，银行为其提供相应资金，使文化企业能够按月或季度，以租金的形式还款。

（五）建立文化产业人力资源支撑体系

1. 实施文化产业人才培养工程

一方面，西北地区可以通过进入省、区外院校深造、挂职锻炼、跟班学习、分层次培训等多种形式，加大复合型、创新型文化人才培养，加强文化人才能力建设；另一方面，各地需要考虑将本省、区有关院校确立为当地的文化产业人才培养基地，以此制度化地安排文化产业、政府文化管理部门的从业者进入基地学习，持续为本省、区培养一批具有经济学、管理学及文化学基本理论知识，具有宽阔的文化视野、现代产业理念及经营技能，熟悉文化法规及政策，具备较强的组织管理、创意策划、社会调研和信息处理等能力，能够从事文化经营管理、市场营销与策划、文化贸易与交流工作的应用型、复合型专业人才，逐步壮大文化产业发展的后备力量。

2. 确立创意人才在文化产业发展中的核心地位

文化产品的核心价值在于创意，在文化产业发展中必须确立创意人才的核心地位。为此，西北各省、区需要建立合理的分配和利益机制，在重大文化项目运营中，允许有特殊才能、有自主知识产权、有突出贡献的人才以其技术、专利、品牌等创意参与收益分配；实施优秀文化人才奖励制度，逐步做到像重奖优秀科技人员那样重奖优秀文化创意人才；尝试建立文化创意人才数据库，全面、实时地把握本省、区文化创意人才的创作、经营等活动，并积极与人才沟通、交流，持续强化人才对当地文化产业发展环境的认同感、归属感。

参考文献

《2013年陕西省人民政府工作报告》，《陕西日报》2013年2月20日。

《2013年甘肃省人民政府工作报告》，《甘肃日报》2013年2月20日。

《2013年青海省人民政府工作报告》，《青海日报》2013年2月20日。

《2013年宁夏回族自治区人民政府工作报告》，《宁夏日报》2013年2月19日。

《2013年新疆维吾尔自治区人民政府工作报告》，新疆维吾尔自治区人民政府网站，2013年2月19日。

张晓莉：《云南破冰文化企业贷款难题》，中国经济网，2013年9月15日。

于群：《中国公共文化服务发展报告（2012）》，社会科学文献出版社，2012。

周丽：《新疆文化大区建设之路》，新疆人民出版社，2013。

B.5
2013年中国西北地区生态文明建设研究报告

王林伶*

摘　要： 西北五省区，地域毗连，处于我国内陆和亚欧大陆腹地，多属干旱和半干旱气候，是我国戈壁和沙漠地貌集中的省区，生态环境极其脆弱。西北五省区共同开展了"三北"防护林体系建设、防治荒漠化、植树造林、小流域综合治理等工程，已初步构建出我国的绿色生态屏障，为全国提供了生态公共产品，对于生态环境的恶化起到了一定的减缓作用，取得了一定的成效；但鉴于西北地区生态固有的脆弱性与人地矛盾等方面的因素，所以未能从根本上扭转生态环境持续恶化的总体趋势，还需要五省区联合治理，共同攻关，建设西北防风防沙防污染生态屏障，构建环境保护约束激励机制与西北生态补偿机制，建立西北生态文明建设的政府联系机制、生态型工业循环经济模式来推进西北生态文明建设。

关键词： 生态文明　现状与问题　对策建议　西北五省

生态文明是社会主义建设的一个重要方面，党的"十七大"第一次把建设生态文明作为一项战略任务明确提了出来，党的"十八大"将生态文明建设放在突出位置，纳入中国特色社会主义"五位一体"总布局，强调了生态

---

* 王林伶，宁夏盐池人，宁夏社会科学院经济研究所助理研究员，硕士，主要研究方向为区域经济、经济地理与文化地理、资源环境可持续发展。

文明建设的地位和作用。西北五省区，总面积约297万平方公里，占我国国土面积的30.9%。西北地区生态文明建设不仅关系西北本区域的生态环境改善和经济发展，还直接影响华北等地区的生态环境变化趋势。加强西北生态屏障建设与治理好西北环境污染意义重大。

一 西北五省区生态文明建设的现状与措施

（一）2013年西北五省区生态文明建设的新动态

2013年陕西实施了"退城入区"与"气化陕西"行动，将重污染企业采取逐步从城市、村镇等居住区搬迁至工业园区。扩大城市限煤区与禁煤区范围，将天然气使用普及民用、交通以及工业区，并严控城市扬尘污染、有机物污染和餐饮油烟排放。同时，将启动"关中地区大气细颗粒物污染特征与防治关键技术研究及示范"重大科技项目，改善城市空气质量。

甘肃白银市和庆阳市都是资源开发型城市，在工业开发上都实施了生态修复工程。2013年，庆阳市在石油开采区、煤矿开采区，以植树造林恢复生态为主；在工业厂矿园区，以环保技术改造、污染物检测、防治土壤水源空气污染为主；在东部子午岭生态保护区要于年内分别完成40万亩造林和梯田建设、420平方公里小流域治理。同时，2013年8月，甘肃陇南被水利部确定为全国45个水生态文明建设试点城市之一，在陇南市康县启动实施66个生态文明新农村建设，农村人居生态环境将得到改善。

2013年，宁夏坚持生态立区和环境优先战略，成立了自治区主席任组长的高层领导机构来推进"农村生态环境综合整治工程"，对全区1040个行政村进行了环境连片整治，并努力推进节能减排，淘汰落后产能，发展循环低碳工业。全面深化集体林权制度改革，推进防沙治沙，将完成150万亩营造林计划与治理52万亩荒漠化土地。宁夏还全力打造沿黄景观林、贺兰山东麓百万亩葡萄种植、中部干旱带防风固沙林和六盘山水源涵养林四大绿色长廊。

2013年，青海省提出建设全国生态文明建设先行区、国家循环经济发展先行区和民族团结进步示范区的"三区战略"。积极开展坡耕地综合治理与清洁型小流域试点建设、加强重点区域水土保护力度与监测、制止新增人为水土流失，预计将治理水土流失面积 150 平方公里以上；并在国家还没出台湿地保护行政法规下，先行出台并实施《青海省湿地保护条例》，现在青海省湿地保护区总面积约为 2120 万公顷，占全省面积的 29.6%。

2013 年，新疆启动了天山北坡谷地、可可托海矿区的植被恢复与污染治理工程，加大了准噶尔盆地与塔里木盆地沙漠化治理工程，加强了耕地保护、湿地保护、饮用水源地保护，展开了对艾比湖、博斯腾湖、额尔齐斯河、伊犁河等流域生态环境综合整治。同时，实施煤改气，乌鲁木齐市空气质量改善显著。

（二）西北五省区生态文明建设的举措与收效

1. 积极出台制度规划，政策工程支持生态文明建设

青海省政府提出打造"大美青海"、实施生态立省战略，并制定《祁连山生态保护与综合治理规划（2012~2020）》，该《规划》得到了国家发展改革委的正式批复，标志着祁连山生态保护与综合治理规划工程项目进入实施阶段。

宁夏为出台应对气候变化与支持发展新能源产业，也出台了《宁夏"十二五"应对气候变化专项规划》《宁夏新能源发展规划》和大力发展低碳环保、战略性新兴产业等规划方案，制定和完善综合防灾减灾、资金投入、项目信贷、主体奖惩等政策法规。

新疆组织实施了"两盆地防沙治沙与两山植被保护工程"，即塔里木盆地周边与准噶尔盆地南缘、天山北坡与阿尔泰山，还有公益林保护工程、野生动植物湿地保护和自然保护区建设等工程。

甘肃省出台《甘肃省主体功能区规划》，在《规划》中以甘肃县级行政区为基本单元，以可利用土地资源、可利用水资源、生态系统脆弱性、生态重要性、自然灾害危险性、环境容量等为依据，以构建"三屏四区"的生态环境保护为目标来制订实施方案，生态环境保护的战略格局初步形成。

2. 多项措施治理生态环境，生态恶化现象初步遏止

陕西省在生态文明建设过程中从生态环境保护和建设的实际出发，调动社会各界参与生态工程的建设。2006~2012 年，一是治理水土流失面积 3.74 万平方公里，平均每年减少1.3亿吨泥沙流入黄河。二是退耕还林和荒山造林面积已达3085万亩，全省林业系统自然保护区46个，森林覆盖率达到41.42%，植被覆盖度达到71.10%。三是完成治沙造林580万亩，建成了榆定公路、黄河沿岸、陕蒙交界、长城沿线等5条长达2000公里的大型防风固沙林带，防沙治沙取得了显著成效。四是淘汰小火电155万千瓦、落后产能5596万吨标准煤。

甘肃省在生态文明建设方面通过不断创新思路、创新方法、创新制度、建立长效机制，实施退耕还林还草、游牧民定居工程、节能减排等一系列政策措施，甘肃的生态环境面貌取得一些积极进展。2008年，"甘南黄河重要水源补给生态功能区生态保护与建设"项目正式启动，2008～2012年，国家共安排甘南黄河项目游牧民定居工程、农牧民生活生产设施、生态保护与修复、保护支撑体系、草原鼠害综合防治等6个项目，累计完成总投资16.12亿元。到目前，甘南黄河项目游牧民定居工程共完成入住游牧民14524户73708人。

宁夏政府和广大干部群众利用自然规律，通过实施防沙治沙、退耕还林、禁牧封育、湿地保护、生态移民、节能减排和应对气候变化等重大生态建设工程，实现了治理速度大于扩展速度的历史性转变，取得举世瞩目的成绩。一是实施退耕还林与禁牧封育工程。截至2011年底，宁夏共完成退耕还林1281万亩①，实现了人均退耕还林面积居全国第一。二是实施生态移民工程。为了解决贫困地区人口与生态的矛盾，宁夏陆续实施了吊庄移民、扶贫扬黄灌溉工程、易地扶贫搬迁等形式的移民。宁夏从2011年开始实施生态移民工程，计划将南部山区35万特困人口迁移出来，2013年底可达到20万人。三是宁夏充分利用风能、太阳能资源，大力发展新能源，2010年宁夏风电、太阳能发电装机容量已达122万千瓦，可替代110多万吨标煤，减排二氧化碳400万吨，推广农村户用沼气24万口、太阳灶25万台、太阳能热水器25万台。

青海省政府提出实施生态立省战略，通过采取多方面的措施，青海的生态文明建设取得一些成效。一是实施三江生态保护与建设青海湖流域生态综合治理工程。截至2012年底，三江源生态保护工程投资规模已达到60.7亿元，覆

---

① 《退耕还林你说变化大不大》，http://nx.people.com.cn/BIG5/n/2012/0227/.html。

盖草地面积平均值与2004年相比提高10%以上，草地沙化防治区植被覆盖面积平均提高23.2%，退牧还草围栏内草地植被覆盖度达到90%，草地退化趋势局部得到遏制。二是小流域治理改善，湿地面积增加。2007～2013年重点实施了50条小流域综合治理工程。三江源区主要湖泊面积净增245平方公里，其中玛多县境内的湖泊恢复到2000余个，全省湿地面积556.89万公顷①，占全省总面积的7.8%，治理水土流失面积1.57万公顷，水土流失得到有效治理。三是退耕还林，封山育林，森林覆盖率逐年提高，森林覆盖率由2005年的4.4%提高到2012年的5.2%。

新疆在生态环境修复与保护方面取得了较大的改善。一是重大生态治理工程启动与实施。二是森林覆盖率与自然保护区面积在逐步增加，保护区面积达2141万公顷，占新疆国土总面积的12.9%。三是开展了农村环境连片整治与生态示范区建设，有力地推动了新疆生态环境的保护和建设②。

3. 西北"绿色生态屏障"建设初步形成

西北五省区都积极响应国家的号召，加入到修造绿色万里长城的行动中来，实施了"三北防护林工程"，同时各省区大力实施天然林保护、植树造林、退耕还林、禁牧封育、湿地保护、防沙治沙、小流域治理等工程，收到了显著的效果。在陕西实现了黄土高原普遍披绿装，秦巴山区郁郁葱葱，生态状况由"整体恶化、局部好转"向"总体好转、局部良性循环"转变，绿色成为三秦大地的"主色调"。在甘肃自然保护区面积增大，2012年，太子山晋升为国家级自然保护区；部分区域的土地荒漠化、草原沙化、水土流失和地质灾害等情况得到了治理，生态恶化势头得到了进一步遏制。在宁夏，防沙治沙工程实现了由"沙逼人退"向"人逼沙退"和"沙退绿进"的巨大逆转。在青海，退耕还林，封山育林，森林覆盖率逐年提高，森林面积达370.01万公顷，森林覆盖率由2005年的4.4%提高到2012年的5.2%。新疆实施了"两盆地防沙治沙工程"与"两山森林植被保护与恢复工程"，森林覆盖率与自然保护区面积逐年增加，2012年底，森林覆盖率达到4.02%，绿洲森林覆盖率达

---

① 《2012年青海省国民经济和社会发展统计公报》，http://www.qhtjj.gov.cn/tjgb/。
② 王永静、程广斌：《新疆生态环境建设问题探讨》，《宏观经济管理》2012年第10期。

23.5%，45个县市达到国家平原绿化标准，95%的耕地得到了有效保护。通过重大工程与措施的实施，现在从新疆的天山北坡到塔里木盆地，到祁连山、青海湖畔，到六盘山、黄土高原，再到秦巴山区、毛乌素沙地，遍地已染上了绿装，绿色将成为主色调，西北"绿色生态屏障"初步形成。

二 西北五省区生态文明建设存在的问题

1. 陕西生态文明建设存在的突出问题

一是水土流失面积11.8万平方公里，占总土地面积的57.4%，荒坡荒沟与沙化倾向的土地近300万公顷；"两北地区"即陕北与渭北水土流失、风蚀沙化最为严重，年输沙量9.2亿吨，其中输入黄河泥沙量达8亿吨，输入长江泥沙量高达1.2亿吨。

二是边治理边破坏现象十分严重。在部分贫困地区，偷伐林木现象时有发生，粗放式的耕作方式依然占主导地位，在大于25度以上的坡地上耕种达到了83万公顷之多，草场夜间偷放牧羊等现象依然存在。煤炭石油资源开发与路桥建设过程中，对植被的破坏成为次生水土流失的重要因素之一。

三是生态环境建设与资金保障不足矛盾突出。资金保障不充分，导致在生态环境建设与治理工程过程中速度慢、环节多、标准低、综合配套差等，影响了生态环境工程的建设。

四是自然灾害与人为破坏严重。陕西省因干旱、洪涝等自然灾害造成的损失呈大幅度增长趋势，近几年部分区域年超采地下水现象严重，地下水水位不断下降，水资源供需矛盾比较突出，生态环境压力不断增大。

2. 甘肃生态环境建设存在的主要问题

一是水资源短缺，耕地集中在黄土高原区。全省70%以上的耕地在陇中黄土高原区，川塬地面积不到10%。

二是水土流失严重。脆弱的生态环境、农林牧用地结构不合理、过度开垦以及降水强度偏大，导致水土流失严重，造成了耕地面积、绿地面积和湿地面积逐年减少。

三是草原"四化"未得到有效遏制。甘南是甘肃最大的草原牧区，近年

来,气候干旱、降水减少、雨量分布不均、草原鼠虫害严重、人类活动增多,草原植被和生态环境严重破坏,突出表现为草原的退化、沙化、盐渍化、荒漠化,目前全省退化草地面积达10693万亩,草原"三化"面积占到可利用草原面积的80%以上,生态恶化加剧的趋势还未得到有效遏制。

四是工业以能源消耗型为主要方式,石化工业以高耗能、高排放为主;在生产加工中,以原材料、初级产品加工为主,工业深加工产品中高附加值产品仅占10%左右,资源开发中,粗放型发展仍然是经济增长的主要方式。在污染物排放方面,节能减排压力持续加大,兰州市冬季大气污染依然严重,形势十分严峻。

3. 宁夏生态文明建设存在的主要问题

一是土地荒漠化整体好转,但局部地区严重。2011年第四次全区荒漠化土地监测结果表明,荒漠化土地总面积289.9万公顷,占总监测面积的73.9%,占宁夏国土总面积的55.8%;荒漠化较严重的地区包括沙坡头区、中宁县、海原县、同心县、红寺堡区、盐池县、灵武市、青铜峡市和平罗县,占宁夏荒漠化土地总面积的82.1%。

二是宁夏局部水土流失依然比较严重,主要集中在"盐同香山丘陵"、矿区、六盘山农牧区、西海固黄土丘陵农牧区。

三是天然草场产量下降,退化严重。草原植被植物组成中以旱生植物为主,干旱的荒漠草原占草场总面积的55.0%;天然草场的退化严重,导致牧草产量下降,优良牧草减少,杂类草和有害植物增加。

四是工业与大气局部污染压力较大。宁夏的工业主要是以煤炭资源消耗型为主,靠煤发电、发展制造业必然产生大量的污染排放物和大量的废气。另外,城镇生活污染等也将增加生态环境治理的难度。

4. 青海生态文明建设存在的突出问题

受自然条件所限,青海生态环境十分脆弱,主要表现为冰川退化、湿地萎缩、水土流失、土地沙化、盐碱化在扩大。

一是青海受水、风和冻融侵蚀的土地面积有33.4万平方公里,水土流失面积不断扩大,导致河湖萎缩,湿地面积减少。

二是沙漠化与盐碱化土地面积约占18.8%,共有盐碱化土地2.64万平方公里。1.94万平方公里草地沙化，占全省草地面积的5.5%。

三是高耗能产业带来城市环境污染、城镇污染与农业污染增加。

5. 新疆生态文明建设存在的主要问题

新疆位于亚欧大陆中部，总面积166.49万平方公里，占全国陆地总面积的1/6，是我国著名的干旱地区，干燥少雨、植被稀少、沙漠浩瀚，沙化土地面积大、分布广，风沙危害较重。

一是水土流失面积与荒漠化面积分别占到全疆总面积的47.70%和全国水土流失总面积的28.10%。

二是大量采挖药用植物和偷猎捕捉野生动物，使生物多样性受到严重威胁。绿洲治理区域内生态状况有所改善，绿洲非治理的外围区域生态环境破坏严重。

三是矿藏资源开发、工业发展、道路建设工程带来的生态环境破坏呈上升趋势。

四是新疆产业结构仍是以第二产业为主的粗放型经济，煤炭石油能源消耗占到80%以上，造成环境污染较严重。

总之，西北五省区生态文明建设共同存在的主要问题有：一是土地沙化、水土流失、草原退化、天然水域缩小、河道断流，水资源锐减问题依然没有根本解决。二是草原虫、鼠、兔害严重，草原质量下降退化明显。由于实施了禁牧还草、退耕还林等恢复草原生态措施，草原虫、鼠、兔繁殖过快，被鼠类啃食的草场有逐年扩大的趋势。三是以"工业强省"追求经济GDP、大搞产业转移与资源开发，导致土地开发和其他经济建设活动范围扩大，造成水资源短缺、环境污染、植被和生态环境破坏及水土流失的加剧。四是土地污染、水资源污染、空气污染比较严重。如喀什、西宁、兰州、西安等空气污染状况严重。五是在承接产业转移过程中门槛过低，被淘汰污染严重的企业又留到了西北。个别地方政府因急于发展工业又招不来商，就降低招商门槛，仅考虑眼前的经济利益，不计算污染带来的负效应，在"发展西北经济"的借口下，将东部一些因污染严重而被淘汰或将被淘汰的企业迁至本区域继续生产。

三 中国西北地区生态文明建设的对策建议

1. 构建西北生态文明建设的政府联系机制

生态文明建设不仅需要各个省区政府高度重视,而且需要西北五省区联合起来共同把生态环境建设作为一件大事列入重要议程。五省区政府要在生态文明方面,协商建立联系机制,制定一个统一的中长期总体规划并作为西北地区生态环境建设和保护的纲领性文件,来共同加强监管、共同加强治理、协商解决建设生态环境中的问题,形成长效机制。

2. 联合治理,共同攻关,建设西北防风防沙防污染生态屏障

陕甘宁青新五省区相邻相依,在生态环境建设上紧密相关,尤其是空气环境更需要各个省区联合起来共同治理。因此,各个省区在本省(区)环境治理的基础上,还要联合起来一起治理空气污染、水质污染、风沙退化。共同向国家申请西北五省区生态环境恢复与治理专项资金支持,建设西北防风防沙防污染生态屏障,同时还要主动争取世界银行贷款项目资金来建设生态环境,为全国提供公共生态产品,造福全人类。

3. 构建西北生态补偿机制与体系

西北地区大部分国土属于限制开发区域与禁止开发区域,西北五省区在国家层面上经济社会发展还比较滞后,生存与发展、竞争与利用、工业建设与环境保护之间的矛盾突出,自我生态补偿的资金投入非常有限和薄弱,在人类活动与工业化进程双作用下,典型的生态敏感区与脆弱区生态系统退化趋势比较严重。这就必须要"国家给力",确立在国家主导下推动西北生态屏障建设,五省区政府要联合起来从政策、制度、措施等方面构建"生态建设补偿政策体系",为构筑国家生态安全屏障的目标做支撑。

4. 构建循环型经济模式,推进生态工业产业经济体系

循环型生态工业产业经济体系建设的路径选择是调整产业结构、推行清洁生产、建立循环经济园区,在水资源与土地资源利用上集约高效,禁止在限制开发区搞建设破坏生态环境;在能源利用上,以开发利用再生能源为突破口,形成企业内部小循环与企业之间的大循环,以企业清洁生产为手段,提高资源利用效率，延长产业链，建立企业生态工业闭路循环模式，构建支撑经济社会可持续发展的清洁能源循环圈，形成包括石化行业、煤炭行业、钢铁行业、有色金属行业、装备制造业、非金属行业、农产品加工、中医药行业和清洁能源等在内的各类行业生态工业经济产业链与生态工业循环圈。

5. 构建环境保护约束激励机制，推进西北生态文明建设

要以"生态环境、国家利益、政府责任"为目标，从破解影响和制约生态环境问题入手，将激励环境友好生产型与约束粗放发展作为治理污染物与节能减排的主要抓手，以促进经济结构调整、实现保护环境为目的。建立环境安全预防与处理事故预警机制，并将生态保护纳入政府决策体系，以发展绿色经济、低碳经济、循环经济，促进西北生态文明建设。

参考文献

《退耕还林你说变化大不大》，http：//nx.people.com.cn/BIG5/n/2012/0227/.html。
《2012 年青海省国民经济和社会发展统计公报》，http：//www.qhtjj.gov.cn/tjgb/。
王永静、程广斌：《新疆生态环境建设问题探讨》，《宏观经济管理》2012 年第 10 期。
梁勇：《坚持两个可持续发展加强新疆生态环境保护》，《国家林业局管理干部学报》2013 年第 1 期。
杨自沿：《青海建设国家生态文明先行区的实践与探索》，《攀登》2013 年第 2 期。
周立梅：《青海生态文明建设的路径选择》，《攀登》2012 年第 4 期。
《2011 年陕西省工作报告》，http：//www.gzu521.com/essay/gzbg/201101/52036.htm。

评 价 篇

City Evaluation Report

B.6
中国西北地区最适宜居住、最适宜创业城市综合评价报告

段庆林*

摘　要： 本报告分经济发展、社会和谐、文化繁荣、生态文明、政府效能五部分构建评价指标体系，对中国大西北地区主要城市竞争力进行了系统评价，重点关注西北地区最适宜居住、最适宜创业城市目标，并对主要城市竞争优势进行了分析。

关键词： 城市竞争力　最适宜居住最适宜创业城市　西北地区

新丝绸之路经济带战略的提出，将使西北地区成为我国区域开发重点之一。由于西北地区受水资源等约束，强化现代化区域中心城市的核心竞争力，

---

* 段庆林，宁夏社会科学院综合经济研究所所长、研究员，主要研究方向是中国农村经济、西北地区经济、内陆开放型经济与中阿经贸合作、宁夏经济社会发展战略等。

加快新型城市群建设,是加快西北地区发展的关键。城市竞争力是城市发展的竞争优势和综合能力。波特的钻石体系提出生产要素、需求条件、相关与支持产业、企业战略四大要素和政府、机会两大变量,是形成城市竞争优势的关键因素。本项研究以大西北地区(含蒙西地区)主要城市为对象,按照"五位一体"要求构建指标体系,重点对最适宜居住、最适宜创业城市进行综合评价分析。

一 西北地区城市规模分布分析

(一)西北地区城市规模分布特征

目前中国有城市 658 个,其中西北地区有 60 个城市,内蒙古全区有 20 个城市。中国城市主要聚集于长江三角洲、珠江三角洲和环渤海圈三大都市圈之内。西北地区小城市数量较多,中等城市数量少,特大城市数量缺乏,西北地区城市化发展水平较低。

中国西北地区城市规模分布存在两个断层。2011 年,西北地区的首位城市西安市人口 565.5 万人,为第一层次;处于第二层次的乌鲁木齐、兰州市,都是 200 万人口规模,第一个缺口是在特大城市中缺乏 250 万~500 万人口规模的城市。第三层次是西宁、银川、包头、呼和浩特等,人口规模在 100 万左右,第二个缺口是缺乏 150 万~200 万人之间的城市(见图 1)。

西北地区城市规模分布可以划分为三种类型:一是首位型,最大的城市鹤立鸡群,人口多于次级城市数倍,图形是下跌凹折线,代表省区是陕西、青海和新疆。二是标准型,基本符合齐夫定律,首位城市人口接近次级城市两倍,图形是下跌直线,接近的是内蒙古和甘肃。三是次位型,首位城市人口与其下级若干城市人口相差小于一倍,首位城市规模不大,中位城市相对较多,宁夏基本可以属于此类。在严重受资源约束和经济约束的西北地区,集中力量把首位城市做大做强、带动条件较好的城市带的发展是现实的选择。

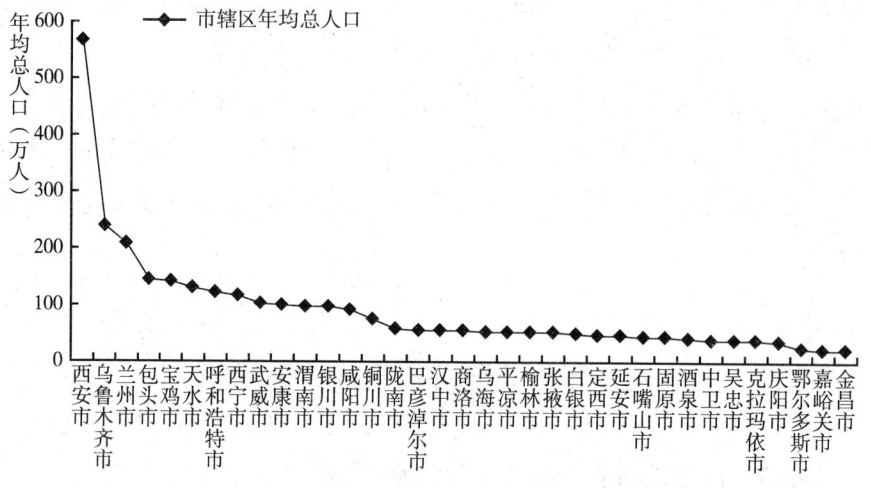

图1 中国大西北地区城市规模分布

（二）西北地区城市经济规模

在经济规模和水平上，人均 GDP 水平最大的是克拉玛依市、鄂尔多斯市等资源类城市，西安市仅处于第 12 位，银川市占第 15 位；地方财政收入最多的是西安市、乌鲁木齐市、鄂尔多斯市等；全社会固定资产投资最多的是西安市、包头市、兰州市等，银川市、西宁市在省会城市中最低；社会消费品零售总额最多的是西安市、呼和浩特市、包头市、乌鲁木齐市等。从 GDP 总量来看，西北地区主要城市经济实力由强到弱依次为西安市、包头市、乌鲁木齐市、呼和浩特市、兰州市、克拉玛依市、鄂尔多斯市、宝鸡市、银川市、西宁市。

二 西北地区主要城市竞争力评价

（一）评价指标体系

城市人口和经济规模只能说明城市实力，城市实力比较关注现状和产出，而城市竞争力则更加关注城市发展的质量、效率和竞争优势，既注重现实也注重未来。由于单项指标很难评价城市发展的水平与潜力，必须进行综合评价。

中国西北地区最适宜居住、最适宜创业城市综合评价报告

表1 中国西北地区主要城市经济规模排序（2011年）

排序	市辖区年均总人口		建成区土地面积		人均GDP		地方财政收入		全社会固定资产投资		社会消费品零售总额	
	城市	万人	城市	平方公里	城市	万元	城市	亿元	城市	亿元	城市	亿元
1	西安市	565.5	乌鲁木齐市	384	克拉玛依市	12.91	西安市	303.4	西安市	2921	西安市	1852
2	乌鲁木齐市	238.6	西安市	343	鄂尔多斯市	12.86	乌鲁木齐市	227.2	包头市	1574	呼和浩特市	802
3	兰州市	209.7	兰州市	197	呼和浩特市	12.16	鄂尔多斯市	100.8	兰州市	858	包头市	792
4	包头市	143.2	包头市	185	包头市	11.99	包头市	100.0	呼和浩特市	672	乌鲁木齐市	686
5	宝鸡市	143.0	呼和浩特市	174	嘉峪关市	10.13	兰州市	79.4	咸阳市	576	兰州市	560
6	天水市	130.4	银川市	126	乌海市	8.95	呼和浩特市	77.0	鄂尔多斯市	560	西宁市	250
7	呼和浩特市	121.5	鄂尔多斯市	118	金昌市	8.22	银川市	65.6	宝鸡市	437	鄂尔多斯市	215
8	西宁市	117.8	石嘴山市	100	石嘴山市	5.62	克拉玛依市	51.0	乌鲁木齐市	416	宝鸡市	211
9	武威市	102.4	宝鸡市	95	咸阳市	5.36	宝鸡市	37.0	西宁市	348	银川市	195
10	安康市	101.1	咸阳市	83	乌鲁木齐市	5.31	乌海市	36.7	银川市	303	咸阳市	123
11	渭南市	98.1	西宁市	75	榆林市	5.09	庆阳市	32.2	乌海市	287	天水市	96
12	银川市	96.0	乌海市	63	西安市	5.05	咸阳市	31.7	榆林市	284	乌海市	86
13	咸阳市	90.4	白银市	56	白银市	4.81	石嘴山市	19.6	石嘴山市	220	汉中市	73
14	铜川市	76.0	嘉峪关市	55	宝鸡市	4.74	西宁市	15.2	克拉玛依市	215	巴彦淖尔市	73
15	陇南市	58.0	克拉玛依市	53	银川市	4.65	榆林市	13.9	渭南市	192	渭南市	67
16	巴彦淖尔市	55.5	榆林市	52	西宁市	4.42	白银市	13.7	延安市	156	白银市	65
17	汉中市	55.3	渭南市	51	兰州市	4.25	巴彦淖尔市	11.4	巴彦淖尔市	152	安康市	62
18	商洛市	55.2	天水市	42	庆阳市	3.83	嘉峪关市	11.0	武威市	149	延安市	60

077

续表

排序	市辖区年均总人口		建成区土地面积		人均GDP		地方财政收入		全社会固定资产投资		社会消费品零售总额	
	城市	万人	城市	平方公里	城市	万元	城市	亿元	城市	亿元	城市	亿元
19	乌海市	53.8	铜川市	41	巴彦淖尔市	3.77	延安市	9.4	白银市	143	武威市	53
20	平凉市	53.2	酒泉市	40	酒泉市	3.54	吴忠市	9.3	天水市	136	石嘴山市	51
21	榆林市	52.8	金昌市	39	延安市	3.31	天水市	7.6	庆阳市	123	铜川市	50
22	张掖市	51.9	吴忠市	39	铜川市	2.91	铜川市	7.0	铜川市	105	张掖市	50
23	白银市	50.1	巴彦淖尔市	38	中卫市	2.66	中卫市	6.3	酒泉市	102	酒泉市	44
24	定西市	46.8	延安市	36	汉中市	2.53	陇南市	5.7	金昌市	93	克拉玛依市	44
25	延安市	46.0	张掖市	36	渭南市	2.50	汉中市	5.7	平凉市	92	平凉市	43
26	石嘴山市	45.6	中卫市	36	吴忠市	2.31	张掖市	4.5	汉中市	91	榆林市	42
27	固原市	45.3	固原市	35	张掖市	2.27	渭南市	3.9	吴忠市	89	庆阳市	39
28	酒泉市	40.5	汉中市	34	天水市	1.80	武威市	3.8	陇南市	76	金昌市	30
29	中卫市	39.7	安康市	32	武威市	1.74	安康市	3.0	中卫市	75	吴忠市	30
30	吴忠市	38.4	武威市	30	平凉市	1.69	商洛市	2.6	安康市	70	嘉峪关市	30
31	克拉玛依市	37.7	庆阳市	25	安康市	1.57	金昌市	2.4	商洛市	70	商洛市	23
32	庆阳市	36.2	定西市	23	商洛市	1.56	酒泉市	2.4	嘉峪关市	65	定西市	21
33	鄂尔多斯市	26.2	平凉市	22	固原市	1.43	平凉市	2.2	定西市	58	中卫市	21
34	嘉峪关市	23.3	陇南市	14	陇南市	1.02	定西市	1.8	张掖市	51	固原市	18
35	金昌市	22.5	商洛市	13	定西市	0.93	固原市	1.5	固原市	51	陇南市	17

资料来源:《中国城市统计年鉴》(2012),中国统计出版社。

城市竞争力评价是从经济发展、社会和谐、文化繁荣、生态文明、政府高效等角度来对城市发展环境进行的综合评价。

我们设计的中国西北地区城市竞争力评价指标体系，主要包括一级指标5项，二级指标67个，具体内容如下。

1. 经济发展指数

经济是城市的核心，培育创业至上的宜商城市，是理想城市目标。创业需要一定自然禀赋能力和比较优势，需要政府项目支持，有良好的基础设施、金融环境和财政政策，以及全社会固定资产投资的快速增长、外商投资和民间投资的活跃等。

2. 社会和谐指数

关注和改善民生是城市发展的宗旨。以公平的社会制度和包容的社会精神建设和谐城市，需要改善分配制度，完善社会保障体系，统筹城乡发展，加强民族团结，缩小阶层差别，关注教育、医疗、就业等社会问题。

3. 文化繁荣指数

文化是城市的灵魂。城市是传统文化积淀的高地，也是现代文化传播的前沿。加强文化、教育、科技事业发展，建设多元开放的文化城市、创新驱动的知识城市、交流便捷的信息城市，是文化强国的主要途径。

4. 生态文明指数

生态文明是人类与自然环境关系的历史经验积累。必须树立尊重自然、顺应自然、保护自然的生态文明理念，走可持续发展道路，建设生态城市、低碳城市、宜居城市，是我们评价的指导思想。生态文明指标比较注重资源节约、环境保护、城市公用事业发展，以及生活条件等。

5. 政府绩效指数

转变政府职能是近期我国政治体制改革的重点。提高政府绩效水平，为发展打造良好的政策环境，是城市竞争的重点。我们的评价注重城市的集聚效应及其人口集中水平，财政能力及其使用效率，公务员效率，以及城乡居民收入等政府目标。

本项评价以最新版《中国城市统计年鉴》（2012年）数据为主，一般采用市辖区概念数据，个别只有全市数据，或与全市有很大关系的指标采取了全

表 2 中国西北地区城市竞争力综合评价指标体系

一级指标	二级指标	计算指标
1. 经济发展指数	1.1 人均国内生产总值（元）	市辖区全社会固定资产投资总额÷市辖区年均总人口
	1.2 GLP 增长率（%）	
	1.3 人均固定资产投资额（万元）	市辖区全社会固定资产投资总额÷市辖区年均总人口
	1.4 人均城乡居民储蓄余额（万元）	市辖区城乡居民储蓄存款余额÷市辖区总人口
	1.5 金融机构各项贷款余额增长率（%）	
	1.6 工业用电量增长率（%）	
	1.7 非衣化比重（%）	1－第一产业占市辖区 GDP 比重
	1.8 城市消费品市场份额（%）	全市社会消费品零售额÷全国社会商品零售总额×100%
	1.9 规模以上工业总产值增长率（%）	
	1.10 同额以上工业企业产值利润率（%）	市辖区规模以上工业企业利润总额÷全国工业总产值×100%
	1.11 客运集中度	全市客运总量÷全国城市客运合计×100%
	1.12 货运集中度	全市货运总量÷全国城市货运合计×100%
	1.13 邮电集中度	全市（邮政业务收入＋电信业务收入）÷全国邮电业务总量×100%
	1.14 外商投资率	市辖区实际使用外资金额÷市辖区全社会固定资产投资×100%
	1.15 全社会固定资产投资增长率（%）	
2. 社会和谐指数	2.1 市辖区分配率	市辖区职工工资总额÷GDP×100%
	2.2 市辖区职工平均工资（元/人）	
	2.3 平均工资与 GDP 增长同步性	在岗职工平均工资增长率÷人均 GDP 增长率×100%
	2.4 市辖区人均财政支出（万元）	
	2.5 人均居民储蓄年末余额城乡比	全市人均城乡居民储蓄年末余额÷市辖区人均城乡居民储蓄年末余额
	2.6 参加养老保险参保人数比重（%）	
	2.7 参加基本医疗保险参保人数比重（%）	参加养老保险参保人数÷年均总人口×100%
	2.8 参加失业保险参保人数比重（%）	

续表

一级指标	二级指标	计算指标
2. 社会和谐指数	2.9 宏观消费率（%）	市辖区全社会商品零售总额÷市辖区GDP×100%
	2.10 市辖区就业指数（%）	1－市辖区城镇登记失业率
	2.11 市辖区每十万人拥有医生数（名）	
	2.12 城乡收入比（%）	农民人均纯收入÷城镇居民人均可支配收入×100%
3. 文化繁荣指数	3.1 历史文化名城	是＝1，否＝0
	3.2 市辖区科技教育文化从业人员比重（%）	
	3.3 人均教育支出（万元）	
	3.4 科技支出占财政支出比重（%）	
	3.5 市辖区每百人公共图书馆书藏书数（册）	
	3.6 每万人国际互联网用户数（户）	
	3.7 本地大学数（个）	
	3.8 每万人在校大学生数（人）	
	3.9 每万人在校中等职业学生数（人）	
	3.10 城市网络知名度（百度搜索量）	
	3.11 非物质文化遗产数量（个）	
	3.12 红色旅游经典景点数量（个）	
	3.13 全国文明城市	是＝1，否＝0
4. 生态文明指数	4.1 单位电量生产GDP（元/千瓦时）	市辖区GDP/全社会用电量
	4.2 单位用水量生产GDP（元/吨）	市辖区GDP/市辖区供水总量
	4.3 工业固体废物综合利用率（%）	
	4.4 污水集中处理率（%）	
	4.5 生活垃圾无害化处理率（%）	
	4.6 空气质量达标（API＜100）天数	

续表

一级指标	二级指标	计算指标
4. 生态文明指数	4.7 市辖区建成区绿化率(%)	
	4.8 市辖区人均绿地面积(公顷)	
	4.9 市辖区家庭气化率(%)	市辖区使用煤气天然气人口÷市辖区总人口×100%
	4.10 排水管道密度(公里/平方公里)	市辖区排水管道长度÷建成区土地面积×100%
	4.11 人均城市道路面积(平方米)	
	4.12 每万人拥有公共汽车(辆)	
	4.13 房价收入比(%)	(住宅销售价格×90平方米)/(城镇居民人均可支配收入×3人)
	4.14 房地产投资占固定资产投资比重(%)	
	4.15 市辖区区位便捷性	50公里/与省府城市距离,50公里以内=1
	4.16 出境交通便捷程度	铁路航空始发地=1,过境城市=0.5,无=0
5. 政府绩效指数	5.1 公务员服务系数(%)	城市总人口数÷城市公务员(公共管理和社会组织)人数×100%
	5.2 GDP集中指数(%)	市辖区GDP÷全省GDP×100%
	5.3 人口集中指数(%)	市辖区城市总人口÷全省总人口数×100%
	5.4 市辖区人口密度(人/平方公里)	
	5.5 城事总人口增长率(%)	
	5.6 财政集中度(%)	市辖区财政收入÷全省财政收入×100%
	5.7 政府财政产出率(%)	GDP÷市辖区财政收入×100%
	5.8 财政自给率(%)	市辖区财政收入÷财政支出×100%
	5.9 人均城市维护建设资金支出(元)	
	5.10 城镇居民人均可支配收入(元)	
	5.11 农民人均纯收入(元)	

市概念数据，总体可以看作是对市辖区的评价。并参考西北地区各省区统计年鉴数据，以及个别网络资源。考虑到内蒙古蒙西地区与西北地区经济文化联系紧密，本项研究将蒙西地区纳入评价范围。

其技术路线是：首先利用35个城市平均数进行标准化处理，然后将二级指标利用主成分分析法形成一级指标指数；最后，将经济发展、社会和谐、文化繁荣、生态文明、政府绩效5个指数再用主成分分析法计算城市综合竞争力指数。计算主成分时的代表性均高于90%。

（二）评价排序分析

经过综合评价排序，得出结果如下。

2011年中国大西北地区城市竞争力最高的十大城市是：西安、银川、乌鲁木齐、呼和浩特、兰州、西宁、鄂尔多斯、包头、咸阳、克拉玛依。其中西安市竞争力具有绝对优势，银川、乌鲁木齐、兰州、西宁、包头、鄂尔多斯等城市之间差距较小。其中竞争力提升较大的城市有鄂尔多斯、银川、榆林等。

西北地区十大宜业宜商城市是：鄂尔多斯、西安、榆林、呼和浩特、包头、乌鲁木齐、乌海、银川、嘉峪关、兰州。其中呼包银榆经济区城市位居前列，这是10年来西北地区能源和重化工业发展的结果。2011年以来，我国煤炭市场价格暴跌，鄂尔多斯、榆林等地出现民间借贷危机，城市房地产泡沫和重化工业环境污染严重，将会对其以后年份的竞争力排序产生较大负面影响。

西北地区十大和谐城市是：克拉玛依、鄂尔多斯、银川、乌鲁木齐、乌海、西安、包头、嘉峪关、呼和浩特、西宁。新兴工业城市没有过多的农村腹地，也有较强的经济实力解决社会保障问题。

西北地区十大文化名城是：西安、呼和浩特、兰州、延安、咸阳、银川、乌鲁木齐、榆林、汉中、天水。陕西文化积淀深厚，对西北地区影响深远，呼和浩特、乌鲁木齐、西宁、银川等地是少数民族文化与汉族文化融合的代表。一些新兴工矿城市的文化繁荣指数排名靠后。西宁市因科技支出占财政支出比重较低、不是历史文化名城和全国文明城市等因素而落选十大文化名城。

西北地区十大生态宜居城市是：鄂尔多斯、乌鲁木齐、呼和浩特、银川、西安、包头、克拉玛依、西宁、石嘴山、咸阳。近年来各城市均把创建国家森林城市、园林城市、卫生城市、文明城市等作为建设宜居城市抓手，包头市获得联合国人居奖，咸阳、银川、包头均曾经入选中国十大宜居城市。

西北地区十大效能政府是：银川、西宁、西安、乌鲁木齐、兰州、包头、石嘴山、克拉玛依、呼和浩特、嘉峪关。兰州、银川较早开展了地方政府绩效第三方评价。银川市因 GDP、人口、财政收入在全区的集中度较高，人均城市维护建设资金支出多等因素，而评价排序靠前。

表3　中国西北地区城市综合竞争力评价排序

排序	2005 年		2009 年		2011 年	
	城市	指数	城市	指数	城市	指数
1	西安市	7.559	西安市	6.589	西安市	18.570
2	乌鲁木齐市	5.289	乌鲁木齐市	4.767	银川市	12.814
3	呼和浩特市	4.617	呼和浩特市	4.659	乌鲁木齐市	12.033
4	西宁市	4.439	鄂尔多斯市	4.455	呼和浩特市	11.649
5	包头市	4.322	银川市	4.387	兰州市	10.879
6	银川市	4.198	包头市	4.190	西宁市	10.475
7	兰州市	4.048	兰州市	3.861	鄂尔多斯市	10.312
8	克拉玛依市	3.474	西宁市	3.341	包头市	8.628
9	鄂尔多斯市	3.440	克拉玛依市	2.713	咸阳市	8.405
10	宝鸡市	2.690	咸阳市	2.263	克拉玛依市	7.914
11	咸阳市	2.254	石嘴山市	2.113	榆林市	7.712
12	嘉峪关市	2.117	嘉峪关市	2.062	延安市	6.912
13	乌海市	2.044	乌海市	2.001	嘉峪关市	6.266
14	石嘴山市	2.022	宝鸡市	1.974	石嘴山市	6.200
15	延安市	1.666	榆林市	1.839	宝鸡市	6.092
16	榆林市	1.659	延安市	1.728	汉中市	5.880
17	汉中市	1.648	白银市	1.601	庆阳市	5.861
18	巴彦淖尔市	1.648	庆阳市	1.587	乌海市	5.854
19	金昌市	1.639	巴彦淖尔市	1.585	渭南市	5.157
20	白银市	1.541	金昌市	1.558	天水市	5.062
21	吴忠市	1.438	吴忠市	1.495	中卫市	4.822
22	庆阳市	1.418	天水市	1.394	张掖市	4.616
23	渭南市	1.373	汉中市	1.389	安康市	4.589
24	酒泉市	1.345	铜川市	1.32	吴忠市	4.332
25	天水市	1.327	渭南市	1.312	金昌市	4.315
26	铜川市	1.319	中卫市	1.309	武威市	4.267
27	中卫市	1.290	安康市	1.238	铜川市	4.246
28	安康市	1.252	酒泉市	1.226	巴彦淖尔市	4.181
29	武威市	1.211	固原市	1.171	白银市	4.174
30	平凉市	1.180	平凉市	1.137	酒泉市	4.158
31	张掖市	1.160	定西市	1.079	固原市	4.007
32	定西市	1.118	张掖市	1.079	平凉市	3.894
33	固原市	1.033	武威市	0.996	定西市	3.622
34	商洛市	0.978	商洛市	0.772	商洛市	3.549
35	陇南市	0.738	陇南市	0.655	陇南市	3.212

说明：2011 年与 2005～2009 年的评价体系有一定差异，年份间评价结果变化仅供参考。

中国西北地区最适宜居住、最适宜创业城市综合评价报告

表4　中国西北地区城市竞争力评价分项结果（2011年）

排序	经济发展指数		社会和谐指数		文化繁荣指数		生态文明指数		政府绩效指数	
1	鄂尔多斯市	69.030	克拉玛依市	44.241	西安市	71.311	鄂尔多斯市	66.013	银川市	45.989
2	西安市	54.693	鄂尔多斯市	26.070	呼和浩特市	40.180	乌鲁木齐市	36.360	西宁市	43.901
3	榆林市	52.305	银川市	22.826	兰州市	33.204	呼和浩特市	34.793	西安市	42.061
4	呼和浩特市	49.349	乌鲁木齐市	21.747	延安市	29.228	银川市	34.700	乌鲁木齐市	38.836
5	包头市	44.399	乌海市	19.865	咸阳市	28.724	西安市	31.820	兰州市	29.408
6	乌鲁木齐市	30.012	西安市	19.406	银川市	26.214	包头市	31.625	包头市	22.155
7	乌海市	27.350	包头市	19.278	乌鲁木齐市	26.069	克拉玛依市	30.933	石嘴山市	19.276
8	银川市	27.176	嘉峪关市	19.139	榆林市	22.125	西宁市	29.442	克拉玛依市	18.477
9	嘉峪关市	25.669	呼和浩特市	18.739	汉中市	19.177	石嘴山市	29.210	呼和浩特市	17.355
10	兰州市	24.438	西宁市	18.517	天水市	18.830	咸阳市	27.019	嘉峪关市	16.664
11	西宁市	23.507	石嘴山市	18.453	张掖市	16.496	嘉峪关市	26.061	咸阳市	16.487
12	克拉玛依市	23.162	兰州市	18.312	渭南市	16.005	兰州市	25.866	乌海市	15.114
13	庆阳市	22.732	延安市	17.243	宝鸡市	15.454	榆林市	24.661	中卫市	12.735
14	巴彦淖尔市	20.761	咸阳市	15.704	庆阳市	15.211	乌海市	23.297	宝鸡市	12.385
15	石嘴山市	19.843	金昌市	15.597	西宁市	14.435	宝鸡市	23.195	鄂尔多斯市	12.185
16	宝鸡市	19.828	中卫市	15.246	鄂尔多斯市	13.460	庆阳市	23.154	庆阳市	10.497
17	金昌市	19.763	汉中市	15.103	安康市	12.898	吴忠市	22.521	金昌市	10.365
18	白银市	19.361	铜川市	14.973	包头市	12.866	渭南市	22.282	吴忠市	10.343

续表

排序	经济发展指数		社会和谐指数		文化繁荣指数		生态文明指数		政府绩效指数	
19	陇南市	19.140	榆林市	14.422	武威市	12.083	中卫市	22.242	固原市	9.371
20	咸阳市	18.834	宝鸡市	14.351	定西市	10.583	巴彦淖尔市	21.612	天水市	8.611
21	汉中市	18.384	白银市	14.336	商洛市	8.743	铜川市	21.493	铜川市	8.371
22	延安市	17.924	巴彦淖尔市	14.102	酒泉市	8.667	酒泉市	21.359	渭南市	8.348
23	安康市	17.207	吴忠市	13.878	固原市	8.474	延安市	20.218	安康市	8.308
24	平凉市	15.802	酒泉市	13.608	平凉市	7.843	金昌市	19.747	汉中市	8.286
25	中卫市	14.713	庆阳市	13.086	铜川市	7.343	固原市	19.628	榆林市	7.755
26	吴忠市	14.564	张掖市	12.337	嘉峪关市	6.994	汉中市	19.102	白银市	7.730
27	酒泉市	14.325	渭南市	12.119	白银市	6.624	商洛市	18.590	武威市	7.611
28	定西市	14.324	武威市	11.760	中卫市	6.140	天水市	16.743	平凉市	7.510
29	渭南市	11.873	固原市	11.600	巴彦淖尔市	5.969	武威市	16.647	巴彦淖尔市	6.471
30	张掖市	11.383	平凉市	11.004	陇南市	5.699	白银市	16.566	酒泉市	6.089
31	天水市	11.161	安康市	10.072	吴忠市	5.236	定西市	16.409	商洛市	5.458
32	铜川市	11.125	定西市	9.903	石嘴山市	5.153	张掖市	16.330	张掖市	5.365
33	商洛市	10.351	商洛市	9.701	乌海市	5.075	平凉市	15.914	延安市	5.289
34	武威市	5.954	天水市	8.923	克拉玛依市	3.590	安康市	15.737	陇南市	4.690
35	固原市	6.447	陇南市	8.456	金昌市	3.266	陇南市	14.980	定西市	3.484

中国西北地区最适宜居住、最适宜创业城市综合评价报告

三 西北区域中心城市竞争优势分析

（1）西安市。谁是西部经济轴心？在与成都、重庆的较量中，西安已经渐落下风。2012年西安市GDP只占成都市的53.7%，重庆市的38.1%，成都、重庆、西安市的外贸依存度分别是36.8%、29.3%、18.8%，西安有仅次于北京、上海的科技实力，却并未转化成为与之相对应的经济实力。21世纪初西北地区掀起能源化工产业大发展浪潮，2005年陕西学者提出建设大关中经济圈，以能源丝绸之路建设带动西北经济增长，最终也是望北兴叹鞭长莫及。2009年国务院批准关中—天水经济区，至今并未成为继珠三角、长三角、环渤海经济圈之后的中国又一重要经济圈，与大西北的经济"发动机"目标相差较远。但西安市在西北地区还是无城可敌，作为新欧亚大陆桥的"中国经济中心"，西北的国际化城市和制造业中心，西安旅游业和高新技术产业优势显著。世界500强跨国企业已开始抢占中国内陆城市市场，近年来西门子、通用电气、施耐德、三菱、三星、强生、微软等相继落户西安，为西安构建外需型产业体系奠定了基础。西安市的劣势是地理位置偏东，对西北地区经济发展的带动力较弱。近年来西安市全力打造西安（咸阳）国际化大都市，不想与甘（肃）宁（夏）青（海）等主张向西开放的省区为伍。丝绸之路经济带建设将给西安市带来重要发展机遇，打造经济升级版也能够充分发挥西安科教优势。能否重建西安丝绸之路起点城市地位，需要克服内陆地区经济地理的密度、距离、分割三大劣势，需要向重庆市、成都市学习国际需求导向产业体系、渝新欧铁路等经验，更需要加强与西北各省区的经济技术合作。

（2）兰州市。兰州市是西北地区的交通枢纽中心，曾经与西安争西北经济中心的地位，自称为西北第二大城市，如今其经济地位已经落后于包头、乌鲁木齐和呼和浩特，在西北屈居第5位。兰州具有良好的工业基础和科教优势，其地理位置足以惹起形成西北经济中心的遐想，实际上兰州的快速发展可能会对西北地区形成较大的带动作用，但甘肃省近年来发展相对缓慢，与兰州市作为首府城市的带动作用弱也有关系。兰州城市发展空间有限，以国有经济为主、重工业为主的格局没有根本改变，污染也比较严重。2012年兰州新区

获得国务院批准建设,成为继上海浦东新区、天津滨海新区、重庆两江新区、浙江舟山群岛新区后,国务院批复的第五个国家级新区。兰州新区将跨越发展再造兰州,其土地储备优势明显,为兰州城市发展提供了广阔的发展空间,特别是为实现甘肃"中心带动、两翼齐飞"发展战略,打造了一个重要经济增长极,也将成为丝绸之路经济带重要节点城市。

银川市。银川市是西北地区与其省会城市地位不相称的中等城市,做大做强城市经济规模是其迫切需要。2002年,宁夏回族自治区党委提出建设大银川即现代化区域中心城市,银川市政府也于2005年提出建设西北地区最适宜居住、最适宜创业城市的发展目标。宁夏平原曾经被评选为十大新天府之一,银川市的宜居特征在近十年里得到强化,也成为周边地区居民购房置业的首选之地。银川市政府也想借助宁蒙陕甘毗邻地区共同发展联席会议来增强城市辐射带动作用。产业基础是银川市的短板,宁夏工业基础比较均衡地分布于沿黄城市群之中,而银川市在高新技术产业和现代服务业发展方面则相对滞后。2010年国务院批准每年召开中国—阿拉伯国家经贸论坛,2012年又批准设立宁夏内陆开放型经济试验区和银川综合保税区,银川市提出将阅海湾中央商务区和滨河新区打造成为宁夏试验区核心区。但宁夏至今在向西开放和中阿经贸合作方面还没有取得突破。

西宁市。西宁市是青藏高原200多万平方公里、近千万人口的区域内唯一的一座超百万人口的大型城市,西宁市的城市首位度较高,西北地区其他省区首府城市难以企及。2008年青海省提出生态立省战略,西宁依托青藏高原和三江源具有重要战略地位,青藏铁路更提升了西宁的战略地位。西北地区工矿城市较多,西宁市工业用电量、货运总量、全社会固定资产投资额、外商投资额相对较少。近年来青海省注重清真产业发展,西宁市穆斯林用品产业已经取得一定比较优势。西宁市是座高原城市,夏季气候凉爽,被称为"夏都"。青海在"十二五"规划中提出建设东部城市群,2013年4月国务院正式批准成立海东市,加强西宁海东城市群核心区建设,必将优化青海资源布局,提高西宁市辐射带动能力。

乌鲁木齐市。新疆地处欧亚大陆内陆深处,与我国沿海出海口距离遥远,运输成本高是制约新疆发展的主要因素之一。新疆石油、煤炭、天然气储量丰富,加上中国与中亚能源合作中新疆是必经之地,新疆对我国能源安全占有非常重要的地位。新疆还具有农业、旅游等优势，由于远离消费市场，新疆工业化相对滞后。丝绸之路经济带建设，新疆是向西开放的桥头堡，也将带动以中亚市场为对象的工业布局。中阿经济走廊建设，更将为新疆乃至我国西部地区开辟更为便捷的西出印度洋的出海口。乌鲁木齐是西北地区最具国际化潜质的边疆大城市。作为距离海岸线最远的城市，乌鲁木齐市注重向中亚西亚的开放，注重边境贸易。随着中国与上海合作组织成员国在能源贸易和反对东突恐怖势力等领域合作的深入，乌鲁木齐的战略地位更加重要。建设丝绸之路经济带，必须改善新疆与内地交通运输条件。

呼和浩特市。呼和浩特和包头是内蒙古的双中心城市结构，长期以来呼和浩特一直作为内蒙古的行政和文化中心，而包头作为经济中心。近年来，内蒙古产业政策相对宽松，依托能源化工工业的优势，实现了高经济增长，尤其是鄂尔多斯市异军突起。呼和浩特市的发展定位更强调的是面向首都经济圈，已经形成了蒙牛、伊利、鄂尔多斯等著名品牌，呼和浩特被称为中国乳都。内蒙古策划了"呼—包—银经济区"规划，国家主体功能区规划则提出建设呼包鄂榆经济区。银川—鄂尔多斯—榆林被称为能源金三角，实际上蒙西地区与宁夏、陕北地区的经济文化联系历史上就较为紧密，产业结构也较为类同，加强区域经济合作非常必要。

参考文献

段庆林：《中国西北地区主要城市创业环境评价报告》，载吴海鹰主编《中国西部经济与地区可持续发展》，经济科学出版社，2006。

国家统计局城市社会经济调查司：《2012 中国城市统计年鉴》，中国统计出版社，2013。

倪鹏飞主编《2013 城市竞争力蓝皮书——中国城市竞争力报告》，社会科学文献出版社，2013。

专题篇

Thematic Reports

B.7 中国西北地区羊绒产业集群发展研究

杨巧红*

摘 要： 本文分析了西北五省羊绒产业发展定位，分析了西北五省羊绒产业集群发展现状及发展存在的问题。从发展现状看，除宁夏外，西北其他四省区并未把羊绒产业列为主要或主导产业大力发展，宁夏羊绒产业集群从政府支持、专业园区建设、企业发展潜力、品牌培育等角度都走在了西北五省区的前列，已经形成以跨区域原绒收购为基础，原绒生产、羊绒分梳、加工成衣、品牌销售等产业分工较细的产业集群，成为可以与河北清河羊绒产业集群和内蒙古鄂尔多斯市羊绒产业集群相竞争的第三大羊绒产业集群。

关键词： 羊绒产业 产业集群 西北地区

---

* 杨巧红，宁夏中卫人，宁夏社会科学院综合经济研究所副所长、副研究员，主要研究方向为区域经济、民营经济。

世界山羊绒产出国主要是在中国、伊朗、土耳其、印度、蒙古和阿富汗等国。中国的山羊绒主要分布在北纬35°～55°，东经5°～120°的高寒、半荒漠区域，产地主要位于内蒙古、山西、辽宁、西藏、青海、新疆、甘肃和宁夏等省区。区域与产地的有限性导致了山羊绒的稀缺性，在业界素有"软黄金"和"纤维钻石"之称。资源的稀缺使羊绒产业发展具有资源依托型、资金密集性和技术密集型等特征。

一 西北五省区羊绒产业集群发展现状

产业集群是一种在同一产业领域内相关联的企业及其他相关组织组成的有机整体（波特，2002），产业集群的跨区域发展体现为集群内一部分企业和相关组织跨区域发展的行为（汪铭泉，2009）。在我国，由于行政区划对于产业发展有一定的刚性约束，尽管相邻地区的产业趋同现象较为普遍，但形成合理科学跨区域的产业集群仍有一定的困难。从西北羊绒产业发展现状看，除宁夏外，西北其他四省区并未把羊绒产业列为主要或主导产业大力发展。青海省和甘肃省以原料绒生产和初级加工为主；陕西省和新疆维吾尔自治区羊绒产业在原绒生产的基础上，初级加工和深加工的能力比较好，但发展的后劲明显不足。宁夏以跨区域原绒收购为基础，已形成原绒生产、羊绒分梳、加工成衣、品牌销售的产业集群，成为可以与河北清河羊绒产业集群和内蒙古鄂尔多斯市羊绒产业集群相竞争的第三大羊绒产业集群。

（一）西北五省区羊绒产业发展定位

每个省的五年规划都是较长一段时间该省区发展的战略规划，具有现实可行性和前瞻性。我们从西北五省区的"十二五"规划中撷取了关于羊绒产业发展相关内容的规划，以此来分析西北五省区羊绒产业在各省区产业发展中的定位。

从西北五省区"十二五"发展规划看，甘肃省"十二五"规划关于轻纺工业发展的论述中，并未提到关于羊绒产业的发展，查阅《甘肃轻纺工业振兴规划（2009～2012）》，规划只提到了临夏广河皮毛市场，指出，"依托甘南、临夏少数民族地区，大力发展牛羊绒毛的洗净毛、精纺纱、地毯、挂毯等

表1　西北五省区羊绒产业发展定位

省区	定位
陕西	1. 培育发展羊子核心种群和建立绒山羊良种繁育基地； 2. 实施西安纺织城整体搬迁工程，重点建设……榆林羊毛绒生产加工基地等项目。
甘肃	依托兰州石化基地资源优势，加强化学纤维高端产品开发，发挥毛纺品牌优势和棉花种植资源优势，积极发展高档精品面料，促进彩棉纺织、亚麻纺织等产业发展。
青海	1. 打造油菜、马铃薯、蚕豆、蔬菜、中藏药、特色果品、牛羊肉、奶牛、毛绒、饲草料等十大农牧特色产业； 2. 以藏毯、民族服饰、毛棉纺织为重点……建成集研发、加工、展销和原辅材料交易为一体的国际毛绒纺生产经营集散地。
新疆	以技术进步为支撑，以承接内地纺织产业转移为契机，加快纺织工业产业结构优化升级，全面振兴纺织工业。重点建设阿克苏、石河子纺织工业城……做大做强棉纺产业。
宁夏	1. 努力建设全国高端葡萄酒、高端乳制品、高端枸杞制品、精品羊绒制品和清真食品及穆斯林用品生产与集散基地； 2. 充分利用宁夏及周边煤化工、石油、天然气优势，规划建设以聚酯纤维色纺为主导、羊绒及生物纤维相结合的生态纺织产业园； 3. 加快调整对外贸易产品结构，加强新材料、生物医药、羊绒制品、机电、信息软件、清真食品等出口创汇基地建设。

资料来源：《西北五省"十二五"规划纲要全文（2011～2015年）》，中国经济网的地方经济资料库的报告·规划。

民族毛纺织品"。新疆维吾尔自治区"十二五"规划提出重点发展棉纺织业，对羊绒产业发展只字未提。青海、陕西和宁夏等省区对羊绒产业发展提出了明确定位和发展方向，但青海和陕西省都提出要建设毛绒生产基地，其重点并不在羊绒业的专精深发展，宁夏明确提出了精品羊绒产业发展及羊绒制品出口创汇基地建设等目标。

（二）西北五省区羊绒产业发展现状

从西北五省区羊绒产业发展现状分析表看，陕西省和新疆维吾尔自治区在西北五省区中属于山羊绒原料产出大省。新疆羊绒业的主要生产企业都在探索转型，如新疆天山，羊绒业已经成为其副业。陕西羊绒业发展主要突破口在以陕西榆林"羊老大"为主要品牌的羊毛羊绒防寒领域；甘肃省属于原绒生产地，但羊绒加工业发展几乎可以忽略不计，其较大规模的生产企业位于相对偏远的镇原县。宁夏虽然不是原绒生产的大省区,但已经形成了颇具特色、竞争力突出的羊绒产业集群。

表2 西北五省区羊绒产业相关指标对比

省区	原绒产量（吨/年）	原绒产地	产业定位	工业园区	龙头企业	知名品牌
陕西	780	延安和榆林地区	羊绒深加工	榆林纺织工业园	雅牧羊绒集团、通海羊绒公司	羊老大、塞北牧羊人等
甘肃	410	甘北、甘南以及庆阳地区的还县、花池、合水等地	原绒生产	—	解语花山羊绒制品公司	解语花
青海	420	海北州及海西州的都兰、乌兰及德令哈等地	原绒生产和深加工	南川工业园区	青海省绒业集团、柴达木羊绒公司	三江源、柴达木
新疆	810	北疆的阿勒泰、塔城和青河地区,南疆的阿克苏、喀什、和田地区以及东疆的哈密等地	原绒生产和羊绒深加工	—	新疆天山、新疆雪莲山羊绒等	GTS天山及SS天山
宁夏	390	贺兰山东麓的银北地区和六盘山附近地区	精品羊绒深加工及出口	银川高新技术产业开发区（灵武羊绒工业园）、同心羊绒工业园区	中银、嘉源、荣昌、马斯特等	绒典、菲洛索菲、灵州雪等

资料来源：1. 中国羊绒产业网；2. 西北五省政府网；3. 西北五省纺织工业网。

（三）宁夏羊绒产业集群发展的特点

从全国市场范围看,羊绒产业形成了三大产业集群,即河北清河羊绒产业集群、内蒙古鄂尔多斯羊绒产业集群和宁夏灵武羊绒产业集群。河北清河羊绒产业集群,目前已形成绒毛原料采购及初加工、羊绒深加工、机械设备及配件的制造与维修等相对完善的产业链。内蒙古鄂尔多斯羊绒产业集群,依托"鄂尔多斯"品牌效应,形成了以羊绒制品深加工为主要特点的羊绒产业集群。但从上市公司"鄂尔多斯"2013年上半年年报看,羊绒业已经不是其赢利点,其产业重点已转移到煤电化、煤炭深加工等领域。宁夏羊绒产业经过30余年的发展,已经形成了从原绒收购到精品深加工及出口为主的比较完整的羊绒产业链。宁夏羊绒产业集群从政府支持、专业园区建设、企业发展潜力、品牌培育等角度都走在了西北五省区的前列。其发展具备如下五个特点。

1. 政府支持力度强大，羊绒产业发展环境较好

中国的经济是政府主导的模拟市场经济①，这种"大政府、小社会"的结构状态决定了经济发展过程中政府越重视的产业发展得越快。宁夏羊绒产业集群的发展，主要得益于自2002年以来自治区政府的高度重视。自治区政府专门成立了羊绒产业协调小组，用以解决羊绒产业发展中存在的重大问题；自2004年起，规划建设了灵武、同心羊绒工业园区；组建了宁夏羊绒商会；出台了《关于加快羊绒产业发展的意见》；多次举办中国（宁夏）国际羊绒贸易博览会。2010年，宁夏灵武羊绒工业园区升级为国家级高新技术产业园区。从财政支持力度看，自治区财政每年安排轻纺发展专项基金7000万元，主要用于羊绒产业技术改造等；每年安排羊绒收储贴息资金2000万元，用于企业原绒收购贴息。地方政府的重视和地方财政的支持，加速了宁夏羊绒产业集群的形成。

2. 中国羊绒原料集散地，高端羊绒产业基地

羊绒产业的发展对原绒的要求较高。宁夏羊绒企业经营者大多是回族，本地的羊绒产量虽然少，但是自古回族善商贾，在宁夏的同心、灵武、吴忠等地，有一支业务娴熟、规模庞大的羊绒收购队伍，加上大中型企业培育的专业收购部门，形成了以宁夏为中心，辐射新疆、甘肃、陕西、内蒙古、青海、西藏等省区以及蒙古国、俄罗斯、巴基斯坦、伊朗、俄罗斯、阿富汗、伊拉克、吉尔吉斯斯坦等周边国家的羊绒收购网络。仅宁夏同心县就有1万多人的羊绒收购队伍，常年活跃于全国乃至世界羊绒产区和羊绒流通市场，具有丰富的收购经验和较强的鉴别能力。资料显示，全国60%的山羊绒原料在宁夏集散，全国40%的分梳山羊绒在宁夏加工，宁夏已经成为中国羊绒原料的重点集散地。但宁夏羊绒产业集群更为突出的特点是在中国羊绒原料集散地的基础上成为高端羊绒产业基地。近年来，宁夏羊绒产业逐渐改变了以初级加工和代加工

---

① 乔新生：《政府与市场是什么关系》，《学习月刊》2012年第11期。

为主的结构,将产品的结构重心从附加值较低的无毛绒、绒条向附加值更高的纱线和服装等羊绒深加工制品转移。如中银绒业,2012年羊绒产业深加工制品的收入占比提升至54%,全年毛利率为24.98%,是金融危机以后毛利率最高的一年。

要成为高端羊绒产业基地,须具备两个条件:一是标准,二是视野。宁夏由中银、马斯特、嘉源、生海、润特等羊绒骨干企业共同组建的宁夏羊绒联合购销公司,对内对外实行统一购销价格,制定统一的宁夏精品羊绒质量标准,是国内无毛绒质量地方标准制定者,可对羊绒的品质和归属地进行等级划分,为宁夏发展成为世界高端羊绒产业基地奠定了良好的基础。宁夏的一些绒业集团与意大利的阿尔法、纳西多,英国的道森、瑞安海泰科等大公司大集团建立了长期的客户关系,已在意大利、英国、美国、日本等地建立了完整稳固的销售网络。供货全球奢侈品品牌,包括 LV、PRADA、CHANEL、Hermes 等奢侈品品牌。中银绒业还收购了英国知名纱线厂邓肯,获得托德邓肯(TODD&DUNCAN)、布朗艾伦(BrownAllan)等国际知名羊绒品牌,成为高端羊绒制品制造商。随着精品羊绒产业的迅速发展,羊绒行业逐渐有"世界羊绒看中国,精品羊绒在宁夏"的说法。

3. 以工业园区为载体,大中小型企业分工协作性较强

宁夏境内共有大大小小羊绒企业300家左右,大中小型企业分工协作性较强。已形成以中银绒业、嘉源绒业、荣昌绒业、马斯特绒业等大中型企业集团为龙头,众多中小企业和原绒收购大户组成的大中小企业战略合作联盟。从集群的角度看,宁夏羊绒产业主要是以宁夏同心羊绒工业园区、银川高新技术产业开发区(灵武羊绒工业园区)和宁夏生态纺织园(灵武园区)为载体集聚发展起来的,三大园区产业定位清晰,互为依托。同心羊绒园区定位于全国羊绒集散地,重点发挥传统的羊绒采购大军的优势,以原绒收购和原绒初级加工为主,其羊绒产业产值占到了同心县工业增加值的80%以上,为银川高新技术产业开发区(灵武羊绒产业园区)提供50%以上的原绒和原绒初级制品。银川高新技术产业开发区(灵武羊绒工业园区)定位于羊绒产品精深加工和出口创汇基地,2012年,园区拥有产值过亿元企业10家,上市公司1家,自主经营出口企业30家。生产无毛绒4995吨,羊绒条977吨,羊绒纱

1624吨，羊绒衫384万件，实现总产值95亿元，出口创汇2亿美元，占全区绒毛行业的97%。园区建成以羊绒电子交易中心、羊绒及其制品质量检验检测中心、品牌展销中心、科技服务中心、商务中心等为主的中国（灵武）国际羊绒城。

宁夏生态纺织园（灵武园区）则定位于宁夏羊绒产业链延伸发展基地，致力建设成为现代纺织产业基地。宁夏生态纺织产业示范园区是宁夏内陆开放型经济实验区和综合保税区的实体园区，按照"一园两区"架构布局建设，灵武园区主要发展高端羊绒、高档羊毛、亚麻等纺织、服装及家纺产业。

宁夏其他零星的加工企业，分布在宁夏石嘴山市平罗县轻工业园区和宁夏吴忠市利通区毛纺织产业园等。

4. 建设内销品牌，从贴牌加工向自主品牌培育转变

2008年以来，全球经济危机导致羊绒产品出口的传统市场欧美消费委靡，2012年1~11月我国包括羊绒产品在内的纺织品出口额仅增长1%，达近20年来最低[①]。基于此，一向重视以出口为主的宁夏高端羊绒产业，开始进行品牌化内销改革。2013年上半年，宁夏羊绒业的龙头企业中银绒业的内销收入同比提升45%。目前，宁夏已举办了四届中国灵武国际羊绒节和两届羊绒服饰设计大赛，重点推介羊绒品牌，发掘优秀设计师；在中国灵武国际羊绒城设立知名品牌一条街，主要面对全国羊绒、皮草、服装、家纺等领域的客商招商，提升羊绒制品品牌知名度；借助中阿经贸洽谈会和中阿博览会重点推介羊绒品牌等。中银、嘉源、荣昌三大集团先后在北京中环世贸中心、富兴百盛购物中心、赛特购物中心、翠微购物中心等大商场设立品牌形象店。中银绒业的内销品牌"菲洛索菲"北京、烟台、哈尔滨、银川旗舰店陆续开业，目前网点规模在100家左右，已覆盖30多个城市。灵武市的羊绒企业，在全国一线城市建立品牌形象店已经达到350个。"绒典""菲洛索菲""灵州雪""千堆雪""帕雪兰"等5个自主品牌被评为"宁夏知名品牌"，"绒典"则被评为

---

① 《丹麦皮草标准为王 中国羊绒向其皮草看齐》，2013年6月22日，http://info.1688.com/detail/1138970066.html。

中国驰名商标。

5. 重视科技创新，提升羊绒产业集群核心竞争力

宁夏羊绒产业集群的形成建立在科技创新的基础上。宁夏共有羊绒工程技术研究中心、羊绒研究院等8个研发中心和宁夏羊绒产业技术创新战略联盟等5个公共服务平台，为羊绒产业提供智力支撑。银川高新技术产业开发区各类研发投入近2亿元，先后组织实施国家科技支撑计划项目1项、国家火炬计划项目1项、自治区火炬计划项目6项、国家科技型中小企业创新基金23项、自治区和银川市科技攻关项目12项，集中攻克了一批制约产业发展的共性和关键技术。中银绒业集团完成了全国唯一的羊绒制条企业标准，参与制定的《宁夏分梳山羊绒》地方标准，获得2012年"宁夏标准创新贡献奖"一等奖，填补了我国羊绒条产品无地方标准和国家标准的空白。嘉源集团、荣昌集团自主研发的第七代羊绒分梳机、FN150羊绒分梳设备达到国内外先进水平。依托高新区产业集群优势，与西安工程大学建立了产学研合作基地，联合西安工程大学、天津工业大学、中国纺织科学研究院、宁夏轻工设计研究院4家高校院所和区内8家龙头骨干企业，共同组建了宁夏羊绒产业技术创新战略联盟。将国家级羊绒及其制品检测重点实验室由银川市区搬迁至灵武羊绒工业园区，建设了一个面向所有羊绒企业的科技检测服务平台，建立从主要原辅料、关键生产环节到最终产品的质量安全管理体系，完善羊绒及其制品技术壁垒的风险预警机制。宁夏首创了羊绒炭疽杆菌快速检验法，使检测周期由原来的7天缩短为24小时，大大提高了出口验放速度。

二 西北羊绒产业集群发展存在的问题

（一）西北羊绒行业同质化严重，多为原绒购销和初加工企业

自20世纪80年代以来，随着改革开放步伐加快，我国由一个原产绒大国迅速发展成为羊绒加工大国和制品出口大国。基于羊绒企业准入门槛相对较低，羊绒企业普遍采取重量轻质压价竞销的低层次发展战略，同质化现象严重。除少数发展战略比较清晰的龙头企业外，西北羊绒加工企业普遍以出卖原

料和低端产品为主,原绒价格与质量的博弈现象长期存在,原绒市场低迷价格较低时,原料的出绒量和成品的质量高;市场紧俏价格高时,原料的出绒量和成品的质量低,无毛绒中兑入脱色驼绒、皮剪绒、细羊毛、羔羊毛等掺杂造假较多,造成有限的羊绒资源浪费,季节性拼抢原料和区域性停产的现象时有发生。

(二)生态文明背景下原绒质量下降的问题不容忽视

自国家实施西部大开发政策以来,以"退耕还林(还草)、封山禁牧"等为主的生态环境治理政策,使山羊由放养到集中舍养,导致山羊养殖规模受到限制,羊绒质量下降。据内蒙古纤维检验局2012年的一次检测结果显示,2000年之前内蒙古地区的山羊绒平均直径在15微米之内,之后山羊绒细度逐年增粗,到2011年达15.71微米。[1] 同时,羊绒平均细度变粗,短绒率和异色纤维率增大[2]。西北五省区是我国山羊绒生产的主要地区,又是深入实施西部大开发战略和生态文明建设的重点地区,如何协调生态环境保护和羊绒产业发展的两难问题是地方政府、企业界和理论界需引起重视的问题。

(三)用工难、融资难、土地紧张等普遍因素严重制约行业发展

羊绒产业系资金密集型和劳动密集型行业,对资金和用工的需求极为强烈。融资难、用工难、土地紧张等因素不仅仅在2013年尤其突出地影响着羊绒产业的发展。2013年,用工难的问题已经成为宁夏灵武羊绒工业园区和生态纺织园的大难题。随着工业化和新型城镇化的迅猛发展,宁夏劳动力短缺的问题加剧,绒纺产业员工流失率偏高和新增劳动力短缺的现象突出。如到2013年底,仅中银绒业就存在约5000人的普通绒纺工人的用工缺口。融资难是个老难题,羊绒产业资金需求大,季节性明显,企业流动资金需求旺盛。如同心县羊绒工业园区调研显示,同心县信贷规模8.4

---

[1] 《我国羊绒产业存在的问题与对策分析》,http://forum.home.news.cn/thread/123589733/1.html。
[2] 李芝兰:《内蒙古羊绒产业发展战略研究》,内蒙古农业大学2010年硕士学位论文。

亿元（其中建设银行3亿元，农业银行2.65亿元，信用联社2.75亿元），其中羊绒产业信贷资金在5亿元左右，远远不能满足发展的需求。由于金融机构少而且规模小，羊绒企业的信贷资金十分有限，部分企业流动资金短缺，处于停产或半停产状态，有些企业前景看好的精深加工项目无法实施。土地紧张主要是工业园区企业入园的意愿强烈，但受土地限制，扩大园区规模较为困难。

（四）行业组织发展较慢，区域联系不足

调研中发现，羊绒产业从业者都清楚地体会到当前困阻羊绒企业发展的最大障碍是行业不规范、无序竞争问题，这需要地方政府和第三方组织协调解决。西北羊绒行业区域联系不足，各自为政，缺乏一个第三方机构进行沟通联系，以实现有序竞争和行业自律。西北五省区是中国羊绒生产、加工、销售的主要地区，但在国内羊绒市场中，西北羊绒企业缺乏话语权，原因之一是企业的凝聚力不够，缺乏一个相对独立的第三方机构。以市场化为联系的行业组织发展过慢和区域性协会发展的滞后，使西北羊绒产业发展缺乏清晰的战略定位和战略规划。

（五）品牌建设滞后，大多为贴牌和代工企业

西北羊绒业的发展，除了部分大中型企业已经开始布局品牌建设以外，小企业由于缺乏品牌意识，加上资金、土地等客观条件的限制，大多处于低水平的数量型增长阶段，多为贴牌和代工企业，附加值较低。西北羊绒业在国际市场上大多处于中低端市场，与意大利、英国等国高端品牌的款式设计、加工技术、精准定位尚存差距，体现在价格上则是高达百倍的差距。在国内市场竞争力虽在逐步增强，但基于产业升级的渐进性，西北羊绒业由数量型向专精深质量型发展的道路还有较长一段时间。在总结西北羊绒企业知名品牌时，我们发现，部分省区没有在区域内叫得响的品牌。即使有品牌营销的理念，但依然存在品牌产品附加值低、产品时尚度不高等问题。加强自主品牌建设，优化营销渠道建设，需引起行业和地方政府的重视。

三 西北羊绒产业集群发展的建议

（一）加强原料控制，掌握行业话语权

羊绒业由于原料的有限性，其产业发展受到资源制约，有"得原料者得天下"之说。西北五省区，尤其是宁夏羊绒企业要占领精品羊绒高端制造基地，需积极推动绒山羊基地建设，鼓励培育优良细绒山羊品种，大力推广科学舍饲养殖技术，进一步增加科技含量控制羊绒纤维细度，实现羊绒产量和质量同步上升。收购商和企业采购要按照优质优价的原则收购优质羊绒，实现质量和价格的对接。地方政府之间、政府与企业间应加强联系，提高与加大羊绒行业的准入门槛和监管力度，重视原料生产质量，鼓励企业对羊绒制品深加工后再出口，改变无毛绒低价出口的现状。宁夏应争取建成国内最大的原料收购集散基地，掌握羊绒原料市场的议价定价权。

（二）加强区域合作，建立西北战略联盟

西北羊绒产业集群的发展由于原料的共享，属于跨区域的产业集群，地方政府间和行业间的合作极为重要，地方政府要通过制定西北羊绒产业规划，建立地方利益协调机制，规范行业发展，从战略高度定位羊绒产业，通过政府有效引导实施供应链管理，应按照产业集群的要求分析各省羊绒产业发展定位，通过羊绒产业链条之间的合作取代内部的恶性竞争。行业间的合作，主要是要成立西北羊绒协会，通过协会或商会的积极沟通，建立原绒价格收购机制，互相沟通信息，调整羊绒产品结构。借行业协会推动羊绒企业建立战略联盟关系，健全行业准入标准，以资源综合利用、加工规模、技术创新能力等要求提高羊绒行业的准入门槛，避免低水平重复建设和无序竞争。区域协作的关键在于市场化的力量，羊绒行业整合是大势所趋，通过大企业并购和企业间重组等方式，逐步提升羊绒行业的集中度。

（三）要加大自主品牌建设，培育本国羊绒消费市场

从2008年开始，羊绒衫的出口同比增长率一直是负值。借助金融危机的

外部冲击，西北羊绒企业实现了调整和转型，实现了从加工优势到效益优势的转变。随着国民收入的增加，生活水平的提高，内需消费的增强，曾经作为奢侈品的羊绒产品早已走进寻常百姓家，而且对羊绒纺织品需求不断加大。宁夏部分外向型企业开始重视内销市场，内销市场的培育除了借助在国外奢侈品领域贴牌的质量优势外，更为重要的是要培育自主品牌，加大营销力度，提升品牌知名度，进而占据本国羊绒消费市场。西北羊绒产业发展要走"基地+贸易+品牌"的战略，羊绒龙头企业应当发挥自身研发能力强的优势，建立质量评级制度，重点发展深加工、精加工和高附加值产品，积极促进整个羊绒产业链的协调发展。引入国外品牌经营理念，重视羊绒深加工产品的设计，发展国内设计团队，在宁夏建立中国羊绒创意设计中心，紧盯市场推出引领消费时尚、科技含量高、无污染的高档精品，以适应不同消费层次的需求，不断拓展消费空间。

（四）加快羊绒工业园区建设，提高羊绒产业集群的集聚程度

西北各省区要加强工业园区建设，通过园区的集聚性带动羊绒产业集群的发展。宁夏要借助建设宁夏开放型经济实验区的重要机遇，充分运用银川综合保税区的优势，重点发展宁夏羊绒产业集群。对正在建设的宁夏生态纺织园，要有选择地承接东部地区的纺织产业，提高环保意识，提前布局循环经济产业链。加快同心工业园区扩建（二期）工程水、电、路等基础配套设施建设，全面启动羊绒产业发展区、创业孵化园区和务工移民住宅区，引导羊绒加工企业向园区聚集，以产业集聚带动园区发展，以园区发展促进产业聚集，形成产业发展集群化、集群发展园区化的新格局。

（五）以人为本，重视人才队伍建设

随着宁夏羊绒产业的迅速发展，对普通工人、管理人才和技术人才的需求都很强烈。建立科学的用人机制，一是积极引进国内外企业管理、研发设计等高端人才，增强企业在生产管理、服装设计和销售方面的力量；二是致力于培养人才，建立长期的人才培养机制，通过各种培养路径提升现有人才质量；三是要重视储备人才，培养技术工人，政府、社会、企业多方协同，充分利用现

有的各级职业教育资源，根据羊绒工业发展的需要，设立相关的专业或科目，从根本上解决羊绒产业发展的用人问题；四是通过劳务移民途径，吸纳生态移民，重点解决普通工人短缺的问题。

参考文献

温渊：《关于羊绒企业可持续发展的几点思考》，2010年10月22日，http://www.worldcashmere.cn/news/show - 8040.html。

《寻找中国羊绒产业链的革新之路》，2013年6月21日，www.sjfzxm.com。

孙万晓：《河北省清河县羊绒产业集群发展研究》，辽宁大学2012年硕士学位论文。

李芝兰：《内蒙古羊绒产业发展战略研究》，内蒙古农业大学2010年硕士学位论文。

B.8 中国西北地区清真产业发展研究

田晓娟 *

摘　要：

本文从清真产业发展的现状、优劣势、趋同性、产业发展的环境等方面对西北五省区清真产业发展进行了对比分析，并针对西北五省区清真产业存在的主要问题，提出了相关政策建议，以供参考。

关键词：

西北地区　清真产业　政策建议

清真产业是以清真食品、穆斯林用品和清真餐饮业为主的产业体系。近年来，在国家政策的扶持下，清真产业呈现长足的发展态势，年均保持10%以上的增速[1]。据《2012年中国餐饮业市场调查报告》显示，在我国2400多个市县中有97.3%的市、县有清真食品和用品产业。饮食、副食、食品经营户12万多户，其中专门生产、经营清真食品的企业有6000多家[2]。另据统计，"十一五"期间，我国民族特需商品定点生产企业中，清真食品产值3046.7亿元，上缴利税86亿元[3]。因此，大力发展清真产业，已逐步成为西北地区各省区的共识。

---

*　田晓娟，宁夏同心人，宁夏社会科学院经济研究所助理研究员，主要研究方向为回族经济史。
[1]　牛冰冰、单守庆：《为清真产业鼓与呼》，《中国民族报》2013年4月30日，http://www.mzb.com.cn/zgmzb/html/2013-04/30/content_91568.htm。
[2]　转引自《我国清真餐饮行业发展较快　增长速度达10%以上》，中国吃网，2012-7-24. http://www.6eat.com/Info/201207/402186.htm。
[3]　马勇、何慧媛、王博：《清真食品：我国食品产业高速增长的生力军》，新华网，http://news.xinhuanet.com/fortune/2010-08/11/c_12435068.htm。

一 西北五省区清真产业的发展现状

西北地区是我国广大穆斯林聚居地区。根据2010年全国第六次人口普查统计数据，新疆总人口为2181万人。其中，信仰伊斯兰教的人口达1340万人，占新疆总人口的一半多、全国穆斯林人口的一半。宁夏、甘肃、青海是仅次于新疆的穆斯林大省区，人口在百万以上。即便是在西北五省区中穆斯林人口最少的陕西省，在全省10个市地和104个县市中也都有穆斯林分布，主要集中在西安、宝鸡、咸阳等市和安康、汉中、商洛等地区（见表1）。此外，西北地区还有众多的非穆斯林消费群体，西北地区清真产业消费群体比较庞大。

表1 2010年西北五省区穆斯林人口及清真寺统计

西北五省区	穆斯林人口数（万人）	清真寺数量（座）	西北五省区	穆斯林人口数（万人）	清真寺数量（座）
新疆	1340	24000多	青海	115	930多
宁夏	250	4000多	陕西	13.9	118
甘肃	137	2500多			

资料来源：根据2010年第六次人口普查统计资料整理所得，转引自中穆网。

（一）西北地区有发展清真产业良好的政策环境

目前西北五省区指定的各种清真管理条例主要有《宁夏回族自治区清真食品管理条例》《宁夏回族自治区清真食品认证通则》《甘肃省清真食品管理条例》《陕西省清真食品生产经营管理办法》《青海省清真食品生产经营管理条例》《新疆维吾尔自治区清真食品管理条例》《乌鲁木齐市清真食品管理办法》等。五省区都有自己的地方标准，但都各自为政，加大了企业跨省流动的成本。

为了统一清真食品认证工作需求，适应与阿拉伯国家、世界穆斯林地区清真标准互认和清真产品准入，宁夏、甘肃、青海、陕西、云南五省区在2012年12月21日在甘肃兰州召开会议，审定通过了由宁夏清真产业标准化委员会汇总整理的《清真食品认证通则》（简称《通则》）联盟标准，决定以地方标准形式，于2013年1月10日发布，3月1日起正式实施。《通则》内容包括适用范围、申请认证的清真食品生产经营企业的资质要求、清真食品原材料要求、清真食品加工规范要求、清真食品的包装标志运输存储要求等8个部分，涵盖了清真食品生产的全部过程。其中《清真羊肉生产准则》《清真餐饮服务通用标准》《清真乳制品加工通用标准》《清真面食品通用标准》《清真肉奶专用饲料通用标准》及《清真制品包装通用标准》6项标准已经形成。以宁夏为例，目前已与沙特、埃及、卡塔尔、马来西亚等9个国家建立了清真食品标准互认合作协议，但目前国内清真食品行业仍缺乏一个与国际接轨的、相对完善的国家级认证标准，清真食品认证工作任重而道远。

（二）西北五省区清真产业发展现状及趋势

1. 宁夏

清真食品和穆斯林用品是宁夏优势特色产业，目前已形成以清真肉制品、乳品和调味品等为主体的清真食品产业体系和以回族服饰、少数民族文字印刷品、少数民族建筑装饰用品等为主的穆斯林用品产业体系。"十一五"期间，宁夏清真产业年均增速达到20%以上。截至2012年，清真食品工业企业655家，从业人员约2万人。其中，规模以上清真食品工业企业102家，占规模以上食品工业的77%，实现工业总产值174.3亿元，占食品工业的82.23%。产值过亿元的企业28户，实现工业总产值150.2亿元①。目前，已形成以伊品生物、夏进乳业、塞外香、兴唐、泰丰、茂源等为主的清真食品骨干企业群，建成以银川德胜清真食品工业园、吴忠清真食品和穆斯林用品产业园等为代表的产业园区。2012年，宁夏有少数民族特需商品定点生产企业85家，其中规模以上企业28家，实现工业总产值52.55亿元，同比增长72.3%，实现销售收入48亿元，实现利润4.6亿元，从业人员17942人，产值过亿元企业15户②。形成以中银绒

---

① 宁夏回族自治区轻纺工业局：《宁夏清真产业发展情况》，《宁夏清真产业资料汇编》（内部资料），2013，第17、18页。
② 马廉朴：《临夏发展清真产业的思考》，《每日甘肃》，http://lx.gansudaily.com.cn/system/2009/09/07/011259536_01.shtml。

业、沙湖纸业、金海皮业、华泰家具等为代表的穆斯林用品骨干企业群。清真产业将成为宁夏内陆开放型经济试验区和银川综合保税区建设的重要产业支撑。

2. 甘肃

甘肃清真产业主要是清真食品产业，分为三部分。一是以"兰州拉面"为代表的兰州市清真餐饮业；二是以打造"清真食品美食之都和中国西部清真食品基地"驰名的张家川县；三是以清真食品业为代表的临夏回族自治州。截至2012年底，甘肃省清真食品生产企业达到10343家，企业员工101646人，年产值61.95亿元，年上缴税额2.74亿元（见表2）。目前临夏州已形成以康美集团、河发源、清源、绿康、八坊清河源等为代表的具有一定规模的清真牛羊肉加工企业17户，年加工牛羊肉1.6万吨，年产值4亿多元，从业人员1000多人；形成华安生物、华羚乳品、华龙乳业、金牛乳业、泉乳乳品等7家乳制品加工企业，年产量5000吨，年产值2亿元，从业人员400多人；形成爱丽福、正大和、协恒源、天宝等13家糖果加工企业，年产量2万吨，年产值1亿多元，从业人员502人；形成佳家味、丁泰、刘家峡果制品等16家休闲食品加工企业，年产值9000万元，从业人员654人，以及义顺、占林、兰和、雪峰等49家农产品加工企业，年产值2.2亿元，从业人员1220人；至此，临夏州初步形成具备一定加工规模的企业有100多家，其中销售收入在1000万元以上的有26家，年产值12亿元，生产的产品品种达到140多个①。

表2　2012年甘肃省清真食品生产经营企业情况调查

清真食品生产经营企业		数量（家）	企业员工数（人）	有清真饮食习惯的少数民族员工数（人）	年生产总值（万元）	年上交税额（万元）
其中	生产加工企业	203	10972	5991	209366	4950.9
	个体工商户	7229	59303	37083	118523	2277.21
	清真餐饮企业	2684	28660	16890	242006	18581.8
	清真屠宰企业	227	2711	1725	49631	1600.5
合　计		10343	101646	61689	619526	27410.41

资料来源：由甘肃省民族事务委员会清真食品管理办公室提供。

---

① 马小兵：《临夏州清真食品加工业发展现状初探》，甘肃统计信息网站，2013年4月10日，http：//www.gstj.gov.cn/doc/ShowArticle.asp? ArticleID=15103。

3. 青海

青海着力打造产业规模化的清真食品产业，目前已形成了包括清真肉制品、清真乳制品、清真保健品、清真速冻食品、清真专用调料、清真盖碗茶、清真糕点及果蔬加工在内的清真食品业和以服饰、礼帽、拜毯、刺绣、工艺品等为代表的种类丰富的穆斯林用品产业链。据不完全统计，2011年，清真产品出口总额达7亿美元，青海清真产业产值约30亿元。目前青海有从事清真食品生产、加工厂家300多家，清真餐饮服务企业5500余家，从事清真食品用品的商户2.3万多家，青海在内地和沿海地区51个大中城市中经营清真餐饮业的人员有10万多人，带动30万~40万穆斯林群众就业①。目前已形成雪舟三绒、伊佳、仙红辣酱、高原绿色、裕泰食品等知名产品。如青海伊佳布哈拉集团有限公司，其创立的"布哈拉"民族服饰商标美誉海内外，年均出口增长均在40%以上，占全球市场份额的40%左右。化隆县的"拉面经济"也是青海省清真产业的一大亮点。据统计，目前化隆县外出务工人员达到10万人次左右，其中从事经营拉面馆的近6万人，化隆人在全国各地经营拉面馆8301家，"拉面经济"占整个劳务收入的70%以上②。此外，青海省正在筹备规划集清真产业设计、研发、生产、集散、贸易、认证等采购与供应于一体的中国（西宁）国际清真产业园区及西宁韵家口轻工业产业园区。目前青海举办中国（青海）国际清真食品及用品展览会已七届，成为青海发展的强力引擎。

4. 新疆

改革开放后，新疆清真食品及特色餐饮业品牌涌现出阿尔曼、阿米娜、香巴拉、华凌畜牧、五月花餐饮、吾吾子羊羔肉、大盘鸡、苏氏牛肉面连锁等知名品牌。目前，乌鲁木齐从事清真食品生产、加工、制作、储运、销售的企业、个体，总共有4万余家，新疆农业产业化经营组织发展到7262家，农产品加工企业达到7891家，自治区级以上农业产业化重点龙头企业319家（国家级23家）③。2012年，乌鲁木齐市政府出台的《关于加快特色餐饮业发展建

---

① 孙永清：《青海清真产业发展调查》，《青海金融》2012年第9期，第26页。
② 由化隆回族自治县驻沪办事处提供。
③ 中共新疆维吾尔自治区委员会文件，新党发〔2010〕15号，自治区党委自治区人民政府关于印发《新疆农牧业现代化建设规划纲要（2011-2020年）》的通知，第8页。

设中国清真美食之都的实施意见的通知》，从资金补助、政策引导、培训、奖励等16个方面推进乌鲁木齐市清真餐饮业升级。其中，龙头企业将获政策支持，凡餐饮设备企业技术改造和新型餐饮环保节能设备研发获得发明专利授权的，给予一次性5万元奖励；使用新型环保馕制作设备的，给予一次性3000元补贴。这些条例、措施、规划和通知等一系列内容可为清真食品及穆斯林用品产业发展提供良好的政策保障条件。2013年，乌鲁木齐饮食服务行业协会发布了《新疆维吾尔自治区特色餐饮业发展规划（2011～2015年）》，希望从总体上形成有影响力的清真菜系，打造浓郁的西域民族特色，逐步形成新疆清真"大餐饮"产业。此外，政府已将乌鲁木齐和昌吉建设成"中国清真美食之都"和"中国回民小吃之乡"提上日程。

5. 陕西

目前陕西省西安市清真食品经营户3500多个，其中清真食品经营户2500多家，从业人员2万多人，其中西安"回坊"就有600多家，是陕西省美食窗口，号称"清真美食一条街"①。汉中市也是陕西一个清真食品的重要生产基地，餐饮业方面有伊盛祥大饭店、凤发祥、同顺祥等老字号企业，西乡县信一清真食品厂是全国少数民族特需商品定点企业，生产酱卤牛肉干、麻辣牛肉干、金丝牛肉等五大系列30多个品种，西乡县食香斋牌牛肉干等4大类9个品种获发明专利。以西安三宝双喜集团为例，西安三宝双喜集团是一个集制药、教育、房地、清真食品四大产业为一体的多元化大型企业集团，2013年1月29日，在西安举行了三宝双喜（国际）清真食品商贸港试运营暨陕西首届清真食品购物节，旨在打造一个大型清真食品交易平台，使更多的清真食品企业通过商贸港做大做强。

此外，展会经济也成为西北五省区近年来清真产业发展的助推器，据了解，自2003年郑州在全国率先举办了中国清真食品博览会后，西北地区的新疆乌鲁木齐市、甘肃张家川县先后举办了中国清真食品及民族用品博览会和清真食品节，宁夏举办国际清真食品民族用品节，进一步在国内外确立中国清真

---

① 陕西省决策咨询委员会清真食品课题组：《将清真食品打造成我省一个大产业（课题调研报告）》，2011年10月，第8页，转引自道客巴巴：http://www.doc88.com/p-650530348193.html。

食品生产领域的"话语权"。截至 2013 年，青海省已成功举办中国（青海）国际清真食品展览会 7 届，该展览会逐步成为享誉海内外的清真食品用品展览会。

二 西北地区清真产业存在的主要问题

目前西北清真产业存在两方面的问题，一是企业自身竞争力的问题。中投顾问食品行业研究员梁铭宣认为，国内清真食品用品的加工和生产还没有与国际接轨，在行业标准、管理和生产规范等方面都与马来西亚、印度尼西亚等伊斯兰国家成熟的生产市场有很大差距，有些产品的质量难以达到国际相关出口标准[1]。二是清真产业发展制约机制问题，如产业认证困难，政府在土地、税收、财政等方面的扶持力度较小，等等。

（一）企业处于小规模的分散生产经营状态，产品主要以粗加工和低层次产品为主，且产业产品雷同程度高

从事清真产业的企业大多是中小型民营企业，且多为家族企业。主要产品是清真食品和穆斯林用品，其特点是起点低，处于小规模分散经营，产品大多是传统工艺，主要以粗加工和低层次产品为主，附加值低，产品的精细化程度和品种的多样性方面有待提升。因此，大多数企业缺乏竞争力，龙头企业少，产业集群带动作用不强，尤其在生产规模、国际化程度等方面存在劣势，无法拓展企业走向更大的国际市场。

（二）企业产品标准化程度低，难以达到国际市场标准，造成企业 HALAL 认证困难，产品难以走出国门

以马来西亚清真食品国际标准化的产业链为例，保证食品的质量、制定和遵守卫生标准、确保食物的安全性是清真食品和产品制造、调理、销售的必要

---

[1] 竹子俊：《产业走向规模化 出口受困寻突破——来自第六届中国（青海）国际清真食品及用品展览会的报道》，《中国对外贸易》2012 年第 8 期，第 34 页。

条件。清真食品的制造、调理、加工、包装、储藏、流通必须按照 Codex Standard、HACCP、ISO 等国际上承认的食品的安全性、卫生和质量标准。清真产品的制造和流通要求从农田到餐桌都适用。由此而知,取得认证需要将清真制品和非清真制品的制造流程、物流和仓库进行物理性隔离尤为重要,而我国西北地区大多数清真食品企业处于小规模的分散生产经营状态,市场开拓手段单一,产品销售渠道狭窄,尚未形成与国际化标准接轨的产业链,加之产品的品质、包装、宣传及审美等方面落后,造成企业 HALAL 认证困难,产品难以走出国门。

(三)中小微企业资金、技术、市场、人才和信息要素不匹配,弱化了企业市场竞争力

西北地区大多清真产业为中小型企业,企业发展缺乏资金、技术、人才及信息渠道,导致产品科技含量较低。以青海省企业为例,从企业资金来源看,80% 为自有资金,20% 为银行贷款,10% 为民间集资,70% 的企业感到资金不足,自有资金占有比重大,银行贷款和其他渠道融资份额少,致使企业资本积累速度慢,融资难,资金匮乏①。另外,清真企业还存在人才匮乏问题,如宁夏吴忠市,清真产业从业人员 80% 以上是初中文化程度,专门从事清真食品生产加工研发的高级专业技术人才几乎没有,在研发、物流、品牌、标准、服务方面十分薄弱。加之穆斯林用品产业仍以小作坊式生产为主,未能形成规模效应,产品市场竞争力较弱。

(四)企业缺乏知识产权的创新能力,缺乏市场认可的知名品牌,直接影响企业的产业规模和产业集群的形成

知识产权的创新能力不足和知名品牌的缺乏,直接影响企业的产业规模和产业集群的形成。

一是缺乏知识产权创新能力。由于大多数清真产品科技含量及附加值低、过于依赖人工技能,加之产品易于模仿、竞争力不强等原因,企业无法达到规

---

① 孙永清:《青海清真产业发展调查》,《青海金融》2012 年第 9 期。

模化效应。

二是缺乏市场认可的知名品牌。以宁夏为例,目前宁夏有食品工业国家级技术中心2个,区级技术中心7个,清真产业有中国驰名商标10个,宁夏著名商标104个[①]。尽管宁夏已初步形成了以驰名商标为龙头、著名商标为骨架、有效商标为基础的地方商标体系,但以国际市场的标准来衡量,西北清真食品市场、穆斯林用品市场受区位及地区观念的影响,总体发展水平较低,品牌很少获得国际市场的认可。

(五)清真食品市场监管不到位,造成"清真食品不清真"等各种问题,影响清真食品的品质

虽然清真餐饮业有着广阔的发展空间,但目前仍存在各种各样的问题,诸如清真食品市场监管不力、清真食品标准不统一和不规范、清真食品标志管理混乱、"清真食品不清真",等等。

三 加快发展清真产业的对策建议

清真产业要实现质的飞跃,必须在企业自主品牌建设、市场竞争意识培育、人才管理以及产品的研发等方面加大投入,逐步引进和留住掌握核心技术的人才,研发企业精品,提高产品的知名度,逐渐扩大其在西北乃至全国的市场占有率,从而达到清真产业的大发展。

(一)积极打造西北地区清真产业自主品牌,强化企业市场竞争意识

(1)整合优势力量,培育龙头企业。着力整合规模小、以初级粗加工产品为主的清真食品和穆斯林用品的生产企业,集中优势力量,扩大规模,提高质量,形成品牌,增强市场竞争力。

---

① 宁夏回族自治区轻纺工业局:《宁夏清真产业发展情况》,载《宁夏清真产业资料汇编》(内部资料),2013,第19页。

(2) 加大宣传攻势,提升品牌知名度。以中国(青海)国际清真食品及用品展览会为例,从 2007 年开始至今,青海省已连续举办了七届清真食品展,借助这一平台,青海打造一批清真生物企业和品牌,如伊佳、雪舟、裕泰等,在品牌的对外宣传和知名度上有了很大的提升。

(3) 加强清真产品在设计、包装、审美等细节上的功夫,突出清真产品新颖、创新、多样化的特点。

(二)加强企业标准化生产,加强清真食品认证,完善国际清真食品认证体系

(1) 制定并出台高标准的清真食品卫生检验规程,从文化层面上逐步规范清真产业的技术和行业标准,从法律层面上严格规范清真产业发展的各项标准。

(2) 加强清真产品的品质、包装、宣传、研发等,使西北五省区的清真产品得到其他伊斯兰国家的信任与认可,并长期建立与各伊斯兰国家之间清真产品互认标准和机制。

(3) 尽快制定符合我国清真食品和穆斯林用品的认证体系,并将宁夏建设成为中国西部地区国际清真食品和穆斯林用品认证中心,使其逐步成为掌握清真产业话语权、引领西北清真产业的"风向标"。

(三)大力培育有核心技术和专业人才的人力资源管理队伍,提高产品品质

(1) 引进人才。建立清真产业(主要以清真食品为中心)技术研发中心,提升产品的品质、包装、审美及品牌宣传等。

(2) 培养人才。清真企业缺乏有专业素养的人力资源管理团队,应建立熟悉西北地区穆斯林市场、熟悉中东市场的营销管理团队,培养金融外贸、法律、商务接待、税务、投资管理等方面的专业人才。

(3) 留住人才。通过采取营造有利于人才发展的环境、改善用人机制及薪酬等方面的积极措施,将掌握核心技术的科研人才和专业特长人才留下来,为企业和产业发展提供人才保障。

(4) 建立清真产业技术信息平台,加大与国内国外市场的联系。

（四）加大政策扶持力度，扩大清真产业投资规模

从政府的角度讲，政府主要是制定与规划清真产业发展各项政策，改善产业发展环境，在土地、税费、信贷、产品认证、市场开拓等方面加大支持力度，对重点项目、重点企业、知名品牌、产业基地建设给予支持。主要措施有以下几个方面。

（1）减免财税，加大贷款。财税的减免不仅为企业减负，还将扩大企业规模。宁夏吴忠市提出应进一步贯彻落实国家新一轮西部大开发税收优惠政策和中小型企业所得税优惠政策，建议自治区将吴忠清真产品生产企业上缴自治区财政的增值税、所得税全额返还吴忠市，并将进驻中国（吴忠）清真产业园的清真企业全部纳入国家民贸政策支持范围。此外，还应逐渐加强企业的贷款力度，扩大企业融资渠道，培育新的经济增长点。

（2）发展伊斯兰金融行业。首先，应加强与伊斯兰国家的交往，通过与伊斯兰国家有实力的金融企业联合等形式，与西北五省区联合开展具有穆斯林特色的金融业务，如联合举办穆斯林银行或者西部开发银行，并鼓励西北地区的金融机构到中东国家设立伊斯兰金融窗口，创建多种投融资发展模式，积极吸引中东等伊斯兰国家的资金。其次，应支持鼓励各省区民委、各地市宗教局、财政部门主动与各大银行协商，加大力度帮助民贸民品定点生产企业争取国家优惠利率政策，拓宽企业融资渠道。宁夏吴忠市提出要有特殊的资金支持政策，即建议国家和自治区在产业园建设上给予政策倾斜，将每年新增的5000万元清真产业财政专项扶持资金连续3年全部用于中国（吴忠）清真食品穆斯林用品产业园（金积工业园区）基础配套设施建设。

（3）土地政策。对于清真产业园区的土地利用应进行重新规划，同时应增加规划期间的新增建设用地总量指标和占用农用地指标，建立工业项目在未利用地布局的激励机制，在土地审批制度上进行适当的改革，提高审批速度和土地利用效率，不影响企业入园。

（五）逐步建立食品安全与清真食品立法体系，保证清真产业稳定健康发展

清真食品是否安全，是一项涉及食品安全技术与公民生存权的问题。这是

政府的一项政治责任，需要政府提供保障。目前奶制品三聚氰胺事件意味着印有清真标志的食品未必是质量安全的食品；再者"清真不清"的问题也严重伤害了穆斯林消费者的感情和利益，给社会带来不稳定因素。为了保证穆斯林群众可以放心消费清真食品，西北各省区的民委、工商等部门应当针对清真食品的监管体制，建立一套清真食品安全体系。主要包括以下内容。

（1）加强食品安全监管，发现问题及时解决，把经济损失降到最小，维护穆斯林消费者的感情和利益。

（2）由非政府组成的民间团体对生产清真食品的相关企业进行监督。作为中立方，可以有效地、公正公平地进行监督，如发现问题，直接上报政府部门。

（3）将设立清真食品立法工作提上日程。目前中国还没有一部关于清真食品的法律颁布。清真食品立法不仅保障清真食品产业健康发展，维护消费者信心。更为重要的是，是落实党的民族政策的需要，是维护民族团结、社会稳定、民族法制完善的需要。

参考文献

马学贤：《青海清真食品产业发展的机遇和对策探研》，《青海社会科学》2009年第3期。
马虎成、李凯鸿：《我国清真食品监制制度初谈》，《中国穆斯林》2013年第2期。
李自然：《试论清真食品产业的特点》，《回族研究》2013年第1期。
《银川市清真食品和穆斯林用品产业发展情况汇报》，2013年8月27日，（内部资料）。
赵宗福、孙发平、苏海红：《青海蓝皮书——2013年青海经济社会形势分析与预测》，社会科学文献出版社，2013。
李德宽：《宁夏"清真产业"发展状况、问题与关键性战略》，载《中国回商文化：第二集》，宁夏人民出版社，2010。
王国强、马宗礼：《清真产业与认证》，黄河出版传媒集团、阳光出版社，2011。
葛忠兴：《清真食品产业发展》，民族出版社，2005。

B.9 中国西北地区现代能源产业体系研究*

——以新疆为例

王宏丽**

摘　要： 新疆能源资源蕴藏量丰富，在国家能源战略中的地位日益凸显。一次能源的生产与消费均呈现显著的上升趋势。煤炭、石油、天然气是能源生产与消费的三大资源。能源结构中，煤炭的消费占比更为突出；原油消费占比减少；天然气产量占比增长较快。石油、天然气、煤炭产业发展迅速，能源基地建设加快步伐，现代能源产业体系初步形成。

关键词： 能源产业　能源战略　新疆

新疆能源资源蕴藏量丰富，"四大煤田""三大油田""九大风区"和"十八条大河"足以使新疆成为国家能源战略转移的焦点之一。新疆现已成为国家第十四个大型煤炭基地，伴随着新一轮西部大开发的推进，特别是伴随着中国能源战略的区域性转移及新一轮全国对口援疆工作的大力实施，能源成为新疆经济社会发展的焦点，也成为构建现代能源产业体系的重大发展契机。

---

* 本文系新疆维吾尔自治区社科基金重点项目《新疆依托密集型能源资源，推动跨越式发展的对策研究》（批准号12AJY005）及2013年度新疆社会科学院重点科研项目《新疆能源开发中的生态文明建设研究》（批准号13DZ01）的阶段性研究成果。
** 执笔人：王宏丽，新疆社会科学院经济研究所助理研究员。

一 新疆构建现代能源产业体系的背景

（一）新疆在国家能源战略中的地位

中国能源禀赋呈现"富煤、贫油、少气"的特征。中国能源资源主要分布在西部，能源消费主要集中在东部，历经"十一五"时期的发展，逐步形成长距离、大规模的北煤南运、西电东送、北油南运、西气东输的能源运输基本格局。伴随着中国东部煤炭资源量大幅减少、全国能源基地逐步西移的发展趋势，新疆日益成为中国重要的能源接替区和战略能源储备区，成为全国能源企业和能源行业瞩目的宝地。特别是国务院《关于进一步促进新疆经济社会发展的若干意见》和《中共中央、国务院关于推进新疆跨越式发展和长治久安的意见》，明确提出要把新疆建设成为国家大型油气生产加工和储备基地、大型煤炭煤电煤化工基地、大型风电基地和国家能源资源陆上大通道，要加快新疆作为国家能源后备基地向能源接替基地战略地位的转换。同时，新疆已正式成为全国第十四个煤炭基地进行开发，进一步彰显了新疆在全国能源战略储备和生产中的重要地位。

（二）新疆能源资源富集，开发前景广阔

新疆各种能源资源十分丰富，发展潜力巨大。新疆石油、天然气、煤炭等化石能源资源占全国比例较大，风能、太阳能等可再生能源占有比例在全国位居前列，其中，新疆风能资源丰富，风能资源总储量8.9亿千瓦，技术开发量1.2亿千瓦，年平均风功率密度≥150瓦/平方米的面积约7.8万平方千米，年均有效风能10800兆焦耳/平方米，是中国风能资源最为丰富的省区之一，风能开发利用前景相当可观。新疆日照6小时以上的天数为250～325天，年总日照数2550～3500小时，太阳年辐射照度550万～660万千焦/平方米，年平均值为580万千焦/平方米，居全国第二位。新疆可转化为能源的生物质能源资源总量约8000万吨，约折合标准煤3800万吨。石油、天然气、煤炭、风能、太阳能等能源资源具体储量详见表1。

表1 新疆能源资源量统计

能源	资源量		占全国比例(%)	居全国位次
石油	远景资源量(亿吨)	213	20	
	累计探明地质储量(亿吨)	42.8	14	
天然气	远景资源量(万亿立方米)	10.84	32	
	累计探明地质储量(万亿立方米)	1.55	20	
煤	预测资源量(万亿吨)	2.19	38	第一位
	查明资源储量(亿吨)	2295.3	17.5	第三位
风能	资源总储量(亿千瓦)	8.9	20.4	第二位
太阳能	年总日照数(小时)	2550~3500		第二位

2010年，新疆在国土资源部启动的"地质找矿新机制"大讨论中，积极实践"358"项目，深入开展了地质找矿工作，极大地丰富了新机制内涵。

进入"十二五"时期，在国家《找矿突破战略行动纲要（2011~2020年)》的推动下，地质找矿工作上升为国家战略。

2011年，全国石油新增探明地质储量大于1亿吨的盆地有5个，其中就有新疆的塔里木盆地和准噶尔盆地（塔里木盆地新增1.98亿吨，准噶尔盆地新增1.95亿吨）；同时，新疆地矿局累计探获煤炭资源量750亿吨。

2012年，塔里木盆地克深气田新增探明地质储量大于千亿立方米。新疆地矿局组织实施地质勘察项目386个，全年完成岩心钻探158万米，再创历史新高；新发现矿产地15处（其中大型以上7处），可供开发矿产地5处；在煤、铁、镍、金、铅锌等矿种以及煤田供水水源地勘察方面取得了重要进展。新疆三塘湖煤矿取得重要找矿成果。"按新疆目前开发利用的速度计算，已探明的煤炭储量至少能保障100年的用量，铁矿石至少能保障50年的用量，有色金属保障30年的用量，这标志着新疆矿产资源保障能力明显提升。"2012年，新疆地矿局探获煤炭资源量1000余亿吨，其中，和什托洛盖煤田白杨河矿区整装勘察提交煤炭资源量684亿吨，准东煤田梧桐窝子矿区预计提交煤炭资源量99亿吨，三塘湖煤田淖毛湖勘察区预计提交煤炭资源量89亿吨，东疆沙尔湖煤田新五区、库姆塔格煤田新六区、新七区预计提交煤炭资源量294亿吨。

（三）产业政策对新疆能源产业的支撑

在西部大开发新十年及新一轮全国对口支援新疆的进程中，承载着众多的政策支撑及资金保障。政策与资金的叠加，成为新疆构建现代能源产业体系的强有力的后盾。

在《国务院关于进一步促进新疆经济社会发展的若干意见》《胡锦涛、温家宝、周永康同志在中央新疆工作座谈会上的讲话》等重要文件中，均提出要"积极推进优势资源开发。加快建设石油、天然气、煤炭及煤层气等矿产资源开发利用""加快国家能源基地建设。……加快建设国家大型煤炭煤电煤化工基地，集约开发建设准东、伊犁、库拜、吐哈等煤田，加大煤层气勘察开发和综合利用力度""适当放宽在新疆具备资源优势、在本地区和周边地区有市场需求行业的准入限制"等，并在新疆率先实行资源税费改革及"两免三减半"优惠等一系列扶持政策。除此之外，在国家各行业部门，陆续出台了一系列通知、规划、政策等文件，以规范和促进能源产业链中上、下游行业的健康发展。

二 新疆能源产业发展现状

（一）一次能源的生产与消费

能源的生产与消费，既是一定程度上经济社会发展情况的反映，也是对经济社会发展支撑、促进的表现。1990～2011年，新疆一次能源的生产与消费情况如图1所示。新疆的一次能源，无论是生产还是消费，均呈现显著的上升趋势，21年间，能源生产总量的年均增速为8.87%，能源消费总量的年均增速为8.13%；能源生产增速与能源消费增速震荡发展趋势基本保持一致；能源生产与能源消费的总量差额呈现逐渐扩大趋势，这种趋势的年均增速达到了10.23%。

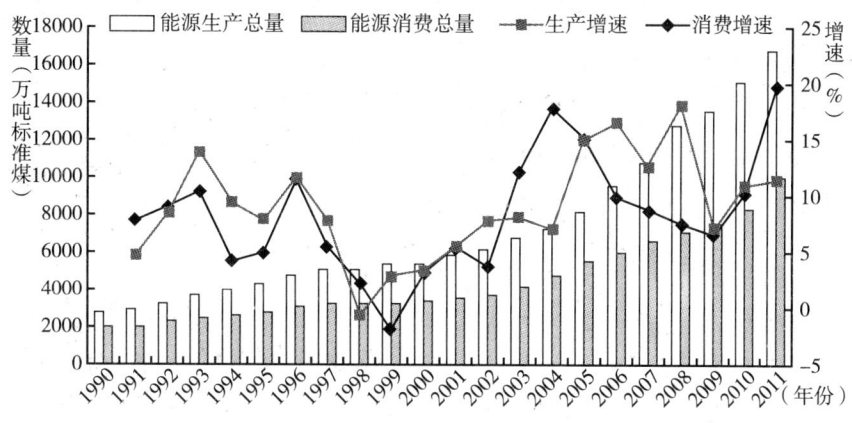

图1　1990～2011年新疆一次能源生产量和消费量情况

（二）能源的生产结构

能源是经济社会发展的重要保障。能源生产的持续增长，一方面反映着经济增长的重要支撑能力，另一方面也反映着资源消耗的逐步加大。能源的生产结构，反映着经济社会发展依托的主要能源来源。1990～2011年，新疆一次能源生产结构如图2所示。

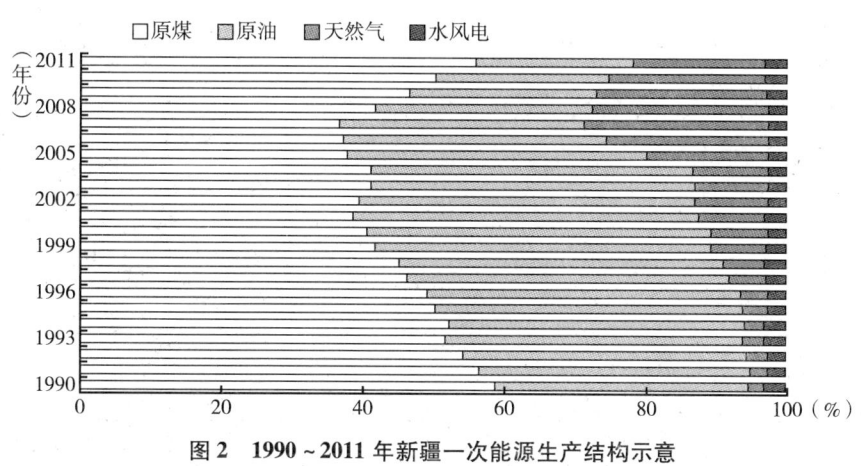

图2　1990～2011年新疆一次能源生产结构示意

同全国能源生产与消费的趋势相同，煤炭也占新疆能源生产的主体，但是依赖程度相对于全国要小。新疆煤炭的生产由1990年的占能源结构的

58.8%，逐年呈现下降趋势，2007年降至历史最低水平的仅占36.7%，之后又呈快速增长趋势，2011年，又占能源生产总量的55.9%；21年间，煤炭生产平均占比达到46.10%，煤炭生产成为新疆能源生产结构的主要部分。

新疆原油生产在能源结构中的比例，总体呈现由1990年的35.8%，缓慢上升至2000年的历史最高点48.7%，之后呈缓慢下降趋势，直至2011年，仅占能源生产的22.4%；21年间，原油生产平均占比为39.89%，是新疆第二大生产能源。

天然气的生产，在新疆能源生产中是发展幅度最大的。1990年，新疆天然气生产仅占能源生产总量的2.4%，之后10年基本处于缓慢增长趋势，自2002年起，天然气始终保持占比在10%以上，发展最快时，达到新疆能源生产结构的26%（2007年），近几年又呈现缓慢下降趋势，直至2011年占比为18.7%；21年间，天然气生产平均占比为11.18%，成为新疆第三大生产能源。

水、风、电的能源生产，基本处于新疆能源生产的不变地位，占比较小，21年间平均占比为2.84%，变化不大。

（三）能源的消费结构

随着经济的发展、能源生产总量的增长，新疆的能源消费也逐年增加。1990~2011年新疆一次能源消费结构如图3所示。

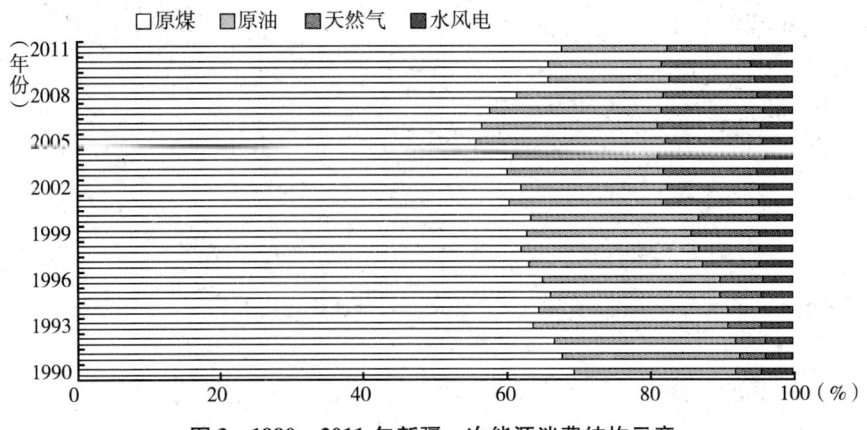

图3　1990~2011年新疆一次能源消费结构示意

同全国能源生产与消费的趋势相同,煤炭也处于新疆能源消费的绝对主体地位。新疆煤炭的消费基本在能源消费中占60%的比例,能源消费占比由1990年的69.6%,呈现逐年下降趋势,2005年下降至历史最低水平56.1%,之后又呈快速增长趋势,2011年恢复到占比67.9%;21年间,煤炭消费平均占比达到63.26%,比煤炭生产占比高出17.16个百分点,煤炭消费的绝对主体地位十分突出。

原油是新疆能源消费中的第二大消费能源,21年间,平均消费占比为22.58%,比原油生产39.89%的平均占比低17.31个百分点。原油消费由1990年的22.5%,基本以周期往复式、小幅上升小幅下降的态势发展至2011年的占比14.7%,特别是2009~2011年的三年间,消费占比均不足17%。由此可以看出,新疆原油的生产和消费,经历了以自给自足为主,到兼顾满足疆外需求的生产和消费过程。

天然气的消费,在新疆能源消费结构中平均消费占比为9.61%,1990~2000年,新疆天然气消费占比均在10%以下,自2001年起,平均在13%的水平占比徘徊。天然气消费结构的占比明显低于其在生产结构中的占比。

水、风、电的能源消费,基本处于新疆能源消费的不变地位,占比较小,21年间平均占比为4.53%,变化不大。

(四)能源产业结构

1. 油气产业

当前,新疆已经成为国家重要的油气生产基地之一。

1990~2012年,新疆石油产量总体呈现平缓上升趋势,产量由1990年的695万吨,增加至2012年的2670.7万吨,增长了2.84倍,22年间产量的平均增速为6.31%。1990~2012年,新疆石油产量及其增速如图4所示。2012年,新疆石油产量占全国石油总产量的12.87%,居全国第5位(前四位分别为:黑龙江4001.5万吨、陕西3527.6万吨、天津3098.3万吨、山东2774.7万吨)。

1990~2012年,新疆天然气产量总体呈现大幅度上升趋势,产量由1990年的5.01亿立方米,增加至2012年的253.01亿立方米,增长了49.5倍,发

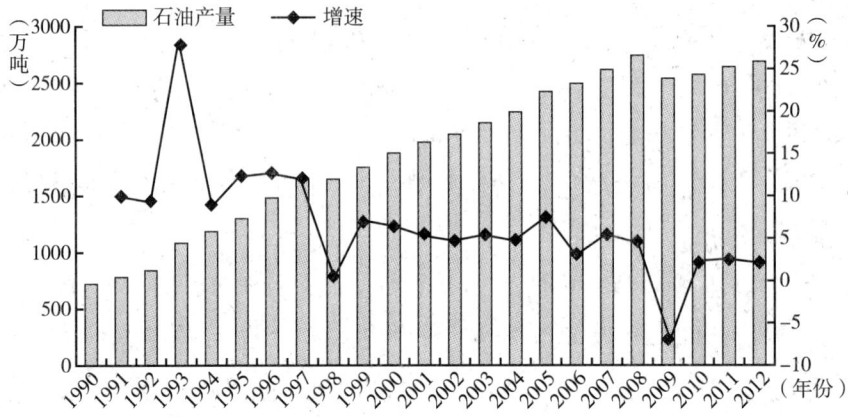

图4 1990~2012年新疆石油产量及其增速

展迅猛。22年间产量的平均增速达到19.52%，其中，有5年出现当年产量增幅达30%以上。1990~2012年，新疆天然气产量及其增速如图5所示。2012年，新疆天然气产量占全国天然气总产量的23.60%，居全国第2位（第一位为陕西，产量311.3亿立方米；第三位为四川，产量242.1亿立方米）。

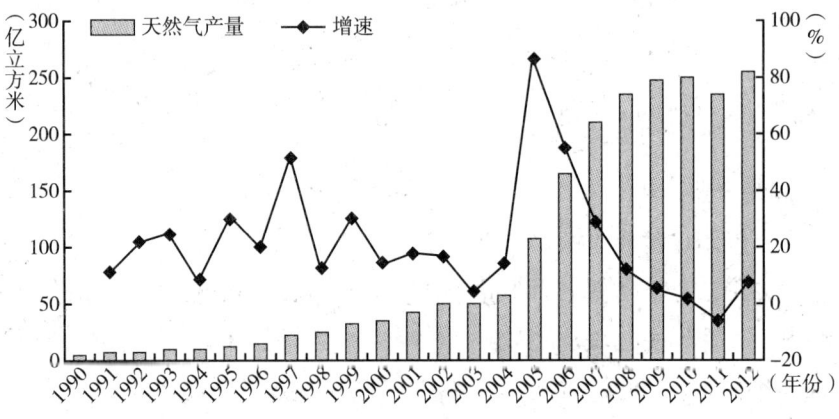

图5 1990~2012年新疆天然气产量及其增速

2012年，新疆石油天然气产量延续2009年以来低速增长的态势，1~11月，原油产量增长2.1%，原油加工产量增长1.6%，与年初预计的全年增长3.9%和11.0%有较大差距。

经过多年的发展，新疆已经发展成为国家重要的石油、天然气生产基地和石化产业发展基地。2012 年，新疆石油和化学工业增加值增幅达到了 7.6%，其中化学工业更是达到了 25.6%，呈现出稳步增长的态势。

2012 年，新疆列入行业重点建设项目共计 76 个，其中续建项目 52 个，新开工项目 24 个。2012 年 10 月，中国石油阿克苏大化肥项目在阿克苏市奠基。这是我国首次在西气东输气源主产气区建设大型天然气深加工项目，将促进塔里木油田上下游业务的整体发展，使塔里木油田在南疆地区形成泽普、库尔勒、阿克苏三个炼油化工基地。为了发展油气资源下游深加工，未来几年新疆将依托现有产业格局，确定在乌鲁木齐、独山子、库尔勒三个重点地区尽可能延伸石化产业链，形成石化产业集群的"黄金三角"。

依托原油产业，新疆已形成以独山子、克拉玛依、乌鲁木齐、库尔勒、库车等为中心的石油炼制和加工基地。新疆延伸石化产业链的两条主线，一是以独山子 120 万吨乙烯为原料往下延伸烯烃产业链；二是以乌鲁木齐石化的百万吨芳烃为原料往下延伸芳烃产业链。在南疆，则是利用中石油的大力支持，在库车、库尔勒依托园区重点发展天然气化工。

新疆已先后批准石河子、库尔勒、鄯善、库车、克拉玛依、米东等 17 个园区为自治区级石化、化工园区，其中，奎屯—独山子石化工业园区和库尔勒经济技术开发区已被国家批准为国家级经济技术开发区。

2. 煤炭产业

新疆煤炭资源富集，预测资源量居全国首位。目前，新疆形成乌鲁木齐、哈密三道岭和艾维尔沟 3 个大型基地及天山南北十几个小型矿区和产煤区，但煤炭资源疆内分布十分不均，呈现显著的"北富南贫"格局。

1990~2012 年，新疆原煤产量总体呈现平缓上升趋势，直至 2006 年开始，出现稳定性双位数增速的发展趋势，产量由 1990 年的 2100 万吨，增加至 2012 年的 13650 万吨，增长 5.50 倍，22 年间产量的平均增速为 8.88%，特别是 2006~2012 年，原煤产量平均增速达到 19.60%，增长势头十分迅猛。1990~2012 年，新疆原煤产量及其增速如图 6 所示。2012 年，新疆原煤产量占全国石油总产量的 3.74%，与我国产煤大省的差距还较大。

在国家政策和大量资金的推动下，新疆煤炭开发和煤电基地建设不断提

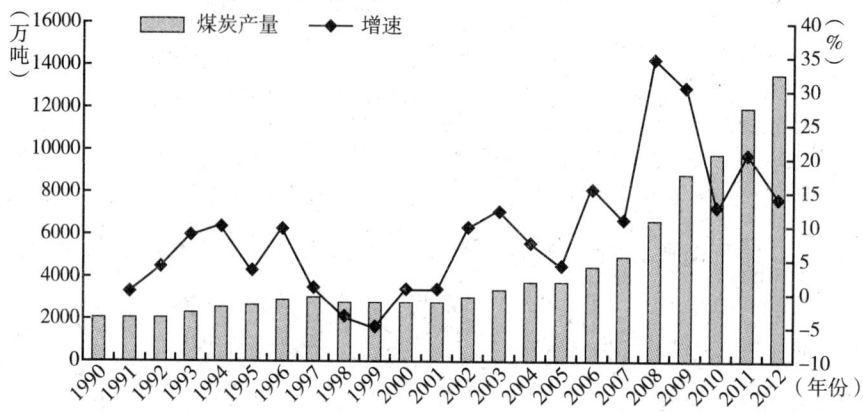

图6 1990～2012年新疆原煤产量及其增速

速，新疆提出加快建设准东、伊犁、吐哈、库拜四大煤电、煤化工、煤焦化基地和乌鲁木齐、三道岭等13个重点矿区，打造千万吨级矿井和亿吨级大型矿区的战略规划。

2012年10月，横跨10个省（区）能源运输大动脉——西气东输三线工程开工建设，其建成投产后每年将新增300亿立方米天然气供应，其中50亿立方米/年的煤制气外输主要来自伊犁，新疆煤制气的外运通道将更加通畅。同年10月，塔城和什托洛盖煤田跃升为预测储量为810亿吨级的特大型整装煤田，该煤田的开发建设不仅可带动当地煤电、煤化工产业发展，还将强力支撑新疆第五大煤炭基地（克拉玛依—和布克赛尔），对新疆煤炭基地建设及煤炭产业发展将产生深远影响。

截至2012年，参与新疆煤电、煤化工产业发展的企业已达119家。华电、中电投、大唐、华能、神华、中煤、河南煤业化工、山东兖矿等一大批国有大型企业集团纷纷进驻新疆，规划和建设了一大批煤电、煤化工项目。其中，吐哈、准东、伊犁、库拜、克拉玛依—和丰等五个煤化工基地最具吸引力，已成为煤化工企业的投资热土。

3. 电力产业

在富饶的能源资源支撑下，新疆电力产业发展迅速。1990～2012年，新疆发电量呈现逐步增长趋势，特别是从2003年开始，出现稳定性双位数增速的发展趋势，发电量由1990年的69.79亿千瓦时，增加至2012年的1187.48亿千瓦时，大幅增长16倍，22年间发电量的平均增速为13.75%，特别是2003~2012年，原煤产量平均增速达到18.79%，增长势头强劲。2012年，新疆发电量增长35.8%，居全国第一位。1990~2012年新疆发电量及其增速如图7所示。

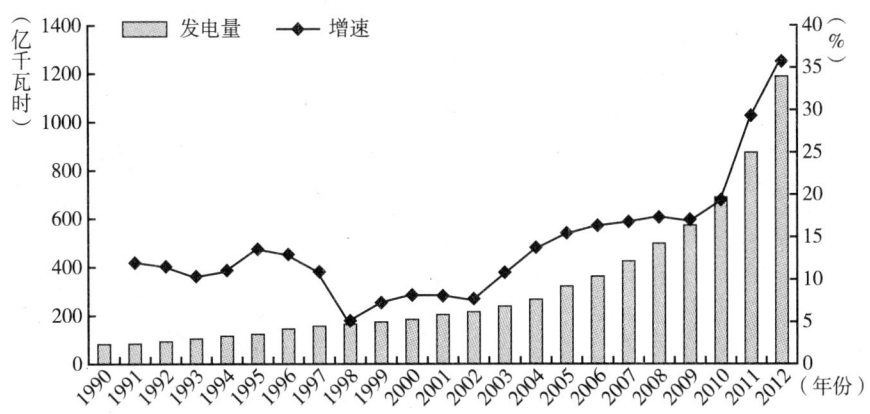

图7　1990~2012年新疆发电量及其增速

4. 风能和太阳能产业

作为中国第二大风能资源富集区，新疆风能资源主要集中在新疆的九大风区，即乌鲁木齐达坂城风区、阿拉山口风区、十三间房风区、吐鲁番小草湖风区、额尔齐斯河河谷风区、塔城老风口风区、三塘湖—淖毛湖风区、哈密东南部风区和罗布泊风区。这九大风区的特点是：风功率密度大，年平均风功率密度均在150瓦/平方米以上；风况好，有效风速在5500小时以上，具备建设大型风电场极好的风能条件。

新疆是我国风能资源开发较早的省区，1989年在达坂城建成了我国第一个风力发电场。截至2011年底，新疆荒漠光伏电站装机容量达到47万千瓦，风电装机容量超过100万千瓦。目前，有金风、华锐、中电投、华电、华能、大唐、中广核、国电等数十家国内知名企业在自治区从事风电、光伏电站建设。2012年，自治区发改委批复哈密三塘湖、淖毛湖等5个风区的风电工程规划，自此，新疆编制、审批的风区风电工程规划达12个，总规模已达1100

万千瓦。截至 2012 年 9 月底，新疆并网风电装机容量 190.7 万千瓦，占总装机容量的 8.3%；在建风电装机容量 437 万千瓦，即将核准接网风电装机容量 323.7 万千瓦；2012 年 1~9 月风电发电量 33.32 亿千瓦时，占新疆电网总发电量的 4.17%。

随着 750 千伏新疆与西北电网联网工程被打通，新疆电网正式并入国家电网，使火电、风电、太阳能资源通过"疆电外送"综合利用成为现实，制约新疆风电发展的电网孤网运行、全网调峰能力不足等问题得到了解决。截至 2012 年底，新疆电网风电装机容量比 2009 年底增加了近 4 倍。不断完善的电网网架及特高压、超高压项目的相继开工建设，将使新疆更大规模风电上网外送成为现实。

新疆太阳能产业在资源基础好、发展前景好、发展时机好等众多有利因素推动下，进入大规模开发利用新阶段。自中央新疆工作座谈会召开以来，将新疆建设成为国家大型风电、光伏发电基地的部署极大地推动了一批风电、光伏项目的开工和建成。华电、中电投、大唐等大企业相继在距离新疆哈密市 100 多公里的烟墩风区投资，哈密南—郑州 ±800 千伏特高压直流输电工程和新疆与西北联网 750 千伏第二通道工程进展顺利。

三 打造现代能源产业、构筑国家能源新高地的对策建议

资源优势难以转化为经济优势，历来是新疆经济发展问题的根结所在。新疆能源产业发展既面临机遇，也存在着巨大的挑战。

（一）科技支撑，构筑现代能源产业体系的动力源泉

新疆在能源发展"十二五"规划中，提出要提升四种能力，可概括为资源勘探开发能力、能源加工转换能力、外送通道输送能力及持续稳定供应保障能力。而这些能力的提升，无不依靠于科学技术的进步与创新，无不依靠于自主创新能力的提升。一定要实现各行业关键技术的创新与突破，才能为现代能源产业体系注入不竭动力。同时，科学技术支撑的一个重要基础是

资金的投入。在资金及技术投入的导向上，应运用财政、金融、政策等各种手段，发展节能高效项目、清洁环保项目，加强污染治理、环境保护、缓解生态压力的能力和手段，实现能源的可持续发展，实现能源产业的集约发展。

（二）政策强度，构筑现代能源产业体系的重要保障

新疆应全面审视能源发展战略的方向和突破点，密切关注国家能源战略方向，仔细研究产业政策，准确判断产业发展趋势，全面规划新疆能源产业发展未来，在具有针对性的产业方向基础上制定能源产业发展政策及配套措施，确实提升新疆对能源产业企业的吸引力，引导能源产业聚集，促进能源产业发展。建立专职机构，统筹负责新疆能源产业发展的相关问题。统筹政策制定，统筹能源产业发展总体规划制定。协调与国家及其他地方政府的协作与竞争，争取国家政策支持和资金支持，特别是对投资、融资、税费等向国家提出具有针对性的、开创性的意见建议，加强新疆自身发展能力的积累与提升，加强与周边国家、地方政府的交流与合作。协调由新疆独特的兵地关系、中央企业和地方企业的关系等造成的能源产业发展的瓶颈问题，为新疆能源产业发展提供坚实的保障基础。

（三）基础设施，构筑现代能源产业体系的现实支撑

要加大新疆基础设施建设，优先安排能源产业基础设施建设。加大能源运输专线建设，解决突出的瓶颈制约。统筹规划、有序建设能源基地运输专线，以现有区域交通基础设施为基础，编制能源运输专线规划，通过建设客运专线，实现客货分流，形成既确保人员运输和对现有线路的改造利用，又形成新的运力，切实解决能源运输瓶颈。进一步加大新疆电网发展。电力是新疆加快发展、建立现代能源产业体系的必备保障。要进一步加快新疆各级电网建设，实现内通外联，实现"疆电外送"，充分发挥新疆火电、水电、风能、光能优势，加快将能源优势转化为经济优势和产业优势，加快实现满足新疆经济社会发展不断加大的电力需求，切实解决人民群众的生产生活问题，更好地实现经济发展成果人们共享。

（四）体制改革，构筑现代能源产业体系的核心动力

加快能源法制建设。为规范能源市场、保护生态环境提供法律保障。加强对周边国家法律与国内法律的区别与联系研究，增强对能源产业和企业的法律保护能力。加强能源行业管理。减少行政干预，简化行政审批。加强行业监管，建立科学的评价体系。加强能源统计、预测、管理体系建设，提高政府绩效。完善市场体制机制。鼓励民间资本、企业参与能源勘探开发，管线、管网、电网煤炭、石油、天然气上下游产业的开发与建设。在原油、天然气资源税改革试点基础上，扩大资源税费范围。积极推动价格机制改革。完善煤炭、石油、天然气、电力的定价机制。积极推进电价改革，理顺煤电价格关系。探索可再生资源配额交易等制度。推进能源市场体系建设，发展现货、长期合约、期货等交易形式。

参考文献

王宏丽编著《富饶新疆》，五洲传播出版社，2013。

努尔·白克力、王伟中、施尔畏主编《科技支撑引领新疆跨越式发展战略研究报告》，科技出版社，2012。

中国能源中长期发展战略研究项目组：《中国能源中长期（2030、2050）发展战略研究：综合卷》，科技出版社，2011。

B.10 中国西北地区扶贫开发研究

张芙蓉 *

摘　要： 西北地区贫困面大，贫困发生率高，在地域分布上呈现集中连片特征，自然环境较为恶劣。西北地区采取多种扶贫措施，如易地扶贫、整村推进、产业扶贫等，成绩显著，极大地减少了贫困人口。在新的扶贫阶段，西北地区的扶贫工作还面临一些问题，需要在发展中逐步解决。

关键词： 西北地区　扶贫　扶贫措施

西北地区贫困面广，贫困发生率高，是我国贫困发生重灾区。做好西北地区的扶贫开发工作对于减轻全国贫困负担、协调区域经济均衡发展、促进广大人民群众共享改革发展成果具有重要意义。同时，西北地区少数民族聚居较为集中，贫困问题又多发于民族宗教地区，做好西北地区的扶贫开发工作，对于我国的政治稳定、边疆和谐和民族团结具有重要意义。

一　西北地区贫困特征

（一）西北地区贫困面大，贫困发生率高

根据我国最新一轮的扶贫规划，西北地区总计有国家级扶贫工作重点县

---

* 张芙蓉，陕西省社会科学院助理研究员。

143个，占西北地区县域总量的50.7%，这一数据说明西北地区一半以上的县域处于贫困状态。实际上，此组数据尚属保守，如果再将各省区自定的贫困县涵盖在内，贫困范围还将更大。大面积的贫困区域聚集了大规模的贫困人口，根据国家最新确定的年收入低于2300元贫困标准，西北地区截至2013年初共有农村贫困人口1900万人，占农业总人口的30.82%，远远高于全国12.7%的平均值。其中，甘肃省农村贫困人口最多，为722万人，然后依次为陕西省689万人、新疆329万人、青海138.36万人和宁夏101.5万人。所占各省农业人口的比重分别为34.6%、24.9%、31%、38%和25.6%，贫困比例较高，即每四个农村居民中就有一个处于贫困状态。

（二）西北贫困人口多分布于集中连片困难地区和民族聚居地区

西北贫困人口多分布于集中连片困难地区。西北地区143个国家级贫困县中的120个县位于集中连片困难地区，占到贫困县总量的83.9%。其中甘肃省43个县全部位于集中连片困难地区，陕西37个、青海13个、宁夏7个、新疆19个县均位于集中连片困难地区，所占贫困县比重依次为100%、74%、86.6%、87.5%和70.3%。分布区域分别集中在六盘山区，该片区主要为西北连片困难区；秦巴山区，主要集中了陕西、甘肃的亚热带气候；吕梁山区，涵盖了陕西的陕北地区；四省藏区，涵盖了青海和甘肃的藏族地区。

西北贫困人口多集中于民族聚居地区。西北地区历来是我国重要的民族聚居地，贫困地区多集中在民族自治区。青海省有80%以上的贫困地区位于民族自治区，宁夏50%、新疆接近70%、甘肃45%以上的少数民族地区由于自然环境、宗教信仰、生活习惯和社会政策等多方原因，陷入贫困状态。

（二）西北贫困地区自然环境特征

从西北集中连片困难地区的分布状况来看，当前的贫困地区大部分集中在山区、丘陵和高原地区，生存条件比较恶劣，灾害频发。

目前，陕西省的贫困地区主要集中于陕南秦巴山区、陕北白于山区和黄河沿岸土石山区；甘肃省主要分布在中南部地区；宁夏主要分布于南部山区和中部干旱带；青海分布在东部干旱山区和青南高寒牧区；新疆主要集中在南疆四地州。这些地区自然禀赋较差,生产生活环境恶劣,主要呈现如下特征:秦巴山区群山连绵,盆地狭小,丘陵广布,耕地少,土质差,生态环境脆弱;同时,其又位于南北气候的分隔带和交接处,自然灾害频发。陕北白于山区和黄河沿岸土石山区,甘肃的中南部地区,宁夏的中部干旱带,新疆四地州的共同特点是水资源严重缺乏。除此共同点外,各区域又有各自的特点。陕北的白于山区水资源极度缺乏,甚至饮水经常成为问题,是典型的十年九旱气候环境。黄河沿岸的土石山区,山石广布,土层薄,植被稀少,水土流失严重。甘南和青海的藏区海拔高,气候高寒阴湿,不适宜农牧业生产。新疆三地州沙漠广布、植被稀缺,可用耕地少。

二 西北五省区扶贫开发措施及其效益

经过20多年尤其是新近10年的探索与实践,西北五省区基本形成了一系列行之有效的扶贫方法。这些方法在大的类别上主要有专项扶贫、行业扶贫和社会扶贫等三种,有的省份也将对口援助作为本省扶贫的重要依靠力量。在实际应用中,这些方法被具体设计成易地扶贫、整村推进、连片开发、科技扶贫、产业扶贫、金融扶贫和社会扶贫等措施。各省区在坚持上述方法基本原则的前提下,根据本省(区)的实际情况又进行了变通,部分省份还依据自身的特殊省情进行了方法创新。这些好的方法和经验对西北地区的扶贫开发工作起到了重要作用。下文将以扶贫方法为主线,介绍西北地区近年来扶贫开发工作取得的成绩和效益。

(一)易地扶贫成绩显著

易地扶贫又称移民搬迁,是指通过将自然环境恶劣、地质灾害易发地区的贫困群众,搬迁安置到自然条件和基础设施较好的地方,以促进他们脱贫致富的方法。西北各省区根据自身的实际情况分别探索出了不同的搬迁模式,适应了当地的扶贫搬迁需要。

分析总结西北五省区的移民搬迁方式,主要有以下几种类型:一是扶贫避灾移民工程。主要以陕西省为代表。陕西省根据自身贫困片区地质灾害、自然灾害多发的特点，开展了以陕南陕北为重点的扶贫避灾移民搬迁工程。二是不适宜生存地区的常规搬迁。此种搬迁方式最为普遍，几乎在每个省（区）都不同程度地存在，如甘肃、青海和新疆主要以此为主。三是生态移民工程。宁夏是生态移民的主战场，为修复生态环境，宁夏开展了大规模的生态移民搬迁工程，从2011年开始宁夏中南部地区的9个县、91个乡镇实施生态移民，截至2013年初，总计恢复生态区63.22万亩。青海为修复生态、退耕还林还草，在东部干旱山区、三江源高寒地区、柴达木沙漠化地区和环青海湖农牧交错区开展了生态移民工程。除上述三大移民方式外，部分省（区）还小规模地开展了一些其他类型的移民工程，如甘肃的游牧民族定居工程、新疆的危房搬迁改造工程等。

移民安置是移民搬迁的重点所在，在移民安置方式上，各省区都采取了土地集中安置和劳务移民相结合的方式，但不同的省（区）侧重点有所不同。如陕西省以两种方式的结合体为主，采取多元安置。陕西将移民搬迁与工业化、信息化、城镇化和现代农业相结合，对搬迁移民实施了就近安置和城镇化安置。在特色政策上，陕西省将"三无"（无依赖力量、无可靠收入、无安全住房）人员的安置作为重点，让每个"三无"户免费入住搬迁房，加快了移民搬迁的进程。宁夏在常规土地集中安置的基础上，将移民搬迁和城镇化建设有机结合，开创性地实施了劳务移民，通过为移民提供安置周转房和帮扶就业的方式，将搬迁移民转变成"新市民"。宁夏预计在整个移民搬迁工程中将有8.65万贫困人口转变为城镇居民。甘肃和青海则主要以农业安置为主，两省将干旱山区和高寒阴湿地区的贫困群众搬迁到综合条件较好的区域，通过农田调整和开发、基础农田设施的完善、农业结构的调整，为搬迁群众营造更好的致富环境。

易地扶贫作为扶贫开发的重要方式得到了西北各省区的充分重视，"十二五"以来，各省区的移民搬迁工作均取了巨大成绩。陕西省计划从2011年开始用10年时间，对易发灾害和自然环境恶劣地区的290万人实施避灾避难搬迁工程。两年来，陕西省在三大集中连片贫困地区已累计搬迁59.4万人。甘肃省从2001年国家发展改革委员会试点扶贫搬迁工作以来，截至2013年初，国家累计在甘肃投入116亿元，共搬迁贫困人口12.77万户64万人。宁夏计划"十二五"期间对中南部34.6万人实施移民搬迁。青海累计搬迁10余万贫困地区的农牧民。

（二）整村推进各具特色

"整村推进"是国家普遍推广的一项扶贫政策。其以村为单位，通过完善贫困村的基本生产生活条件和开发特色优势产业，奠定贫困群众的增收基础。西北五省区的"整村推进"工作发展较为成熟，已经成为各省惯常的扶贫措施，各省区每年都会有计划有目标地确定"整村推进"任务，同时也创新出了各自的特色。

陕西和甘肃从贫困村和贫困户的实际情况出发，具体问题具体解决，以"一村一策、一户一法"和"每村有一项支柱产业，每户有一个增收项目"为推进原则，通过发展特色产业、劳务移民、劳务技能培训、发展小额信贷服务等方式，高水准实施项目推进工作。同时，陕西省结合自身扶贫进程，在"整村推进"工程中，将扶贫资金有所侧重地偏向产业发展，提出"整村推进"产业发展资金所占比例不低于70%的原则，有力地推动了项目村的产业发展。2013年陕西省全面启动了1301个整村推进项目，安排扶贫资金共计4.34亿元，甘肃省在近600个村庄、16个片区开展"整村推进"工作。

青海"整村推进"工作注重产业化发展方向，致力于打造扶贫开发"整村推进"产业化基地。青海在"整村推进"工作中，采取贫困村连片集中开发的策略，集中连片扶持贫困村发展特色产业，实施规模生产、集约经营。在这一系列措施的推动下，青海省8个州（市、地）40个县（市）368个村的整村推进工程有序开展，截至2013年6月已使7.31万户29.95万人受益。

宁夏和新疆以基础设施建设为重点开展"整村推进"工作。宁夏以"六到农家"和"五通十有"为基本要求，建设完善基础设施和发展公共事业。新疆结合本省（区）实际，将"危房改造和水电工程配套"作为本省（区）整村推进的基本思路。

（三）产业扶贫百花齐放

产业扶贫是扶贫工作的主旋律，贫困地区的脱贫致富归根到底要靠产业发展。西北地区的产业扶贫方式主要有三种类型：一是发展产业扶贫项目，即通过政府提供扶贫资金补助引导当地群众以"一村一策，一户一法"的原则发展产业。二是扶持扶贫农头企业，即对辐射带动贫困户脱贫致富作用显著的企业进行扶持，主要是对在贫困地区从事粮油、果蔬、畜禽等生产、加工、存储、销售的企业进行贷款贴息扶持政策。三是为贫困户提供小额贴息贷款服务，支持贫困户发展生产。这些措施在助推西北贫困地区群众脱贫致富上发挥了重要作用。

在产业扶贫中，各省（区）立足当地传统产业，打造特色产业基地，同时积极扶持扶贫企业，打造农产品加工经营基地。如甘肃省以县、乡为单位发展特色种植业、养殖业、农产品加工业、乡村旅游业等。已经形成了万亩马铃薯基地、无公害蔬菜种植基地、药材种植基地、果园经济、林下经济、畜牧业养殖基地等多种特色产业。同时引进各种农产品、畜牧产品加工销售公司。

宁夏则以区为单位，整体谋划布局，发展本区分布范围广、潜力大、优势明显的产业。宁夏充分利用移民区残疾人较多的实际，创新发展"黄河善谷"慈善产业园，将其作为重要依托发展贫困县特色产业。宁夏在产业布局中，大力发展"三覆盖、五统一"① 优质粮食基地（每年发展100个粮食高产示范片）、中南部地区旱作节水农业、园艺产业（瓜、花卉、菜和设施水果）、脱毒马铃薯产业、清真牛羊肉产业、奶产业、枸杞连片基地、葡萄产业、牧草产业、红枣苹果道地中药材产业等。同时大力引进涉农企业，并创新了一系列扶持政策支持企业技术升级、做大做强。青海将产业发展与"整村推进"工程相结合，大力发展高效生态畜牧业，"十二五"以来，已建成各种特色产业连片基地311个。新疆立足本地传统产业，大力发展棉花、粮食、林果、畜牧等产业，并推进设施农业发展。

（四）金融扶贫逐步推进

金融扶贫通过为贫困地区群众提供简单、方便、易申请的金融服务，帮助贫困人口发展生产，脱贫致富。西北五省区的金融扶贫方式主要有三种：一是互助资金借贷。互助资金是村民成员为相互帮助发展生产，每人交纳一定的入

---

① 良种覆盖、测土配方施肥和病虫害专控防治达到100%，统一品种、统一播种、统一水肥管理、统一病虫防治、统一机械作业。

会资金,形成资本总量,互助协会通过向成员借款的形式实现互助行为。二是从扶贫资金中获得的小额贴息贷款。三是在政府协调下从银行获得利息补贴贷款。互助协会和扶贫资金小额贴息贷款在西北五省区普遍盛行,其中互助协会在陕西、甘肃和宁夏三省区发展较快,基本实现了贫困地区的全覆盖,青海和新疆处于初步推广试点阶段。甘肃省在前两种金融服务的基础上,创新出了双联惠农贷款服务。甘肃省政府与中国农业银行甘肃省分行进行沟通协商,通过出台财政贴息资金政策,鼓励农业银行为贫困户、农民专业合作社和企业提供双联贷款。双联贷款利率低、手续简便、无需担保,在助推贫困群众发展生产中发挥了巨大作用。从 2012 年开始,农业银行计划连续 5 年,每年为甘肃省安排 60 亿元的双联专项贷款。甘肃省财政厅配合安排相应的资金进行全额全程贴息。双联惠农贷款截至 2013 年上半年已经完成了甘肃省 58 个贫困县 8790 个贫困村和 17 个县 443 个插花型贫困村的全覆盖。双联惠农贷款为解决贫困群众发展资金问题提供了新的路径和启示。

(五)社会扶贫扎实到位

为了有效落实责任,整合资源,有效扶贫,各省区都创新开展了各具特色的社会扶贫工作。

陕西开展了省直机关、事业单位与贫困村结对子的"两联一包"① 工作。省级领导、部门与贫困村对接,定点帮扶,责任到单位到人。同时号召社会力量参与扶贫工作,从 2011 年开始,三年来共计有近 3000 家企业在陕西结对帮扶贫困村。总计投入资金 10.08 亿元,帮扶项目 5900 个。

甘肃开展了以部门联系贫困村、干部联系特困户为主要内容的联村联户"双联"工作。"双联"工作覆盖了甘肃省 58 个贫困县的 8790 个贫困村,由 40 多万名干部帮扶 40 多万深度贫困户。在社会帮扶上,甘肃省开展了商会企业帮扶贫困县的活动,通过一会一企帮一县或多会多企帮一县的形式,推动全

---

① 联县联乡包村扶贫工作。帮扶形式:副省级以上现职领导干部联系一个扶贫开发工作重点县,包扶一个重点村;省级各部门、各单位联系一个扶贫开发工作重点县,帮扶一个贫困乡(镇),包扶一个扶贫开发工作重点村,规模大、实力强的单位要包扶 2~3 个重点村;县(处)级单位联系一个贫困乡(镇),包扶一个重点村。

省 18 个县的社会扶贫工作。

青海采取"一个单位结对共建一个村、多个单位结对共建一个村、一个单位结对共建多个村"的形式，2013 年在 300 个村庄推进"党政军企共建示范村"工作。以加强改善贫困地区生产生活条件为目的，推进农牧户院墙大门改造、危房道路改造和村庄环境治理工程。

宁夏从 2011 年开始在本区推进"扶贫到户，责任到人"的"双到"扶贫工作，"双到"扶贫工作以户为单位采取差别化的扶持方式，从产业发展、社会救助等多个方面进行帮扶。在促进产业发展中对特色产业、养殖业给予财政补贴，对特困户赠与互助协会股份并纳入低保范围。

三 存在的问题与对策

（一）西北扶贫工作存在的问题

1. 扶贫政策宣传不到位，影响政策执行效果

整体而言，扶贫政策在各省区的宣传力度均不足。在很多地方，群众对扶贫政策"知其然，不知其所以然"，如知道一些扶贫政策名目，但不了解具体的详细内容，如政策的来源、作用、目的以及如何申请等。还有一些地方，群众知之更少，往往不了解政出哪门。对很多扶贫惠民政策，当地群众都是"看见别人这样做，自己也试一下"。甚至很多人由于不知道政策的原委，产生"优惠政策只有托关系才能申请到"的想法。

2. 整村推进项目规划设计与群众意愿不统一

整村推进项目在设计理念上是值得肯定的，但在具体执行中，部分推行原则和产业化发展思路与群众意愿不符，遭到群众抵触。整村推进工作主要包含两大块内容，一块是基础设施建设，另一块是产业发展。近两年来，各省区均有加强产业发展的趋势。这就直接导致了问题的产生。首先，西北五省区部分贫困村庄基础设施建设的欠账还较大，但随着近两年政策导向的变化，整村推进重点向产业发展偏向，基础设施建设力度减弱了，而基础设施建设是群众认同度最高、实施愿望最强烈的扶贫措施，这就造成了扶贫思路与群众意愿有出入的问题。其次，在产业发展上，部分地区的产业扶贫项目设计与当地实际不符，在推行中群众热情不高，多流于形式。

3. 搬迁移民增收需要过渡期，政府要长期重点扶持

移民搬迁前处于绝对贫困，搬迁后陷入相对贫困。虽然政府采取了大量措施促进移民增收，但由于发展底子薄，搬迁耗尽了财力；发展基础差，迁入区土地等自然禀赋量少质差，生产设施建设滞后、产业发展起步晚；自身文化程度低等多因素制约，移民增收较慢，与当地居民相比，收入差距较大，依然处于相对贫困状态。可以看出，制约搬迁移民发展的原因多属于客观因素，需要较长的发展周期逐渐缓解。

4. 产业基地建设虎头蛇尾

西北五省区很多地方依据当地的传统特色建立起了产业基地，如甘肃定西的马铃薯基地全国驰名。但很多产业基地在建设过程中都存在"虎头蛇尾"的现象，前期工作准备充分，搭建了基本框架，在后期细节工作方面，如基础设施建设、农业设施建设却拖拖拉拉或者草率了事，这严重影响了基地农民和入驻企业的生产生活。这在90%的产业基地调查报告中都有所反映。所以希望在今后的产业基地建设中，能够整合资源建设一个，完善一个，放手一个，注重效率和质量。

5. 资源整合困难重重，需要设置机构专职负责

几乎每一个扶贫基层单位都有整合资金、重点推进的愿望，但实际中由于政出多门，专款专用的体制，资源整合难度很大。不同的扶贫项目归属不同的管理部门，一旦项目批复就要依照对口管理部门的规章制度执行，不能随意调整变动，这样基层单位调度整合各项资源进行重点建设的难度就很大。而经常情况下，专项资金多存在蜻蜓点水之嫌，一项扶贫资金很难保质保量地支撑起申报项目，更不要说重点建设某个项目。所以打破部门之间的管理界限，出台整合资金管理的措施方法，设立专门负责整合资金管理的部门，建立资金整合会协商机制十分必要。

（二）几点建议

1. 加强扶贫政策的宣传解释工作

让群众了解吃透政策是群众应用政策脱贫致富的前提。所以针对扶贫工作中出现的上述问题，西北各省区政府应该引起高度重视，做好政策的宣传解释工作。具体可以通过扶贫干部入村宣传讲解，如宁夏针对该问题在2013年开展了万名干部入村进户宣讲扶贫政策活动，取得了较好的效果；具体政策实施部门张贴政策海报，让前来办理业务的群众了解政策内容，再以口口相传、分发宣传册等形式宣传扶贫政策。

2. 建立群众参与评价机制

要解决扶贫规划、项目设计与群众意愿不一致的问题，首先要建立扶贫对象参与机制。扶贫对象是扶贫工作最具发言权的群体，将扶贫的主动权交给他们，由他们提供扶贫思路，走自下而上的扶贫路。这就要求做好做扎实扶贫方案的前期调研工作。在扶贫工作开始前组织召开村民大会，听取群众的意见和建议，如应该优先解决什么问题、本村适合发展什么产业等，在制定扶贫规划时充分体现群众意愿。对产业发展没有过多思路的村组，扶贫工作组可以根据当地情况提出扶贫方案与群众商讨，均衡形成群众认可的扶贫计划。只有形成群众认可的扶贫规划，群众才会真心实意地配合和践行，扶贫工作也才会取得实效，否则多会流于形式，沦落成"应付检查一阵风""马路两边面子工程"或者变相造血式扶贫。

其次，要建立群众评价机制。将"群众满意不满意"作为衡量扶贫工作效果的唯一标准。一方面，各省区脱贫心切，普遍存在急功近利的思想，形成了一些和群众期望不符的规划思路。结果适得其反，不仅脱贫效果不明显，而且民怨载道，损坏了政府清廉务实的形象。另一方面，现有的扶贫评价机制都是既当裁判员又当运动员。各省区的扶贫办都是既组织实施扶贫工作，又组织验收工作，可谓自娱自乐。而真正的利益关联体却没有发言权。要想扶贫工作真见实效，就必须让贫困群众参与评价，这样才能真正确保扶贫工作落到实处。

3. 设定搬迁移民发展过渡期

政府要对搬迁移民的发展、脱贫问题设置过渡期，在一个过渡期内，如十年，政府要坚持搬迁初期的扶贫政策，尤其是补贴政策。部分地区的调研资料显示，搬迁四年的移民收入组成中，60%家庭的40%收入依然来自财政补贴。搬迁移民前期的收入多来自外出务工，随着田地的逐渐改良优化和特色产业尤其是果林业的逐渐成形，搬迁移民的收入才会进入增产加速稳定期，所以对搬迁移民实施扶持过渡期十分重要。

4. 创新扶贫企业融资机制

在产业基地建设中，扶贫企业的发展与特色产品的生产同等重要。在我国各领域产能普遍过剩的情况下，产品的销售是关键所在。对农户而言，扶贫企业就是他们直接的顾客，这个顾客的胃口有多大，取决于扶贫企业自身的发展水平。现阶段，扶贫企业因融资难问题普遍呈现规模小、技术水平低、加工链短的状态。中小企业融资难一直是一个难以解决的问题，扶贫企业也不例外。但扶贫作为一项政治任务，又具有特殊性，可以以政府的名义，通过成立扶贫企业担保公司解决融资问题。甘肃省的双联惠农贷款，在政府的介入下解决了农民的贷款问题，那么可以以同样的原理解决扶贫企业的贷款问题。

5. 各省区协同扶贫

西北五省区贫困地区多集中在各省区的交界处，虽然区域比较集中，但是在行政管理上又各有其主。在往昔的扶贫工作中，各省区一般都是单打独斗，致力于自己的一亩三分地，缺乏与其他省区合作的理念。所以形成的项目很多规模有限，经济效益没有最大化。如果各省区能够利用贫困片区省际相连的特点，根据本省（区）的连片疆域与交界省（区）相互合作，协同作战，那么其经济效应一定会远远大于各省独自扶贫的效果。

开 放 篇

Open Development Reports

B.11
陕西建设内陆开放型经济高地研究

高云艳*

摘　要： "十二五"以来，我国深入推动对外开放的发展战略，陕西省作为西部地区的重要省份，经济发展处于上升通道，但是明显存在经济外向度低的短板。本文立足于国内外经济发展形势，从陕西省的外贸、外资和对外经济合作发展现状深入分析，结合陕西省在政策形势、基础设施、科技教育、能源和文化资源领域的比较优势，指出了陕西省建设内陆开放型经济高地的制约因素，并提出了解决问题的对策建议。

关键词： 陕西　内陆　开放型经济高地

---

* 高云艳，博士，陕西省社科院金融投资所助理研究员，研究方向为区域金融。

一 陕西省建设内陆开放型经济高地的经济发展现状

2013年，陕西省经济整体发展企稳向好，国际国内产业转移显现了陕西省的后发优势，国家和地区的对外开放战略支撑了陕西省对外开放格局的形成。2013年1～8月，陕西省实现生产总值6777.73亿元，同比增长11.0%。2013年陕西省投资增速较快，1～8月陕西省完成固定资产投资（不含农户）9179.40亿元，同比增长25.8%，居国内第十位，比全国平均水平高出5.5个百分点。2013年1～9月，陕西省外贸进出口总额140.42亿美元，同比增长37.89%，其中出口71.55亿美元，增长28.61%；进口68.87亿美元，增长49.06%。2013年1～8月，陕西省实际利用外资19.77亿美元，同比增长20.2%，外资引进已成为促进陕西开放型经济发展的助推器。2013年陕西省对外经济合作运行稳健，1～9月，陕西省对外承包工程业务完成营业额12.4亿美元，同比累计下降5.20%，对外劳务人员实际收入总额6525万美元，累计增长20.99%。

本文重点从外贸、外资和对外经济合作三个方面分析陕西省的经济发展状况。

（一）陕西省对外贸易发展状况

本文采用外贸依存度作为地区开放度的评估与衡量指标，对2008年到2012年5年间的陕西省的外贸依存度进行了分析，陕西省外贸依存度在全国的排名基本维持在第24～27名之间，在西部地区的排名居第7～9名之间，比较靠后，说明陕西省外贸对经济的发展贡献不明显（见表1）。在表2中可以发现，除了2012年和2010年，陕西省进口增速均高于出口增速。2012年，陕西省进口增速罕见地出现了负增长。陕西省外商投资企业进出口额占比呈现上升趋势，2010年和2012年占比两度超过40%，呈现陕西省外资外贸联动发展态势。2013年上半年外贸依存度为7.56，在全国排名第27位，西部排名第9位。2013年1～9月陕西省外贸进出口额增速为37.89%，比2012年同期高出12.49个百分点（见表3）。

表1 2008~2012年及2013年上半年陕西省外贸依存度与位次

年份	外贸依存度	全国位次	西部位次
2008	8.44	26	9
2009	7.03	24	7
2010	8.09	25	8
2011	7.56	26	8
2012	6.46	25	7
2013年上半年	7.56	27	9

注:由于西藏2012年数据缺失,故该区未纳入2012年度排名,2013年上半年数据来自陕西经济信息网。

表2 2008~2012年及2013年1~9月陕西省出口和进口增速

年份	出口(万美元)	增速(%)	进口(万美元)	增速(%)
2008	538082	15.1	294801	33.3
2009	398815	-25.9	441724	49.8
2010	620822	55.7	589347	33.4
2011	703503	13.3	761225	29.2
2012	865200	23.0	614700	-19.3
2013年1~9月	715500	28.61	688700	49.06

注:2008~2012年数据来源于国家统计年鉴和省公报,2013年1~9月数据来源于陕西省商务厅网站。

表3 2008~2012年陕西省外商投资企业进出口额占比

年份	外商投资企业进出口额(万美元)	占比(%)
2008	538082	24.99
2009	398815	30.06
2010	620822	41.82
2011	703503	38.43
2012	865200	41.55

(二)陕西省外资利用状况

1. 省际对比

(1)外资利用总额及增速

在2008~2012年的5年间,陕西省年度实际利用外资总额累计达99.92

亿美元，在全国的位次除了2008年，近4年则一直保持在第21位，在西部居第4位。2012年四川和重庆进入国内年度实际利用外资额超过100亿美元的省份与城市，陕西与重庆和四川相比仍有一定差距。

在2008～2012年的5年间，陕西省年度实际利用外资增速位次波动比较大，在全国的排位介于第4～24位，在西部的排位处于第3～9位。2012年在西部排名第3，是近5年最前位次，这和韩国三星项目在陕落户有很大关系，也侧面反映出陕西省近两年对投资环境的高度重视及发展外向型经济的决心。

2013年1～8月陕西省实际利用外资19.77亿美元，比上年同期16.45亿美元增加3.32亿美元。

表4　2008～2012年陕西省实际利用外资额和增速及位次

年份	金额（亿美元）	全国位次	西部位次	增速（%）	全国位次	西部位次
2008	13.70	22	4	14.60	24	9
2009	15.11	21	4	10.30	16	7
2010	18.20	21	4	20.50	11	6
2011	23.55	21	4	29.40	9	6
2012	29.36	21	4	24.70	4	3
合计	99.92			99.50		

注：由于西藏2012年度数据缺失，故该区未纳入2012年度外资额排名和各年度外资增速排名。

（2）外资贡献

比较2008～2012年间的发展走势，陕西省利用外资合计到位资金占固定资产投资比例基本保持在2%以下，说明陕西省外资对经济发展的促进作用还有潜力待挖掘。2013年1～8月，外资贡献率为1.34。

2. 省内各市（区）比较

长期以来，西安市一直都是陕西省引进外资的主战场，2012年西安市实际利用外资额占全省的比例接近85%，其他10个市（区）的引资比例均不超过3%。

表5 2008~2012年及2013年1~8月陕西利用外资
合计到位资金占固定资产投资比例

年份	外资合计到位资金(亿美元)	固定资产投资总额(亿元)	比例(%)
2008	13.70	4851.41	1.96
2009	15.11	6553.39	1.58
2010	18.20	8561.24	1.44
2011	23.55	10023.53	1.52
2012	29.36	12840.13	1.44
2013年1~8月	19.77	9179.40	1.34

注：2008~2012年人民币兑美元平均汇率及年度固定资产投资总额来自各年度陕西省统计年鉴及公报，2013年1~8月数据来自陕西省统计局网站，人民币兑美元平均汇率用2013年上半年平均汇率。

从2008~2012年的5年比较来看，西安市实际利用外资占全省的比例一直保持在80%~85%。2013年上半年，比例一度高达92%。2013年上半年，全省11个市（区）的外资实际到位排序是西安实际进资17.02亿美元，商洛4164万美元，咸阳4737万美元，还有部分市区没有实际进资。

表6 2012年度陕西省内市（区）实际利用外资额

市（区）	实际到位外资(亿美元)	位次	占全省比例(%)
西安	24.79	1	84.41
商洛	0.85	2	2.89
咸阳	0.71	3	2.42
渭南	0.62	4	2.11
宝鸡	0.6	5	2.04
杨凌	0.4	6	1.36
榆林	0.3	7	1.02
安康	0.3	7	1.02
汉中	0.3	7	1.02
铜川	0.3	7	1.02
延安	0.2	8	0.68
合计	29.37		

表7 2008～2012年及2013年上半年度西安市实际利用外资总额及全省占比

年份	西安市实际利用外资（亿美元）	陕西省实际利用外资（亿美元）	占全省比例（%）
2008	11.47	13.70	83.72
2009	12.19	15.11	80.68
2010	15.67	18.20	86.10
2011	20.05	23.55	85.14
2012	24.79	29.36	84.40
2013（上半年）	17.02	18.5	92.00

注：西安市数据来自各年度西安市国民经济和社会发展统计公报和陕西省商务厅网站。

（三）陕西省对外经济合作发展状况

从陕西省2008～2012年对外经济合作发展状况的分析可以看出，除了2009年，陕西省对外劳务合作业务派出人员在全国排名基本保持在前20名，西部保持在前3名。西部劳务输出优势明显。增速受各种因素影响，波动幅度很大。2008～2012年，陕西省对外承包工程营业额在国内排名维持在18名或靠前，西部地区居前3名。2008～2012年，陕西省非金融类对外直接投资额大幅增加，国内排名居第13～17名之间，中游位置，西部地区排名一直维持在前5名。彰显出陕西省在西部地区发展对外经济合作的相对优越性。2013年1～9月，外派各类劳务人员4974人，同比下降15.52%，新设境外企业22家（其中境外机构4家），办理境外投资变更事宜8项，协议投资总额为30835.701万美元，同比下降62.40%；中方实际投资18457.7644万美元，同比下降47.25%。投资国别主要分布在美国、吉尔吉斯斯坦、伊朗等国家和地区，涉及装备制造、矿产资源勘察开发、批发零售等领域。

表8 2008～2012年及2013年1～9月陕西省对外劳务合作派出人员及排名

年份	对外劳务合作业务派出人员（人）	全国排名	西部排名	增速（%）
2008	6648	16	3	
2009	2335	22	5	-64.88
2010	7638	16	2	227.11
2011	6651	19	3	-12.92
2012	8408	17	2	26.42
2013年1～9月	4974	—	—	-15.52

注：数据来自国家外汇局网站（西藏无数据不参与排名），2013年1～9月数据来自陕西省商务厅网站。

表9 2008~2012年陕西省对外承包工程营业额及排名

年份	对外承包工程营业额(万美元)	全国排名	西部排名	增速(%)
2008	77989	14	2	343.04
2009	62543	18	3	-19.81
2010	81022	18	3	29.55
2011	136256	16	2	68.17
2012	167927	16	2	23.24

注：因西藏数据缺失未纳入排名，数据来源于国家外汇局网站。

表10 2008~2012年陕西省非金融类对外直接投资额及排名

年份	非金融类对外直接投资额(万美元)	全国排名	西部排名	增速(%)
2008	14499	14	3	
2009	22462	13	2	54.92
2010	28920	17	5	28.74
2011	44816	16	3	54.97
2012	54887	14	5	22.47

二 陕西省建设内陆开放型经济高地比较优势

（一）国际经济发展形势的有利性

2013年世界经济保持低速增长态势，金融形势好转。欧债危机缓解，经济趋于稳固，美国政府虽然出现"政府关门"插曲，但不会阻碍其经济复苏大走势。在国际贸易发展中，服务贸易所占比例逐渐提升，高端服务外包人才和信息通道等主要影响因素突显出陕西省在科技、信息基础设施和高端人才资源等方面的后发优势；在国际产业转移的未来发展中，跨国公司将产业链的高端环节向中国转移趋势明显，而沿海城市对外贸易特色是低端制造业加工，附加值低，能耗大，竞争劣势开始显现，而陕西省作为中国西部地区科技教育发达、高端人力资源丰富、生活成本低廉的内陆区域对跨国公司的吸引力将极大提升。

(二)国内发展战略形势的有利性

自"十二五"规划以来,从国家到地方,深化开放成了发展战略的核心。国家"十二五"规划中明确将加快发展内陆开放型经济纳入国家总体开放的战略层面。在西部大开发"十二五"规划中强调加快发展内陆开放型经济,全面推进西部地区对内对外开放,打造内陆开放型经济战略高地。陕西省"十二五"规划指导思想指出要着力破解经济外向度低的难题。就陕西省的部分城市未来发展来看,西安市已被国家明确要求建设成国际化大都市;宝鸡城市副中心发展规划中,强调加大对外开放力度,努力建设内陆型开发开放高地先导区,进一步扩展对外合作领域,积极承接产业转移;渭南市建设陕西东大门规划强调依托承东启西的区位优势,面向大中原,融入大西安,连接陕晋豫,扩展对外开放空间。

(三)陕西省对外开放基础设施建设的比较优势

经过多年的努力建设,陕西省的基础设施体系日渐完善,支持对外开放的服务能力显著增强。目前,陕西省航空、铁路和公路交通发达,西安咸阳国际机场是区域性枢纽机场,全国八大机场之一,已开通飞往东京等地数十条国际航线。"两纵五横四枢纽"铁路网络基本形成,西安市地铁1号线和2号线顺利通车,正在加快建设的覆盖陕西省全省的高速公路网络实现了"4小时陕西"和"8小时周边"。陕西省通关环境趋于便捷,逐步形成以西安为中心,东有渭南、西有宝鸡、南有汉中和北有榆林延安的海关机构布局,并与多地开展了区域通关合作。陕西省水电气的基础设施趋于完善优化。陕西省内已形成一定数量且涵盖国家、省和市县各级的开发区体系,为陕西省推动对外开放、承接产业转移和外商投资提供平台。"省市共建,以省为主"的西咸新区在国内引起高度关注。2012年陕西省拥有9个中心城市国家级开发区,居全国第12位,西部第一。

(四)陕西科教资源优势

陕西省的高等教育在全国处于较为领先的地位。陕西省共有高等学校97所,其中普通高等学校79所。拥有"985"和"211"高校的数量均排名在全

国前列，西部地区首位，彰显了教育资源的过硬实力。

全年地方登记的科技成果、合同成交总额、专利数量及陕西省高端人才资源等都具有一定的竞争优势。喀什经济特区的设立、宁夏内陆开放型经济试验区的成立及"丝绸之路经济带"的战略构想，使陕西的对外开放有了更广阔的发展空间。

（五）陕西能源和文化旅游资源优势

陕西省是我国的能源大省，石油、天然气和煤炭等矿产资源储量排名均居全国前列，在建设内陆开放型经济高地中具有绝对优势。陕西省文化资源丰富，投资开发的潜力巨大。陕西省拥有的国家级历史文化名城、4A级以上风景区和全国重点文物保护单位的数量分别为6处、48处和138处，均居全国前10位，西部地区前3位，比较优势显著。

三 陕西建设内陆开放型经济高地的制约因素

深入分析，将陕西省建设内陆开放型经济高地的制约因素归纳如下。

（一）投资环境有待全面优化，目前仍然存在办事效率低、基层项目建设服务不到位等问题

陕西省投资环境近年在省委省政府的高度重视下，软硬件环境均有大幅改善。但是投资环境独特的综合性、动态性、相对性、差异性和先在性等特点决定了投资环境的优化是一个长期坚持的过程。一个地区经济的发展促使企业对地区投资环境的期望值不断提升。当前，陕西省已进入要求经济、政治、文化、科教、人才、金融及城市化水平、人居环境等系统优化、整体提升阶段。然而陕西省投资环境建设中仍然存在政府办事效率低、基层项目建设服务不到位等问题，包括土地报批、证照办理、劳务纠纷处理和非银机构融资成本等服务范围，严重阻碍了陕西省提升经济外向度、建设内陆开放型经济高地的进程。

（二）陕西吸引外资以西安为主，外资功能未实现经济建设全盘支撑

从2008~2012年度陕西省各年度实际利用外资总额占全省该年度固定资产比例来看，陕西一直维持在1%~2%，拿2011年度来说，陕西为1.61%，而该年度上海、天津的比例分别为16.40%、11.93%，陕西较低的比例显示外资在全省投资领域发挥的作用仍非常微小。在陕西省的领域内，外资引进以省会城市西安市为主。

（三）陕西招商引资优惠政策体系层次较低、竞争力不强

目前国内的招商引资政策可分为三个层次：第一层次为地方要素倾斜型和地方服务倾斜型，特点是本地政府自行制定，给予外来投资企业土地、资金等要素倾斜以及注册、报批等服务倾斜；第二层次为国家规划倾斜型和国家政策倾斜型，特点是将区域发展上升到国家政策和国家规划层面，直接获得来自国家及国务院各部委的支持；第三层次为国家法律突破型和国家政策突破型，特点为部分区域在获得国家允许的改革试点权后，直接突破现有法律和现有政策的规定，使得在该区域投资的企业获得在中国任何其他区域均无法享受到的特殊政策。从效用角度来看，第三层次优惠政策具有垄断性，效用最大。陕西省的招商引资政策体系以第一、第二层次为主，尚未实现突破。

（四）陕西省开发区总体发展水平不高

陕西省开发区平台为陕西省建设内陆开放型经济高地提供了巨大的支撑作用。通过对陕西省开发区的相关统计分析，陕西省目前各类开发区总数量接近200个，但是各开发区建成区面积占规划面积的平均比例仅为33.7%，从总体上反映出陕西省开发区虽然数量很多，但整体开发程度不高，开发区在基础设施完善程度、开发运营模式等方面仍有很大的提升空间。

四 陕西建设内陆开放型经济高地对策建议

（一）向国家积极争取设立"西安内陆自贸区"，力争最大的政策红利

陕西省目前招商引资政策体系含金量不足，竞争力不够。设立"内陆开放型经济试验区"又被宁夏领先一步。当前，借着国家2013年设立"上海自贸区"的东风，积极争取设立"西安内陆自贸区"，争取最大化的政策支持，顺势而为把西安的发展提升到国家战略层面，以点带面，从而提高陕西省的整体经济实力。西安目前有中国最大的陆地港口和2个功能齐全的综合保税区，可以以保税区为基础建立自由贸易区，在金融服务、加工、物流、结算等领域进一步与世界接轨，2013年底即将开通连接西安、新疆、中亚乃至欧洲的"新丝路"国际货运班列，使得由西安通过欧亚大陆桥运往各国的货物将有望实现"属地报关、一关到底"。"丝绸之路经济带"的战略构想进一步显现了陕西省申报"西安内陆自贸区"时机成熟，比较优势明显。"西安内陆自贸区"的设立将会大力提升陕西省贸易和投资自由化，同时也要强化和"宁夏内陆开放型经济试验区"的进一步合作，加快陕西省建设内陆开放型经济高地的进程。

（二）充分开发建设现有开发区

目前全省有副省级超大新区1个，各类国家级开发区约20个（含国家级高新区、国家级经济技术开发区、文化示范区、综合保税区、生态示范区等），还有省级开发区、省级工业集中区、现代服务业示范区、农业园区、文化园区合计近200个，但是陕西省各开发区在基础设施完善程度、开发运营模式等方面仍有很大的提升空间。如何做好现有开发区是陕西提升招商引资和对外开放的关键点。应借鉴国内其他省市的开发区建设经验，结合陕西开发区建设的实际，大力创建开发区建设的有效机制和措施。建议由陕西省政府发起设立陕西省开发区建设总公司，介入市县级工业园区的开发建设。

（三）明确陕西省外资引进以西安为主，实行点状突破、高端引领和"三外"联动策略

西安是陕西省利用外资的最主要城市。从2008~2012年的5年比较来看，西安市实际利用外资比例一直保持在80%~90%。做大陕西外资未来仍主要是做大西安。相比较其他地市，西安的优越投资环境和开放氛围对外资更具强烈的吸引力。建议陕西可以考虑接触更多的类似三星项目一样的高端引领、带动力强的潜在项目，引资目标可以有针对性地锁定世界500强、国家主权财富基金和私募股权基金等。倾向于加大对外向型产业的培育，推进建设陕西跨境电子商务、陕西电子口岸等公共服务平台建设，充分发挥国际港务区、综合保税区和出口加工区等海关特殊监管区的功能，强化外经、外贸、外资"三外联动"。

（四）优化投资环境，提供亲商、安商、兴商的政务氛围

城市发展的历史实践证明，全球生产要素总是向投资环境优越的地区聚集。毋庸置疑，新形势下投资环境是地区生产力、凝聚力和竞争力。陕西省要建设内陆开放型经济高地，必须要强化开放意识、竞争意识和机遇意识，充分发挥陕西的比较优势，打造对海内外客商具有吸引力的投资环境。针对陕西省投资环境存在的办事效率低、基层项目建设服务不到位的问题，强化各级政府的服务职能，以诚待商，守信于民，从细节入手，营造亲商、安商、兴商的政务氛围。变被动审批为主动服务，建立商务部门到重点外向型企业定期走访巡回机制和跟踪反馈机制；建立和完善重大项目落地协调机制；积极探索推动外资项目并联审批制度；进一步精简和下放审批权限，加强省市联动，通过举办西洽会等大型招商活动，搭建高层次、常态化的经济合作平台等。

B.12 重振丝绸之路与甘肃向西开放研究

马亚萍 索国勇[*]

摘　要： 在阐述重振丝绸之路与甘肃向西开放历史和现实环境基础上，本文分析了甘肃对外开放的特征，从通道经济视域重点分析了甘肃实施向西开放及丝绸之路经济带发展战略所具有的优势，提出了顶层设计多层次立体化，培育专门从事外向型经济的企业，建立伊斯兰经济文化特区，把甘肃省建成我国内陆国际物流中转、集散、配送中心和加强向西开放理论研究的对策建议。

关键词： 重振丝绸之路　甘肃向西开放

重振丝绸之路与向西开放是甘肃在新时期鉴于地缘优势实行全方位对外开放独具特色的模式，即在加强与东南沿海横向联系，加大与西欧北美、日本和东南亚等国对外开放力度的同时，向西开放拓展与俄罗斯、中亚、东欧及中东经济文化交流，形成"双向开放、内外循环"的对外开放新格局。

一　重振丝绸之路与甘肃向西开放历史与现实环境

（一）历史环境

甘肃位于丝绸之路要道，是我国古代开放前沿。横跨欧亚的古丝绸之路贯

---

[*] 马亚萍，回族，甘肃省社会科学院西北少数民族女性与社会性别研究中心主任，副研究员，中国统一战线理论研究会民族宗教理论甘肃研究基地研究员，主要研究方向为民族社会学及其少数民族女性；索国勇，藏族，甘肃省社会科学院政治所副所长，副研究员，主要研究方向为中国藏传佛教及藏族文化。

穿甘肃全境，使之成为我国古代对外商品贸易走廊，正如《后汉书·西域传》记载："立屯田于膏腴之野，列邮置于要害之路。驰命走驿，不绝于时日，商胡贩客，日款于塞下。"汉代之后历代各朝均通过丝绸之路与天竺（印度）、大食（阿拉伯）、波斯和大秦（东罗马帝国）建立了密切的政治经济文化联系，并进行了交流，甘肃境内由此逐渐形成了河湟、陇右和河西走廊等多个商业经济中心，从而成为我国古代西北国际交流中心、桥梁及对外开放窗口。

甘肃经济社会发展具有多民族和开放性特征。历史上甘肃是我国民族经济文化交流荟萃地，民族迁徙频繁，加之位于农业和草原经济过渡地带，是少数民族生息繁衍区域，匈奴、吐蕃、回鹘等民族都在甘肃留下了其经济社会发展足迹及丰富文化遗迹。

甘肃是我国古代西北民族区域经济交易中心。茶马贸易是以丝绸、茶叶及畜产品为主的传统民族贸易，交易对象是中原与北方和西北少数民族，贸易方式以边境互市和贡赐为主。如汉代时中原以丝绸、茶叶换取匈奴、大宛等的马匹。史载东汉"元和元年……武威太守孟云上言北单于复愿与吏人合市，诏书听云遣驿使迎呼慰纳之，北单于乃遣大且渠伊莫訾王等，驱出马万余头来与汉贾客交易"①。明代在西北设置了6个茶马司，其中5个在甘肃境内，丝绸之路是西北各少数民族共同开发的结晶。

甘肃是中西文化交汇地。佛教、伊斯兰教、基督教世界三大宗教，汉藏、阿尔泰和印欧三大语系以及汉、阿拉伯、印度、突厥等多种文化荟萃甘肃，著名的敦煌莫高窟是中西多元文化交流的见证。1900年在敦煌藏经洞中发现5万多卷经书，提供了从公元3世纪至11世纪中国古代经济社会文化发展和对外交流的真实资料，展示了我国古代西北地区繁荣的商业经济和中西文化交流全貌。公元8世纪，伊斯兰文化沿丝绸之路传入中国，成为我国穆斯林信仰纽带，如回族是阿拉伯、波斯人因经商、战争征发而来到中国与当地各民族融合形成的。中阿文化交融形成了以穆斯林各民族为主的西北商业经济圈，如甘肃河州、张家川等，民族商业经济圈的形成极大地推动了西北地区经济社会发展。

---

① 《后汉书·西域传》卷89。

因此，秦汉以来直至明清，甘肃是我国尤其是西北国际贸易、民族互市和区域商品经济前沿及中西文化交流荟萃地，丝绸之路铸就了甘肃在我国古代对外开放及中西经济文化交流中的重要地位。

（二）现实环境

实施西部大开发战略开启甘肃重振丝绸之路与向西开放序幕。2000年中央决定实施西部大开发战略，2010年国家对甘肃定位是"连接欧亚大陆桥的战略通道和沟通西南、西北的交通枢纽，西北乃至全国的重要生态安全屏障，全国重要的新能源基地、有色冶金新材料基地和特色农产品生产与加工基地，中华民族重要的文化资源宝库，促进各民族共同团结奋斗、共同繁荣发展的示范区"[①]。2013年提出发展丝绸之路经济带战略，甘肃因此成为我国向西开放及丝绸之路经济带的"重要战略平台"。

政策叠加助力向西开放。为支持甘肃发展，中央制定了《国务院办公厅关于进一步支持甘肃经济社会发展的若干意见》（简称"国扶47条"）等政策，2012年国务院批准兰州新区建设，2013年国务院批准甘肃华夏文明传承创新区建设。从"国扶47条"到两个新区建设，国家密集出台了一系列支持甘肃发展及对外开放的特殊政策，为甘肃省加大对外开放尤其向西开放、重振丝绸之路以及实施丝绸之路经济带发展战略提供了良好机遇，创造了难得的现实条件和发展环境，甘肃自此踏上利好政策叠加期和黄金发展期，步入了奋力赶超、转型跨越历史阶段。

经济社会发展成就为甘肃向西开放、重振丝绸之路以及实施丝绸之路经济带发展战略提供了全方位支撑。自新中国成立以来，甘肃经济社会发展步入快速发展轨道，综合实力不断提升。"2012年甘肃国民经济生产总值预计5569亿元，扣除价格因素，2008～2012年年均增长11.5%。"[②]"十一五"期间，全省累计投资9931亿元，年均增长31.05%，大口径财政和地方财政收入年均分别增长24%和23.4%。基础设施建设显成效，2012年全省"公路通车里

[①]《国务院办公厅关于进一步支持甘肃经济社会发展的若干意见》，国办发〔2010〕29号。
[②] 甘肃省统计局和国家统计局甘肃调查总队提供给甘肃省"两会"统计服务系列材料。

程12.45万公里，高速公路通车里程为2606公里，67个县通二级以上公路，97.5%的乡镇和50%建制村通沥青路或水泥路；铁路运营里程2880公里"①。开辟了多条国内国际航线，新建了张掖、夏河等机场，通航机场7个。生态环境得到明显改善，完成了引洮供水、石羊河、黑河流域治理以及黄河上游重要水源补给区生态保护和建设等"十大超百亿工程"。民众生活和公共服务水平稳步提高，2013年"上半年全省城镇居民人均可支配收入达到9327.32元，同比增长10.9%，增速居全国第3位；农民人均现金收入2736.10元，同比增长13.2%，增速居全国第9位"②。实施"城乡九年义务制免费教育，城乡居民社会养老保险、新型农村合作医疗、城镇职工和居民基本医疗保险实现全覆盖"③。金昌、天水和白银等3个开发区上升为国家级开发区，省内区域经济合作广泛。对外开放力度加大，对外缔结43个国际友好城市，分布在全球五大洲28个国家，53个国家和地区投资者在甘肃投资置业，2010年甘肃省对外投资在全国排名由2006年第17位上升为第5位，2013年1~8月甘肃省外贸进出口总值达69.04亿美元，比上年同期增长2.14%，出口增速排名全国第3位。

二 甘肃对外开放特征及向西开放通道分析

改革开放以来，甘肃省坚持实施"引进来""走出去"相结合的对外开放战略，不断完善对外开放体系，积极投身于国内外合作交流，开放程度不断提升，初步形成了以优势企业为龙头，以招商引资和项目建设为支撑，以兰州新区、华夏传承创新区等园区为载体，以产业开放为主要内容的全方位、宽领域、多层次、立体化对外开放格局。

（一）对外开放特征

1. 对外开放初步形成全方位、大开放、多元化格局

甘肃对外开放呈现外贸经营主体、出口产业及市场多元化，对外贸易结构

---

① 甘肃省统计局和国家统计局甘肃调查总队提供给甘肃省"两会"统计服务系列材料。
② gansu. gansudaily. com. cn.
③ 刘伟平：《2012年政府工作报告》。

不断优化、规模显著扩大的发展趋势。甘肃具有外贸经营权企业2000余家，贸易伙伴遍及全球137个国家和地区，2013年1~8月国有企业进出口额38.28亿美元，占同期全省进出口总额的55.45%；私营企业进出口额29.5亿美元，占同期全省进出口总额的42.73%。出口产业多元化（见表1）；出口产品结构进一步优化，2013年1~8月甘肃省外贸进出口总值69.04亿美元，比上年同期增长2.14%，其中进口总值39.67亿美元，比上年同期增长7.01%，出口总值29.37亿美元，比上年同期下降3.78%。

表1　2012年甘肃省进出口贸易分类情况

单位：亿美元，%

指标	2012年	比上年增长
海关进出口总额	89.05	1.99
出口额	35.74	65.53
一般贸易出口	27.13	130.00
加工贸易出口	1.97	-27.85
机电产品出口	10.78	109.45
高新技术产品出口	0.28	27.46
进口额	53.31	-18.88
一般贸易进口	49.46	-13.05
加工贸易进口	2.36	-69.80
机电产品进口	1.85	13.65
高新技术产品进口	0.79	223.75

资料来源：2012年甘肃省国民经济和社会发展统计公报。

2. 经济文化合作环境良好，对外开放空间容量大

甘肃在历史积淀、现实发展成就、政策叠加、区位优势以及科技发展水平等诸多因素助推下，在向西开放过程中，依托古丝绸之路和新亚欧大陆桥等交通干线，打造丝绸之路经济带，为甘肃对外开放尤其是向西开放提供了良好合作环境，拓展了开放空间。甘肃抢抓机遇，采取多种措施改善对外开放环境，通过举办国内、国际经贸洽谈，走出去、请进来等多种形式和途径与国内外尤其是欧亚地区进行了广泛交流合作。甘肃省多次组团参加东盟博览会、西洽会、亚欧博览会等省外展会，在省外举办多场项目推介会，宣传甘肃省投资环境、重点产业、招商项目等,取得良好效益。2013 年甘肃成功举办了第十九届兰洽会,该届兰洽会招商引资签约额比第十八届兰洽会增长 30%,达到 5000 亿元以上,贸易成交额达到 20 亿元以上。2013 年 7 月,甘肃省"新建、续建省外、境外招商引资项目 3225 个,累计到位资金 2547.97 亿元,同比增长 93.51%,其中境外项目 51 个,到位资金 38.26 亿元,占全部到位资金的 1.5%;兰州新区到位资金 83.26 亿元,占兰州市到位资金的 13.59%"①。第二届"敦煌行·丝绸之路国际旅游节"实现旅游收入 100.6 亿元。"敦煌行·丝绸之路国际旅游节"、天水伏羲文化节、甘南香巴拉旅游节等经贸洽谈会,促进了国家、地区、行业和企业间多层次、宽领域、全方位合作交流,成为甘肃招商引资的重要载体和对外开放的窗口。被誉为 20 世纪中国舞蹈经典剧之作的大型民族舞剧《丝路花雨》自 1979 年首创以来,先后赴中国内地、香港以及日本、意大利、美国等 20 多个国家和地区演出了 1800 多场。新近创造的《大梦敦煌》截至 2011 年 9 月底,在全国 32 个城市与欧美多个国家演出 920 场。多渠道、宽领域的对外开放模式为甘肃对外开放营造了良好的经济文化合作环境,甘肃国际会展中心、甘肃大剧院建成使用成为甘肃省新时期对外开放平台和窗口的重要标志。

(二)向西开放通道分析

甘肃具有向西开放通道优势和基础。甘肃在我国向西开放通道中拥有坐中四连的地理及中心区位优势,多年来,对外与欧亚等国建立了密切的经济文化交流,对内与通道沿线各省、自治区、直辖市在互惠互利基础上,实行互相开放,在工业、农业、能源、交通、生态以及信息服务等方面进行全面合作,通过通道进行技术、人才、信息等方面互相交流与资源优化配置,建立了广泛的区域经济合作,已取得的对外开放成就为甘肃未来向西开放通道奠定了深厚基础。

1. 立体化交通网络提升了向西开放战略通道支撑力

甘肃是我国沟通西南西北的交通枢纽和连接欧亚大陆桥战略通道。甘肃

---

① 《兰州晨报》2013 年 8 月 13 日,A6~8 版。

"东接陕西，东北与宁夏毗邻，南邻四川，西南与西部连接青海、新疆，北与内蒙古自治区和蒙古人民共和国接壤"①，具有坐中连四的地理位置和区位优势，是西北铁路网和公路网中心。省会所在地兰州市位于陇海、兰新、包兰等多条铁路干线及国道312线和国道109线等公路交汇点。改扩建后的西陇海铁路线（第二条欧亚大陆桥）是西北连接内地与中亚、西亚的重要通道，有1600多公里穿越甘肃境内。此外，空运方面甘肃开辟了多条国内国际航空线路，海路通道方面2001年开通兰州—天津集装箱直通式铁海联运通道，空海运输能力较以前大幅度提升。目前，甘肃海陆空立体化交通网路初具规模，极大地提升了甘肃省向西开放及丝绸之路经济带的战略通道支撑力。

2. 资源丰厚和特色区域经济奠定了向西开放通道产业链基础

（1）资源丰厚为甘肃向西开放及丝绸之路经济带通道产业链奠定了资源基础。甘肃自然资源丰厚，日照长，温差大，全省75%以上地区全年日照2500小时，日照百分率达60%～80%，光资源丰富；土地资源肥沃，人均耕地居全国第6位，未垦宜耕地1948.41万公顷，可开发利用荒地202万公顷，是我国五大牧区之一和重要畜产品生产基地；水资源总量584.8亿立方米，目前仅利用121.9亿立方米，占总量的20.8%。水能理论蕴藏量为1700多万千瓦，可装机容量1070万千瓦以上；矿产种类齐全、储量高，省境内共发现各类矿产148处，矿产地3000多处，已探明储量矿产资源有94种，储量居全国前5位有31种，其中镍、铂等10个矿种居全国首位；新能源资源丰厚，风力资源居全国第5位，"风能资源总储量约为3.1亿千瓦，风能资源技术可开发量约为2.36亿千瓦、可开发面积逾6万平方公里……目前包括酒泉风电基地等得到开发利用的风能资源不足总储量的二十分之一"②。甘肃是我国太阳能资源最为丰富的三大区域之一，年太阳能总储量为72万亿千瓦。人文资源厚重，是华夏文明重要发祥地和世界文明交汇之地，其历史遗产、经典、民族民俗及旅游观光等四类文化资源丰厚程度居全国第5位。"各类不可移动文物点1.8万处，国家级历史文化名城4座，省级8座，国家级历史文化名镇4座，

---

① 《甘肃省情》，甘肃人民出版社，1988，第29页。
② www.sina.com.cn，2011年12月8日。

省级19座,馆藏各类文物40多万件,其中国家一级文物1000多件,国宝级16件……有57项列入国家非物质文化遗产保护名录,甘肃花儿被列入世界非物质文化遗产名录。"① 甘肃是现代文化创新地,创作了大批有影响力的作品,如《读者》、舞剧《丝绸之路》《大梦敦煌》等,各类优势资源产业开发潜力大成为甘肃省向西开放及丝绸之路经济带通道产业链的资源基础。

(2) 特色区域经济奠定了甘肃向西开放及开发丝绸之路经济带通道产业链基础。甘肃在复合区位优势带动下,以科技创新、现代农牧业、文化产业、特色产业、工业强省战略、强化区域经济发展为支撑,实现了经济跨越发展。"2012年生产总值由2007年2704亿元增加到5569亿元,年均增长11.5%;外贸进出口额由55亿美元增加到89.05亿美元,增长61.9%,年均增长10.12%;规模以上工业增加值由956.7亿元增加到1880亿元,增长0.9倍,年均增长13.7%;市县工业增加值占全省总比重31.26%,提高5.2个百分点,高技术工业增加值增长18.2%,战略性新兴产业增加值占全省工业增加值总比重的9.5%;兰白核心经济区、河西新能源和新能源装备制造业基地、陇东能源化工基地、关天经济区和酒泉、金武经济一体化步伐加快,兰州、白银、酒泉、天水、庆阳5市经济总量占全省比重由57%提高到60.3%,实施承接产业转移项目985项,总投资3028.59亿元,实际到位资金1432.08亿元,与天津、安徽、广东、福建等省市区签订多项战略合作框架协议;综合科技水平从全国第21位提升到第17位,科技进步对经济贡献率由37.5%提高到42.5%;启动实施国家级旱作农业示范区建设,推进土地流转,加快现代农牧业发展,构建了以循环草食畜牧业、设施蔬菜、优质林果、道地中药材为主的区域性特色及绿色、高效的现代农牧业立体化发展格局,农业增加值增长8.1%,提高2.2个百分点,畜牧业增加值由88.4亿元增加到160亿元,扣除物价因素年均增长3.9%;围绕文化大省建设,依托'1313'工程,构建了以丝路文化带为主体的文化产业发展格局,2011年文化产业产值占全省生产总值的1.24%,2006~2011年年均增长15.07%"②。甘肃因复合区位优势、经

---

① 刘进军等主编《甘肃文化发展分析与预测(2013)》,社会科学文献出版社,2013,第25页。
② 根据刘伟平《2012年政府工作报告》整理。

济社会转型发展成就和重视区域合作战略,初步形成了国内外、省内外及园区内外对外开放的良性循环发展格局,为其向西开放及开发丝绸之路经济带通道奠定了雄厚的产业链基础。

甘肃向西开放涉及经贸、教育、文化、艺术、科技等多领域,因此,未来甘肃省应围绕"抢机遇、畅通道、兴产业、搭平台、优环境"的通道发展战略,依托新能源、装备制造业、生物制药、承接东中部产业转移示范、石油化工产业和西部商贸物流基地,打造国际旅游目的地及文化交流等领域,强化甘肃向西开放及丝绸之路经济带通道。

三 重振丝绸之路与甘肃向西开放对策

(一)创新理念,顶层设计多层次、立体化

在中共"十八"提出"五位一体"综合发展战略背景下,我们认为重振丝绸之路与向西开放是未来甘肃发展战略中一项时间跨度较长,涉及经济、政治、文化、教育和民族关系等诸多经济社会发展领域的综合性系统工程。因此,甘肃在向西开放及发展丝绸之路经济带过程中,在开放战略顶层设计中应创新理念,做到多层次、全方位的立体化;在注重进取和发挥本省潜力的同时应重视区域合作,充分利用西部通道趋同力;正确处理民族宗教文化、经济利益及民间交往关系,在充分利用民族宗教文化资源的同时,必须注意防止国外敌对政治势力渗透和宗教的负面影响。

(二)调整产业结构,培育专门从事外向型经济的企业

培育丝绸之路经济带和经济主体网络。依托甘肃复合区位优势,充分发挥甘肃省交通枢纽和连接欧亚大陆桥战略通道作用,利用国家把关中—天水经济区建设成内陆型经济开放开发战略高地有利时机,以及甘肃省现有各级各类高新技术和产业开发区资源,培育丝绸之路经济带和经济主体网络。对位于兰新—陇海铁路沿线的天水、兰州、酒泉、嘉峪关等大中城市,在现有产业基础上,依据各自资源和产业优势,采取产业链和资源整合创新、组团发展模式,

加快产业调整步伐，提升其对外经济文化交流的能力，有重点地培育一批具有发展外向型经济潜力的企业集团，积极承接国内外产业转移，实现在承接中转型、在转型中升级，形成"赶"与"转"有机结合的新经济格局，使之成为甘肃省对外经济增长点。同时对铁路沿线的旅游地区进行重点和深度开发，以麦积山、敦煌等著名旅游景点为基地带动周边新景点，重点发展旅游经济，加快向西开放进程。

（三）拓展视角和思维空间，建立伊斯兰经济文化特区

建立"伊斯兰经济文化特区"。甘肃拥有独特人文资源环境，丝绸之路沿途分布着为数不少的穆斯林民族，文化类型具有共性。在甘肃本土文化中，包含着伊斯兰文化，在向西开放及建设丝绸之路经济带中，会缩短与中东、中亚地区心理距离。应充分发挥甘肃省自古至今与中亚西亚的地缘、历史、民族宗教以及经济文化联系优势，建立"伊斯兰经济文化特区"，既可遏制外来宗教势力渗透，也把负效应约束在可控制范围内，以提升自身开发能力与推动甘肃省向西开放。甘肃向西开放不仅是纯经济问题，而且是关乎全省社会发展诸多领域内涵丰富的综合性系统工程，注重挖掘向西开放软实力——文化资源，利用省内民族宗教文化资源和中央给予建立国家级两个"共同"示范区优惠政策，以有"旱码头"之誉的临夏回族自治州为中心建立"伊斯兰经济文化特区"。同时省上出台相关政策支持阿拉伯国家及世界穆斯林地区企业和机构在特区设立商会等商务服务机构，加强中阿文化及旅游资源开发合作，打造具有鲜明文化特色的国际旅游产业。

（四）开辟陆空立体交通网，把甘肃省建成中国内陆国际物流中转、集散、配送中心

架设空中丝绸之路，开辟陆空立体交通网，提高向西开放及发展丝绸之路经济带的支撑力。纵览世界经济社会发展轨迹，每次技术进步和交通运输工具改进，均是改变区域发展格局的重要因子，新交通技术也将成为改变甘肃向西开放空间发展格局的推动力。甘肃在向西开放及发展丝绸之路经济带进程中，交通基础设施建设是不可缺少的重要环节，在建设过程中创新交通基础设施投

融资体制，鼓励和引导民间资本进入交通基础设施建设领域，加快交通基础设施建设，构建综合交通运输体系，从根本上改善投资环境硬件设施，吸引更多外资及东部发达地区资金及企业入驻甘肃。在改善陆路交通的同时，应加大空中交通建设，形成通达的国内国际航空运输网，与陆路交通网连为一体，构成四通八达陆空立体交叉的国际交通大通道，力争把甘肃省建成中国内陆国际物流中转、集散、配送中心。

（五）加强向西开放理论研究

建立"甘肃向西开放研究会"。以甘肃省社会科学院为主体，联合在甘高校、新闻媒体以及长期从事对外经济文化工作部门的实际工作者，定期召开学术研讨会，就甘肃省向西开放进程中相关问题进行深入持续的多学科、多层次、宽领域研究探讨，有计划地培养一批理论功底厚实、实际经验丰富的理论工作者，加强开放型人才队伍建设，为甘肃省向西开放及丝绸之路经济带建设提供智力和人力资源支持。

B.13 宁夏内陆开放型经济试验区研究

张耀武*

摘 要： 宁夏内陆开放型经济试验区建设是"国家所需、宁夏所能"的重大战略。因此，必须充分发挥比较优势，突破制约条件，走超常规发展之路。发展思路是围绕"四大战略定位"、构筑"三大平台"、落实"五项任务"、拓展"五大开放合作领域"、建设"八大基地"、注重顶层设计和发展路径选择。发展举措是打造"清真宁夏"品牌、构建空中与"海陆管"经贸走廊大通道体系、创造更加开放的发展软环境、以人文交流促经贸合作、构建世界穆斯林投资融资金融中心和离岸结算中心、建立"中阿"自由贸易区、构建我国能源生产储备加工战略基地。

关键词： 宁夏 内陆开放型 经济试验区

改革开放 30 多年来，我国逐步实施了从沿海到内地、从东部向西部、从局部到全面的开放战略，开放模式也由最初的外向型经济向开放型经济发展模式转型。但对于广大内陆地区来说，特别是地处西北内陆地区的宁夏，由于地理位置、资源禀赋、政策支持等多方面的原因，开放型经济的发展和理论认识等还处于较低层次。2012 年 9 月，国务院批复同意宁夏设立内陆

---

* 张耀武，宁夏社会科学院综合经济研究所副研究员，县域经济研究中心副主任，主要研究方向为农村经济、区域经济。

开放型经济试验区,对宁夏发展开放型经济带来了重大机遇,同时也带来了前所未有的挑战,特别是如何推动宁夏内陆开放型经济快速、健康、可持续发展,是一个关乎宁夏政治、经济、社会、文化、生态文明建设的重大现实问题。因此,宁夏内陆开放型经济试验区建设引起了社会各界的广泛关注。

一 内陆开放型经济的内涵及特征

开放型经济是商品、资本、劳动力和技术等要素可以较自由地跨国界、跨区域流动,从而实现最优资源配置和最高经济效益的一种经济发展模式。开放型经济强调的是把国内经济和整个国际市场联系起来,尽可能充分地参加国际分工,同时在国际分工中发挥出本国经济的比较优势。在经济全球化的趋势下,发展开放型经济已成为各国的主流选择。[1][2]

内陆开放型经济则是指地处内陆地区的某一区域,通过吸引和聚集国内外商品、资本、劳动力和技术等要素,承接国内外产业转移,带动当地经济社会发展的一种经济发展模式,是开放型经济概念的进一步拓展和延伸[3]。内陆开放型经济与沿海、沿边开放型经济比较,最主要的特征是所处地理位置的不同,造成二者之间的人流、物流、资金流、信息流的不对称,特别是进出口货物运输距离和运输方式的不同,导致货物运输量和运输成本差异巨大。

沿海地区货物运输以水运为主,运输能力大、运输成本低。在铁路、公路、航空、水路和管道运输等5种运输方式中,水运运输能力最大,通用性能强,劳动生产率高,平均运距长。远洋运输在我国对外经济贸易中占有重要的地位,我国有超过90%的外贸货物通过远洋运输来完成,水运是发展国际贸

---

[1] 郑吉昌:《经济全球化背景下中国开放型经济的发展》,《技术经济与管理研究》2003年第5期,第9~11页。
[2] 李明武、袁玉琢:《外向型经济与开放型经济辨析》,《生产力研究》2011年第1期,第30~32页。
[3] 全伟、李锡智、王方:《内陆开放型经济发展战略路径初探——以重庆市九龙坡区为例》,《特区经济》2009年第3期。

易的主要方式。

而内陆地区则由于远离海岸线，进出口贸易货物运输以铁路、公路、航空运输为主，与水运相比，则存在运输能力小、能耗高、成本高、劳动生产率低等不足之处。因此，内陆地区在发展开放型经济时，必须考虑开放型经济的一般性要求和内陆性要求相结合的特点，应选择发展适合铁路、公路、航空运输，并可以公铁联运、铁水联运的对外贸易物资和产品，以降低对外贸易的物流运输成本①。

宁夏深居我国内陆地区，不沿边、不靠海，发展对外贸易深受物流运输条件的制约，但具有回族人文、特色农业、西部旅游等资源优势。因此，发展内陆开放型经济，必须充分发挥比较优势，突破制约条件，选择合适的发展路径，走超常规发展之路。

二　宁夏内陆开放型经济试验区发展的战略选择

（一）宁夏试验区主要发展思路

根据国家发展改革委2012年9月14日印发的《宁夏内陆开放型经济试验区规划》，宁夏提出了围绕"四大战略定位"、构筑"三大平台"、落实"五项任务"、拓展"五大开放合作领域"、建设"八大基地"的"四三五五八"发展思路。

"四大战略定位"：打造国家向西开放的战略高地，国家重要的能源化工基地，重要的清真食品和穆斯林用品产业集聚区，承接产业转移的示范区。

"三大平台"：以沿黄经济区为平台，推进区域经济合作；以中阿博览会为平台，拓展对外交流合作；以综合保税区为平台，引领外向型经济发展。

"五项任务"：创新对外开放体制机制，建立特色优势产业开放合作机制，推进能源领域的开放合作，提高对外开放支撑保障能力，构建和谐稳定的社会环境。

---

① 李继樊：《对重庆建设内陆开放型经济的理论与实践思考》，《重庆社科文汇》2010年第5期。

"五大开放合作领域":推进经济贸易、能源开发、科技教育、文化旅游和投资金融等领域的开放合作。

"八大基地":建设国际旅游目的地,国家大型综合能源化工基地,西部地区承接产业转移基地,清真食品和穆斯林用品集散地,区域战略性新兴产业基地,特色农产品生产加工基地,新亚欧大陆桥重要的物流中转基地和中阿合作人才培训基地。

(二)注重顶层设计,实施规划先行

宁夏内陆开放型经济试验区建设承担着国家"向西开放战略"的重任,是国家向西开放的"战略前沿"。历史经验和发展规律表明,不论是城市建设还是产业发展,必须规划先行,规划是前提、是基础、是关键。因此,宁夏内陆开放型经济试验区建设要特别注重"顶层设计,规划先行"。

目前,虽然国家已经批复了《宁夏内陆开放型经济试验区规划》,但这个《规划》仅是一个总纲,还需要制定与之配套的实施方案和相关专项规划。强调规划先行、优化布局,是变"先做后想"为"先谋后做"。要按照宁夏及周边地区的资源禀赋、基础条件,以及在国家发展大格局中的地位和作用,以更长远的眼光、更宽广的视野来分析形势、谋划未来,围绕"四三五五八"发展思路,做好顶层设计,编制分项目、分阶段、高标准的发展规划实施方案,带动人口和生产要素由农村向"特色城镇—产业集聚区—县城和城市组团—中心城区"集聚;进一步增强城市的辐射带动作用,形成强劲的招商引资、项目引进的聚合效应,推动"产城一体,园城一体"协调发展,才能实现城乡之间、组团之间、集聚区之间的科学配置、合理流动,实现相互促进、共同繁荣。

创造更加开放的发展软环境,激发市场主体创造活力。要简政放权,改革行政审批制度。下放权力、减少程序、转变职能,真正实现"小政府、大社会"的局面。借鉴上海自贸区建设的发展思路,建立试验区投资负面清单制度,要在贸易便利化、服务贸易开放、投资管理改革、金融改革上敢想、敢试、敢闯。在"想"中拓宽视野,在"试"中探索前行,在"闯"中开辟新路。政府要从创造环境入手,做服务型政府、法治型政府、责任型政府。要充

分促进自由创业者、民营企业家们积极创业，鼓励和扶持全民创业，让一切创造社会财富的源泉充分涌流。

（三）发展路径选择

依据宁夏的区位条件、突出优势和制约因素，宁夏内陆开放型经济试验区建设应选择如下路径。

1. 向西开放与全方位开放同步进行

宁夏向西开放首先应选择走"以文促经"的路径，积极参与中国对阿人文外交的实践。积极扩大文化艺术、教育科学、体育卫生、新闻出版、旅游等领域合作和民间交流，加强同国外非政府组织、民间商会、社会精英、智库专家学者的交流。充分发挥人文优势，通过"以文促经、以文招商、以文交友、互利共赢"推动与中东产油国在能源、经贸等领域的合作。同时，宁夏要积极实施全方位开放战略，加大开放力度，延伸开放深度，拓宽开放广度，构建面向欧亚大陆乃至世界的对外开放新格局，促进国家战略全面展开。

2. 走新型工业化与现代服务业之路

就是大力发展以信息化为基础的智能工业、循环工业等新型工业。因此，不能到处都发展重工业、煤化工等，而是要调整结构，转型升级，大力发展循环经济，节能降耗，从而实现党中央提出的科技含量高、经济效益好、资源消耗低、环境污染少、人力资源优势得到充分发挥的新型工业化目标。现代服务业重点发展产业服务业、企业服务业、家庭服务业、个人服务业，这四种服务业在我国有着巨大的潜在需求。

3. 走"高、精、尖"之路

宁夏内陆开放型经济试验区发展路径不能走"粗放式"道路，各个产业都要在做优做强做精和延长产业链上谋出路；要放手发展民营经济，大力实施"创业富民、创新强宁"的发展战略；走旅游、会展、金融、信息等高端产业之路。

要以中阿博览会为平台，继续推进中阿全面战略合作伙伴关系，强化中阿高层互访沟通机制，建立民间交往互动机制，加强与阿方新闻媒体的交流与合

作。坚持扩大民间交流，在文化艺术、教育学术、经贸往来、会议旅游、医疗保健、商会社团和青年互访等方面为双方交流创造更加开放的环境，为"走出去"与"引进来"提供便利，推动交流的阶层向基层延伸，人员结构向民众侧重，活动项目向双方民生贴近，交流区域向民间拓展。要突出民间主体作用，兼顾民间交流的代表性与民众参与的广泛性，使中阿博览会成为民间民众交流的舞台、相互合作的平台。

三 促进宁夏内陆开放型经济试验区发展的对策

（一）打造"清真宁夏"品牌，构建全球清真产业"服务器"

品牌是独一无二的，消费者所购买的是品牌。宁夏要精心设计，实施"清真宁夏"品牌战略，让国内和世界一提到清真就想起宁夏，就想起宁夏的清真产品。要深挖宁夏文化内涵，将宁夏的文化元素注入，文化是成就和促进品牌发展的内生动力。引导培育宁夏清真企业转变理念，注重品牌，走第一步卖产品、第二步卖清真文化的道路。

1. 打造宁夏国际清真产业投资平台

充分发挥宁夏独特的回族伊斯兰文化优势和中国清真食品穆斯林用品专业委员会、中国回商大会、中阿博览会落户宁夏的优势，建立银川清真产业保税区，全力打造银川—吴忠国家级清真食品和穆斯林用品加工基地和投资平台，与中国伊斯兰教协会合作，组建国家级"HALAL"食品产业国际认证合作机构，积极引进国内外大型清真产业企业和研发机构，通过制定与国际接轨的行业及产品标准、不断研发新产品、注册国际商标、开展国际认证、组织规模化生产、国际化营销等活动，将宁夏打造成全国一流的国际清真食品及穆斯林用品研发中心、认证中心、集散中心。

2. 实施清真食品走内销、穆斯林用品走外销战略

从马来西亚发展清真产业经验来看，近年来，马来西亚每年都要举行国际清真食品展和世界清真产品论坛，通过搭建贸易和交流平台，不断将马来西亚的清真产品推向国际市场，逐步发展成为清真产品及服务的生产和销售中心。

相关数据显示，全球清真食品和穆斯林用品的年贸易额逾20000亿美元，仅清真食品年贸易额就达1500亿美元，且呈逐年上升趋势①。但目前我国清真食品贸易额占全球总额的比重还比较小，我国清真食品产业参与国际市场竞争的能力还比较弱。因此，可供我国清真食品产业开拓的国际市场空间还有较大潜力。

从国际和国内市场清真食品状况来看，目前宁夏的清真牛羊肉在国内的市场"品牌"响亮，供不应求。据市场调查，2013年6月，宁夏市场零售的清真牛羊肉为68元/公斤，而同期迪拜市场的鲜活清真牛羊肉所售的价格与宁夏持平。因此，在清真食品方面，尤其是清真牛羊肉方面，应该走国内市场路线，而在穆斯林用品方面走对外贸易路线。

3. 培育国际化的清真产业"服务器"

宁夏应在"中国清真食品网"的基础上，改建中国国际清真产业电子商务门户网，与国内知名电商联合建立全球清真产业的"服务器"——全球清真产业网络体系，为清真产业企业提供全球化的网上营销推广渠道。② 同时，在国际交往日益繁密的今天，知识产权、版权贸易越来越受到各国的重视，宁夏要建立国际穆斯林文化版权数据信息中心，利用其独特的回族伊斯兰人文优势，在涉及穆斯林版权贸易、创意设计、影视、现代传媒、出版印刷、数据信息库、知识产权、图书的进出口、图书的采购等方面进行拓展和设计，发挥职能作用或者贸易中介作用，以抢占先机和制高点。

（二）构建空中与"海陆管"经贸走廊大通道体系

从三个层面构建完善国际国内物流"大通道"体系。

1. 构建宁夏全域及链接周边地区的快铁系统

着眼于宁夏未来发展的需要，积极构建从北到南、从西到东的宁夏全域快铁，2.5小时畅游全区。注重合理、高效，综合利用已有的轨道和将要建设的通道相互衔接，积极争取建设银川—西安、银川—北京、银川—兰州等地的高

---

① 郑一晗、李琳海、骆晓飞：《中国清真食品产业在机遇与挑战中拓展国际市场》，新华网，http://news.xinhuanet.com/2013-05/02/c_115615321.htm，2013年5月2日。
② 宁夏党校区情研究中心课题组：《宁夏清真产业发展现状与对策研究》，《宁夏党校学报》2011年第13卷第6期。

铁快铁系统，形成连接区内、周边及国外的物流大通道、旅游大通道、能源大通道。

2. 建设"海陆管"能源、经贸走廊

构建"一海二管四陆"国际能源、经贸走廊大通道，包括如下。

"一海"：宁夏—天津港的海上运输丝绸之路，现已通行。

"二管"：一管为"宁亚伊"油气能源管道，自伊朗到中亚（土库曼斯坦，经乌兹别克斯坦和哈萨克斯坦），进入中国霍尔果斯后，通过西气东输二线，再到宁夏。另一管为"宁巴伊"油气能源管道，即伊朗—巴基斯坦—新疆喀什—宁夏中卫。

"四陆"：一为"宁亚伊"铁路通道，即宁夏—霍尔果斯—中亚（土库曼斯坦，经乌兹别克斯坦和哈萨克斯坦）—伊朗。二为"宁巴伊"铁路通道，即宁夏—新疆喀什—巴基斯坦—伊朗。三为"外煤进宁"公路铁路通道，即蒙古国煤炭—策克口岸—额济纳旗—查干德日斯—吉兰泰—阿拉善左旗—宁夏中卫。四为"宁新欧"铁路通道，即宁夏银川—中卫—新疆（霍尔果斯或阿拉山口）—连接欧亚大陆桥（经过哈萨克斯坦、俄罗斯、白俄罗斯和波兰，到德国的杜伊斯堡港）。

3. 建成空中经贸大走廊，向西航空重要门户

要在银川河东国际机场的基础上，申请第五航权（市场准入权，授权国允许承运人的定期国际航班在授权国下载来自第三国的客、货，或从授权国装载客、货飞往第三国）。逐步把银川建成面向西亚、中东地区的重要航空门户，真正发挥第五航权的作用，与相关国家达成开通新的国际航线协议。

（三）构建世界穆斯林投资融资金融中心，建设离岸结算中心

第一，设立穆斯林金融服务窗口和业务。在宁夏现有的各个银行开设穆斯林金融服务窗口和业务，培养专业人才，熟悉穆斯林金融业务、法律制度等，为将来中东客商到宁夏从事贸易活动，拓宽渠道和提供服务。

第二，在宁夏成立世界穆斯林银行。搭建服务国内穆斯林金融和吸引中东、东南亚及世界穆斯林金融的窗口和平台。同时，吸引中东海合会国家、东南亚国家在宁夏设立银行和金融机构。联合中东海合会国家发行伊斯兰债

券、发展信托基金，投资领域可以在航空运输、能源贸易、石油运输等方面。

第三，建设离岸结算中心。争取国家支持，在综合保税区开展与阿拉伯国家及穆斯林地区进行跨境人民币结算、人民币境外投资、个人外币兑换等业务，同时，在中东和东南亚发行外币债券等。

（四）建立"中阿"自由贸易区，设立投资免税区

党的十八大报告强调要"加快实施自由贸易区战略"，这是全面提高开放型经济水平的一个现实途径和重要方式。由于自由贸易区具有"贸易创造"和"贸易转移"效应，其必然形成谁参加谁受益、谁不参加谁被边缘化的结果，全球自由贸易区发展浪潮正在深刻影响着世界经济政治格局。中阿之间已建立了良好的经贸关系，加快实施"中阿"自由贸易区战略的形势十分紧迫。

自由贸易区的开放是一种以局部带动整体、安全而高效的开放。建立"中阿"自由贸易区，应设立投资免税区，吸引国内外投资者，实行更加自由的优惠免税政策。可以在互惠互利基础上，在能源贸易、货物贸易、服务贸易、投资等领域相互开放市场，开展合作。这样不仅可以拓宽我国经济发展空间，更好地承接国际产业转移，推动企业加快走出去步伐，还可以保障我国战略资源供应。

（五）构建我国能源生产储备加工战略基地，建设新能源新技术示范基地

宁夏应充分利用当地的回族人文优势和能源化工产业发展优势，积极加强与中东产油国的合作，在大力发展宁东能源化工基地的基础上，利用中卫市拥有连接西北与华北的第三大铁路交通枢纽、是欧亚大通道"东进西出"的必经之地、国家"西气东输"横穿全境的便利条件，扩大宁夏能源基地建设规模和范围，在中卫市以北的半荒漠地区建立我国新的能源战略储备加工基地、能源应急中心和能源生产加工技术研发中心。尝试将中东石油输入宁夏并建立承接中东石油投资基地，同时鼓励和培育本土能源化工企业在新疆建立"飞地工业园区"或者"走出去"在中东从事石油加工等项目。

同时，宁夏近年来大力发展光伏产业，先后在石嘴山、吴忠、中卫等地建设了光伏电站，在新能源建设和利用方面发挥了示范效应。特别是中卫市银阳公司在1400亩的沙漠上建成了30兆瓦的光伏电站，并正在建设万亩沙漠光伏电厂。在沙漠上发展太阳能光伏产业不但可以合理利用沙漠，而且可以在万亩沙漠光伏板下铺设麦草方格、种植苜蓿以此治理沙化。建议在中卫、吴忠等地建立沙漠太阳能光伏产业示范基地，争取国家给予大量政策扶持与技术支持。

B.14 青海扩大对外贸易研究

杜青华 德青措*

摘　要： 全球化进程的加快和西部大开发战略的实施，使青海对外贸易得到了长足发展。本文分析了2000年以来青海对外贸易发展的形势和特点，认为这一时期青海对外贸易和全国保持了基本一致的发展态势，受到金融危机的较严重冲击，并正处于回升阶段。青海在以资源输出为主的粗放型的发展方式不断加以转变的现实基础上，对外贸易规模偏小、产品结构层次较低、地域市场层次有限、外贸企业结构等方面尚存在诸多问题。后危机时期需要继续从加大政策引导、发展园区经济、优化产品结构、转变贸易观念、改善外贸服务等途径入手，发挥青海潜在优势和比较优势，全面转变外贸发展方式，扩大对外贸易，为地区经济发展提供更为宽广的发展空间和强有力的发展动力。

关键词： 青海　对外贸易　转变方式

西部大开发战略实施以来，青海省对外贸易经受住了2008年国际金融危机的考验，总体呈现稳步提高的发展态势，在拉动全省产业发展整体空间、改善投资环境、完善市场机制、提高产品竞争力等诸多方面发挥了重要

---

* 杜青华，青海省社会科学院经济学副研究员，研究方向为区域经济；德青措，青海省社会科学院经济所研究实习员，研究方向为民族经济。

的推动作用。但由于青海目前仍处于工业化中期初始阶段，与东部经济发达省份相比，经济基础相对薄弱，企业总体规模小，技术装备水平低，生产力水平不高，对外贸易发展起点低、总量少、市场份额小、总体竞争力不强，对经济的拉动作用非常有限。今后一段时期，青海的对外贸易仍然具有较大的提升空间和发展潜力。因此，研究对外贸易发展，对于加快青海经济发展速度、优化产业发展格局和资源配置、充分发挥后发优势、提升经济发展的水平和质量、逐步缩小与东中部地区的差距，具有重要的研究价值和现实意义。

一 青海对外贸易发展形势和特点

2000年以来，由于经济全球化进程的加快以及西部大开发战略的实施，青海的对外贸易取得了长足的发展，并在贸易总量和进出口结构上逐步凸显出一些重要的特点。

（一）进出口贸易总额呈现波动上升态势

从2001年以来，青海省对外贸易一直保持了一种在波动中总体上升的势头，对外贸易的运行轨迹与全国基本保持了相同的发展趋势。但由于进出口总额数量级较小，因此呈现波动幅度大、上升速度较快的特点。其中，出口增长的幅度较进口更为明显。尤其是从2008年的全球金融危机开始，伴随着我国进出口贸易的明显下降，青海的对外贸易也出现了较大幅度的下滑。根据相关数据显示，2009年青海的进出口贸易总额由2008年的6.88亿美元下降为5.86亿美元，下降幅度达到14.83%，仅次于2005年，是2000年以来的第二大降幅。与此同时，对外贸易首次由贸易顺差转为贸易逆差。2010年以来，对外贸易进出口额出现了明显回升的趋势。2012年，全省进出口贸易总额、出口总额、进口总额三项指标均达到2000年以来的最高值，对外贸易再次由贸易逆差转为贸易顺差，但幅度有所收紧（见图1和图2）。青海海关统计数据显示，2013年1~8月青海省实现进出口总值8.75亿美元，较上年同期相比增长41.4%。其中，进口2.99亿美元，下降2.4%；

出口 5.76 亿美元,增长 84.3%。① 这表明,这一时期青海的对外贸易和全国保持了基本一致的发展态势,在本轮金融危机中受到了较严重的冲击,目前正处在回升阶段。

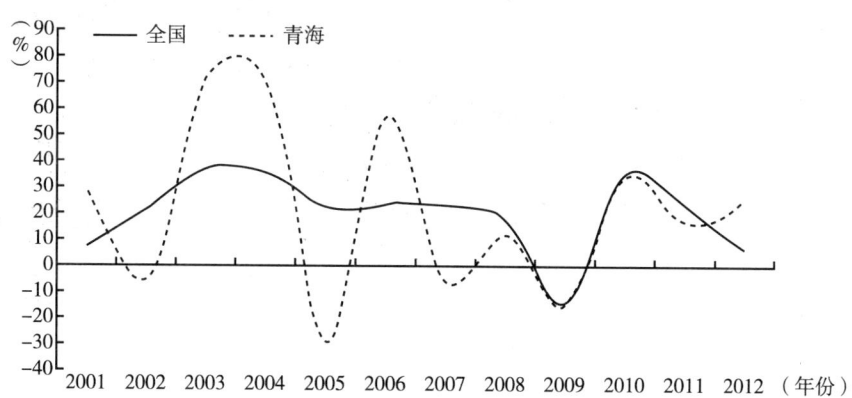

图1　2001～2012年全国和青海外贸出口总额增速比较

资料来源:根据《中国统计年鉴(2013)》和《青海统计年鉴(2013)》计算整理。

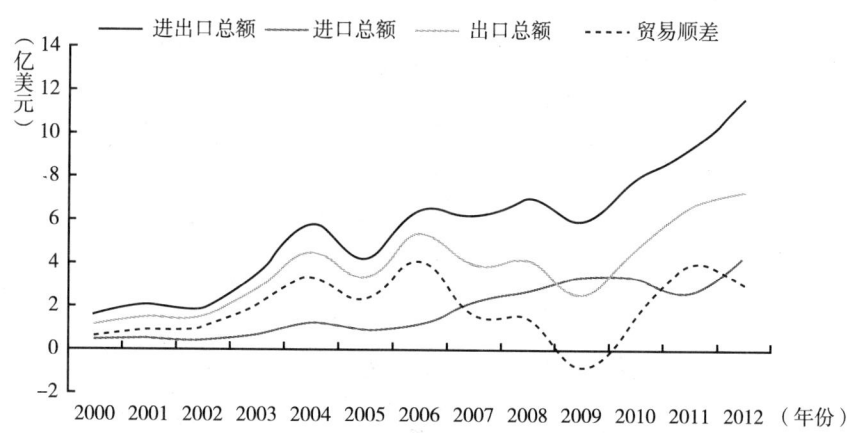

图2　2000～2012年青海对外贸易总体情况

资料来源:根据《青海统计年鉴(2013)》计算整理。

---

① 海关总署门户网站:《2013年1～8月青海省外贸运行情况》,http://www.customs.gov.cn/publish/portal0/tab7973/info447905.htm。

(二)对外贸易依存度呈现迂回下降趋势

通过计算地区外贸依存度,可清楚反映该地区经济对外贸的依赖程度、经济国际化程度和市场开放度。根据图3可以看到,西部大开发以来,青海省的对外贸易依存度在2004年达到10.23%的最高值后,处于迂回下降的发展态势。2011年达到3.57%,远低于同期陕西(8%)、甘肃(14%)等周边省区的平均水平。这表明,在青海经济的高速发展大背景下,青海的外向型经济发展仍然处于相对滞后的发展状态,开放程度不足仍然是制约青海经济跨越发展的重要瓶颈。

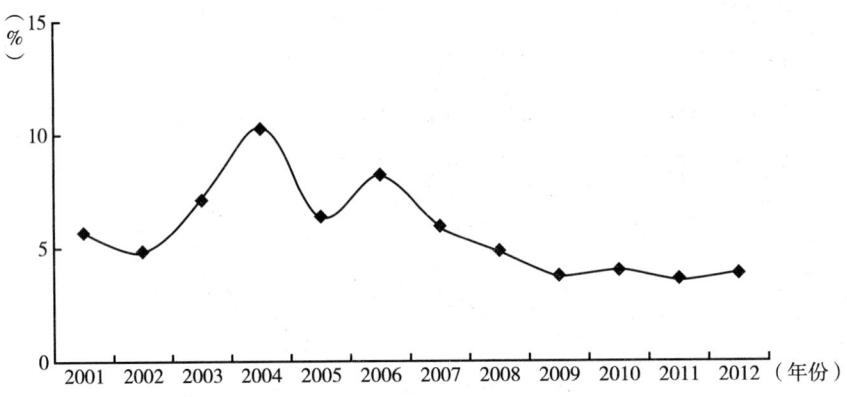

图3 2001~2012年青海省对外贸易依存度变化情况

资料来源:根据《青海统计年鉴(2013)》计算整理。

(三)对外贸易商品结构向多元化方向发展

对外贸易出口商品结构是指在一定的时期内一国或一地区出口贸易商品中各种商品在该国或该地区对外贸易出口商品中所占的比重或地位。它可以在一定程度上反映该国或者地区的经济、科技发展水平,产业结构、资源情况等,是衡量一国或一地区外贸结构状况的重要依据。世界各国均以联合国《国际贸易商品标准分类》(SITC)公布的国际贸易和对外贸易产品结构,把有形产品依次分为10大类,其中0~4类商品称为初级品,5~8类商品称为制成品,第9类为没有分类的其他商品①。初级产品、制成品在进出口产品中所占的比重就表明了对外贸易的产品结构。根据表1可以看出，自2000年以来，青海省的出口产品结构中，初级品比重均低于10%，与制成品比重相比，相差悬殊。从比重变化情况看，初级品和制成品的逐年比重变动不大。2012年的海关统计数据显示，青海的外贸商品总体上保持以硅铁、纺织纱线织物、铝及铝材品出口和氧化铝、煤、铝矿沙进口为主。② 总体来看，全省的对外贸易出口商品中，劳动和资源密集型产品为出口主导产品，且高耗能产品的出口受国家出台的限制"两高一资"产品出口政策的影响出现了回落的趋势。全省进出口商品的多元化态势初步呈现，对外贸易出口商品结构较前几年有明显的优化，进出口商品中技术含量和增值率较高的产品所占比重也呈现明显的上升趋势。

表1　2001～2012年青海省出口产品结构变化情况

单位：%

	初级品	制成品		初级品	制成品
2001	3.8	96.2	2007	5.9	94.1
2002	5.4	94.5	2008	4.9	95.1
2003	3.1	96.9	2009	6.2	93.8
2004	2.0	98.0	2010	6.5	93.5
2005	4.2	95.8	2011	6.8	93.2
2006	2.3	97.3	2012	1.4	98.6

资料来源：根据青海省统计年鉴（2001～2012）统计整理。

另外，从对外贸易方式来看，青海省主要以一般贸易为主，占贸易总额的98.47%，较2000年提高了14.24个百分点；加工贸易额的比重为1.03%，较2000年下降了13.49个百分点。

---

① 赵亚平：《国际贸易》，清华大学出版社、北京交通大学出版社，2010。
② 中国铝业网：《2012年青海省外贸出口商品以氧化铝、纱线为主》，http://www.alu.cn/aluNews/NewsDisplay_851752.html。

二 外贸发展转型中遇到的主要问题

伴随着我国30多年高速发展的宏观经济背景和西部大开发战略的实施,青海对外贸易在总量和产品结构、贸易方式等方面均取得了长足的发展。但总体来看,在青海以输出资源为主的粗放型的发展方式仍有待进一步转变的现实基础上,还存在对外贸易规模偏小、产品结构层次较低、地域市场层次有限、外贸企业结构不理想等问题。

(一)对外贸易规模较小

2000年以来,中国西北五省区的对外贸易发展总体上取得了较大进步。但是除了新疆和甘肃外,青海省和其他西北各省区进出口贸易总额在全国对外贸易发展中所占的比重都有所下降(见表2)。同时,青海省的出口贸易总额以及进口贸易总额在全国比重均有所下降,分别下降0.01个百分点和0.02个百分点。2000~2012年,青海省的进出口贸易总额年均增长率相比西北其他各省区处于最低水平。另外,2000年以来,青海的进出口贸易额虽然在总体上有所增加,但是出口额相比进口额比重较大,即出口和进口结构相对呈现不平衡状态。自2008年全球金融危机后,青海省的出口额呈先下降后增长态势,而进口额则呈现先增长后下降态势。同时,青海省对外贸易依存度较低,2004年达到顶峰后,近年来呈逐渐下降趋势,参与国际市场竞争力有待加强。

表2 西北五省区对外贸易占全国比重情况

单位:%

地区	进出口贸易总额占比		出口贸易额占比		进口贸易额占比	
	2000	2012	2000	2012	2000	2012
陕西	0.50	0.38	0.53	0.42	0.47	0.34
甘肃	0.15	0.23	0.17	0.17	0.12	0.29
青海	0.05	0.03	0.05	0.04	0.04	0.02
宁夏	0.11	0.06	0.14	0.08	0.08	0.03
新疆	0.55	0.65	0.46	0.94	0.64	0.32

资料来源:根据中国统计年鉴(2001、2013)统计整理。

（二）产品结构层次较低

青海省出口产品和进口商品均以制成品为主，但青海省出口的产品仍是劳动密集型产品或者粗加工产品，附加值及技术含量较低，资本密集型产品和技术密集型产品仍然很少，其加工产品在国际市场上竞争力不强。随着后金融危机时期各国贸易壁垒的不断加强，一旦国际贸易市场出现较大波动，青海省低层次商品结构状态带来的负面影响将会极不利于青海省对外贸易的长远发展。

（三）对外贸易地域市场层次有限

青海省对外贸易市场较为集中，对外出口对亚洲、欧洲和北美洲的依赖性较高，而且出口流向前三位的国家为日本、韩国、美国，进口主要来自澳大利亚。市场的过度集中极易受到进出口国家和地区经济发展波动影响，应对变化的能力和规避风险的能力有限。另外，随着绿色贸易的兴起，也容易遇到进出口国家和地区的贸易壁垒。

（四）对外贸易渠道狭窄，利用外资规模偏小

由于青海省进口氧化铝以及出口硅铁的比重较大，近年来，国家将氧化铝等商品列入加工贸易禁止类商品目录，并对硅铁和碳化硅征收出口关税，这些宏观调控政策的出台对青海省进出口贸易产生了较大的影响，同时也对加工贸易方式有一定程度的影响。统计数据显示，2007年以前，青海省利用外资规模总体上呈现增长态势，但从2008年开始，青海省利用外资规模有所下降，尤其是实际利用外资额呈现逐年下滑态势。因此，低层次的产品结构以及利用外资规模较小对一般贸易和加工贸易比重失衡有一定程度的影响。

（五）对外贸易企业结构不均衡

近年来青海省对外贸易企业主体结构中，私营企业成为对外贸易企业的主力军。2011年，青海私营企业进出口占全省同期进出口总值的66.6%，而国有企业、集体企业、外商投资企业进出口分别占全省同期进出口总值的

20.2%、9%、4.3%，远低于同期全国平均水平。[①] 同时，对外贸易企业规模小，大型龙头企业不多，抗风险能力有待提高。

三 青海省扩大对外贸易的对策建议

（一）加大政策引导，营造良好的对外贸易发展环境

青海省应抓住国家出台关于西部大开发以及支持藏区发展的政策的机遇，灵活用好各项鼓励外贸出口的政策，特别是对在青海省注册的出口企业投资绿色产业及新能源产业项目，在政策范围内给予相应的税收优惠。同时，加强外贸人才培养和储备工作政策，组织开展多种形式的咨询活动，为外贸企业提供个性化诊断，提高外贸企业应变能力和规避贸易风险的能力。另外，研究积极承接国内外产业转移政策，把承接产业转移与调整自身产业结构结合起来，引进国内外先进技术和进口设备，促进加工贸易发展，生产出附加值高的产品，增强国际竞争力。

（二）优化产品结构，提升出口产品质量

多年来，青海省出口的商品多为劳动密集型产品。其中，藏毯和民族服饰及纺织品是青海省出口的特色产品，青海应紧抓藏毯、民族服饰及纺织品生产这一优势，加大藏毯、民族服饰及纺织品生产企业的改造力度，不断根据国际市场需要开发新产品，提高产品档次，改变出口以粗加工产品为主的状况，将特色产品出口做大做强。另外，由于青海省以重化工业为主，在短期内调整硅铁等工业制成品出口还有一定难度，应从循环经济的角度出发加大技术投入，着力提升其产品附加值，并减少对环境的影响。此外，积极发展资本、技术密集型产业，增强青海省生物制药、新能源、新材料等行业的实力，并且加大对外贸易与特色优势产业的关联度，促进对外贸易结构的优化。

---

① 《2011年青海省外贸运行情况》，中华人民共和国西宁海关，2012年2月13日。

(三)发展园区经济,加大利用外资规模

一是依托青海省工业园区和农业园区建设,以绿色发展为导向,积极吸收和承接国际产业转移,引导外商投资于资源消耗少、耗能小、环境无污染的行业,并培育一批具有自主知识产权的本地品牌产品,实现产业发展由加工制造向集研发、生产、服务于一体转变。二是根据国外市场需求,不断开发环保低碳产品,可持续发展的新能源,提高青海省资源的可持续利用率。此外,加工贸易有利于引进国外先进技术和管理经验以及推进地区经济结构合理化,应大力发展加工贸易。三是青海省要不断提高加工贸易发展水平,在发展藏毯、民族服饰及纺织品等劳动密集型产品的基础上,探索发展高新技术产品,如生物制药、保健食品等产品。四是要大力发展进料加工。在当前国内外形势下,应鼓励青海省各园区企业进口所需的原材料,根据国际市场的消费需求开发具有国际竞争力的新产品,逐步引导园区企业发展高科技、高附加值产品。

(四)转变贸易观念,拓展对外贸易市场

要充分利用西部国际博览会、东西部合作与投资贸易洽谈会、青洽会等机遇,加大宣传力度,提高青海省优势产品的知名度,积极引进外来投资,丰富对外贸易主体。同时,在市场营销上,积极探索订单农业、产销直挂、连锁经营、电子商务等现代流通方式,促进优势产品的销售。此外,21世纪以来,以服务业与服务贸易为主要内容的服务经济迅速崛起,青海省应不断解放思想,重视服务贸易发展,充分发挥其旅游资源优势,不断推出新的旅游项目,开拓新的市场,提高服务贸易在外贸出口中的占比;并适当放宽外商直接投资条件,鼓励外资投向服务贸易,推动第三产业结构优化和升级。另外,保持进出口市场多元化,巩固亚洲市场,大力拓展欧盟、北美市场,积极开拓进出口市场渠道。同时,加强与西藏和新疆的经济合作,探索发展飞地经济,促进边境贸易合作。

(五)加强服务型政府建设,促进外贸服务发展

外贸的健康发展需要服务型政府的推动。青海省地方政府应建立健全外贸体制机制,运用好国家出台的进出口政策,完善外贸进出口对策研究,如引导

企业开展绿色营销，将绿色营销的观念贯彻到企业生产经营过程中去。同时，引导企业在遵循国内环境标准的同时，积极主动地进行国际环境标准认证，解决自己产品现有的国际认证问题。此外，加强对园区的服务力度，积极开展帮助园区企业的技术引进与改造、打造出口产品的品牌建设等方面的服务，并支持行业协会和进出口商会的发展以维护行业和企业的利益。另外，政府要促进服务型企业的发展，提高其国际竞争力，并加快对服务贸易人才的培养，在多渠道、多层次地培养人才的同时，通过人才引进计划等吸引优秀的人才到省内发展，为全省服务贸易的进一步发展创造条件。

参考文献

裴长洪等：《转变外贸发展方式的经验与理论分析》，《中国社会科学》2011年第1期。
商务部综合司：《中国对外贸易形势2013年春季报告》，《国际贸易》2013年第5期。
孟飞：《论西部地区对外贸易的发展策略》，《现代经济信息》2013年第1期。
霍建国：《我国扩大对外贸易的重要性与竞争新优势的构建》，《对外经贸实务》2013年第7期。
杨志龙、胡英：《青海省对外贸易对经济影响的实证分析》，《经济研究导刊》2010年第31期。
高兴霞：《青海外贸竞争力分析及对策研究》，《青海社会科学》2010年第2期。
杨翠兰：《青海外经贸发展问题思考》，《青海社会科学》2005年第6期。

B.15 新疆打造我国向西开放桥头堡研究

苏 成 蒙永胜*

摘 要： 新疆地处亚欧大陆腹地，与八国接壤，具有无可替代的地缘、资源、政策优势，改革开放三十多年成就了其向西开放的桥头堡和先行者地位，当前更是共建"丝绸之路经济带"的排头兵。新疆应该做好以下六项工作：着力转变产业结构；强化向西开放的服务能力；加快城镇化建设进程，尤其是特区及口岸城镇化；构建向西开放的出口加工基地；充分利用两个开发区的政策优势，推进向西开放先行先试区建设；利用好上海合作组织这一平台，突破地缘政治的干扰，国际合作建设丝绸之路经济带。

关键词： 向西开放桥头堡 丝绸之路经济带 新疆

新疆地处亚欧大陆腹地，从东北至西南依次与蒙古、俄罗斯、哈萨克斯坦、吉尔吉斯斯坦、塔吉克斯坦、阿富汗、巴基斯坦及印度等八国接壤，边境线长5600公里，是中国边境线最长的省区，曾经是古丝绸之路的重要通道。由于自身及周边国家计划经济体制的制约，在改革开放之前，外向型经济发展几乎一片空白，1952年外贸总额2320万美元，1978年外贸总额2346万美元，1978年国外游客100人、旅游外汇收入仅5万美元，是改革开放揭开了新疆外向型经济发展的新篇章。

---

* 苏成，新疆社会科学院杂志社主编、副编审，研究方向为区域经济学。蒙永胜，新疆财经大学经济学院副院长、教授，研究方向为区域经济学。

进入21世纪以来，随着国家西部大开发战略的实施，特别是中央新疆工作座谈会的召开，新疆作为我国重要的战略能源基地和对外通道，作为我国制造业发展的重要接替区，其在我国经济发展中的战略地位越来越重要，新疆进一步成为中国向西开放的桥头堡，新疆的向西开放也成为我国对外开放战略的重要组成部分。

一 新疆向西开放的基础和条件

1. 地缘优势

2007年《国务院关于进一步促进新疆经济社会发展的若干意见》明确新疆"实施面向中亚的扩大对外开放战略，建设成中国向西出口商品加工基地和进口能源的国际大通道"。新疆现有口岸32个，其中一类口岸20个，占全国已开通国际道路运输线路的一半，同时，还有东西空中走廊，可直达伊斯坦布尔、沙迦、阿拉木图和塔什干等。再加上新疆有与塔吉克斯坦、吉尔吉斯斯坦、哈萨克斯坦相通的公路网，其已构成联结亚洲、欧洲国家的新"丝绸之路"。

表1 新疆一类口岸

序号	口岸名称	口岸所在地	国别	开放时间
1	乌市航空	乌市	国际	1973
2	喀什航空	喀什	国际	1993
3	阿黑土别克	阿勒泰	哈萨克斯坦	1992
4	吉木乃	阿勒泰		1992
5	巴克图	塔城		1992
6	阿拉山口	博尔塔克		1992
7	霍尔果斯	伊犁		1983
8	都拉塔	伊犁		1992
9	木扎尔特	伊犁		1992
10	吐尔尕特	克孜勒苏州	吉尔吉斯斯坦	1983
11	伊尔克斯坦	克孜勒苏州		1998
12	别迭里	阿克苏		未定
13	红其拉甫	喀什	巴基斯坦	1982
14	卡拉苏	喀什	塔吉克斯坦	1997

续表

序号	口岸名称	口岸所在地	国别	开放时间
15	塔克斯肯	阿勒泰	蒙古	1989
16	红山嘴	阿勒泰		1992
17	老爷庙	哈密		1992
18	乌拉斯台	昌吉		1992
19	卡拉斯	阿勒泰	俄罗斯	1997
20	托克满苏	喀什	阿富汗	1998

资料来源：新疆维吾尔自治区口岸办。

2. 贸易互补优势

我国与西部周边泛中亚各国具有贸易互补优势，以中亚五国为例，受苏联国民经济布局影响，其产业结构单一，轻工产品紧缺，而中国内地具有较为齐全的产业结构体系，尤其在电子、轻工、纺织服装、日用品工业、家电、机电业、建材等领域具有很强的优势，新疆完全可以发挥桥头堡作用，做好内地产品外销的销售、转运以及加工基地。这一点从现有数据也可以看出来，新疆对外贸易中70%的产品来源于内地。此外，中亚五国是仅次于中东、西伯利亚的石油、天然气密集区，钨储量世界第一，铀、铬铁、磷储量均居世界第二位；黄金、铜、铁、煤、铝、铅、锌、汞、锑、钼、锡、银等矿产资源也很丰富，新疆可借助区位优势就地消化、承接、转化、输入中亚国家丰富的自然资源，为国家实现能源进口多元化格局贡献力量。

3. 特殊的政策引领优势

2010年5月，中央新疆工作座谈会提出跨越式发展和长治久安两大历史任务，进行了具体的战略部署：率先进行资源税费等财税体制改革；加大对南疆集中连片贫困地区的支持力度；建设喀什和霍尔果斯经济特区；19省市"汶川模式"的新一轮援疆，着重提出"从战略层面扩大新疆内外开放，努力打造我国向西开放的桥头堡"。2010年5月26日，自治区七届九次全委（扩大）会议提出，依托向西开放提升为国家战略的契机，面向国际国内两种资源、两个市场，坚持全面推进"外引内联、东联西出、西来东去"的开放战略。这些都体现了新疆在向西开放上的政策优势，为加快构筑向西开放的桥头堡提供了难得机遇。

二 新疆向西开放战略的形成和发展

（一）新疆对外开放的起步和探索阶段（1978～1991）

1. 利用口岸优势与国家政策，突破封闭型经济[1]

十一届三中全会之后，国家进入对外开放新阶段，新疆地处边远、环境恶劣、自身经济实力低下、基础设施不健全，但中央从政策上给予了新疆有力的支持，奠定了新疆外向型经济发展的基石。1979年国家批准乌鲁木齐等14个县（市）对外开放；1982年8月27日正式开放红其拉甫口岸，紧接着1983年又开放了霍尔果斯、吐尔尕特口岸；1986年同苏联的哈萨克等边境加盟共和国及其区州开始边境贸易。与此同时，跨国投资也拉开了序幕，1980年第一个中外合资企业天山毛纺织品有限公司成立；1981年允许进出口业务全面自营；1989年新疆在乌兹别克举办第一家合资企业——国际保温瓶有限公司，等等。

2. "全方位开放，向西倾斜，内引外联，东联西出"的向西开放战略雏形形成[2]

1986年自治区党委和人民政府作出"全方位开放，向西倾斜"的决策，进一步加大了向西开放力度。1988年，外商投资企业进口物资实行免征关税优惠政策在乌鲁木齐、伊宁、石河子、喀什4市的基础上扩大到阿克苏、库尔勒、吐鲁番、哈密等市，并赋予新疆派驻国外经济机构审批权；批准霍尔果斯口岸对第三国人员开放。同年，国家外经贸部授权自治区先后批准了伊犁、塔城、阿勒泰、昌吉、喀什5个地州的外资公司享有对苏、蒙边境的易货贸易经营权。1989年自治区党委和人民政府进一步确定了"全方位开放，向西倾斜，内引外联，东联西出"的外向型经济发展方针。1989年，国务院又批准伊宁市、博乐市等13个城市对外国人开放，使新疆对外开放的县市增加到25个。

---

[1] 新疆区情介绍：新疆对外开放的历史进程 http://www.china.com.cn/zhuanti2005/txt/2005-07/18/content_ 5918420. htm。

[2] 新疆区情介绍：新疆对外开放的历史进程 http://www.china.com.cn/zhuanti2005/txt/2005-07/18/content_ 5918420. htm。

（二）新疆全方位向西开放格局基本形成（1992～1998）

1. 全方位的向西开放格局基本形成

1992年邓小平南方视察讲话后，新疆也出台了一系列的文件、政策，加大对外开放力度。1992年3月，自治区党委作出了《关于加快改革开放步伐，加速新疆经济发展的决定》，同年4月，自治区又提出了要以边境沿线开放为前沿，以铁路沿线开放为后盾，以"两线"城市开放为重点，在新疆形成点线结合、以点带面、辐射全疆的对外开放格局。1992年6月9日，国务院赋予新疆8条优惠政策，包括扩大地边贸易经营权，下放外资项目审批权，开放伊宁、博乐、塔城3市和乌鲁木齐享受沿海开放城市政策等。同月，国务院又下达了《关于进一步积极发展与原苏联各国经贸关系的通知》。① 1992～1998年，新疆对外开放的县市已达67个，对外开放口岸达27个，其中一类口岸16个，二类口岸11个，全方位的向西开放格局基本形成。

2. 对外贸易发展迅速，招商引资力度不断加大

1992年自治区外贸进出口总额达到了7.5亿美元，比1978年增长30.97倍，1998年自治区进出口总额达到15.3亿美元，是1992年的2倍多，其中七成以上是和中亚五国的贸易。与此同时，自治区还同另外94个国家和地区建立了贸易关系。1992年9月，经国务院和对外贸易经济合作部批准，新疆成功举办了乌鲁木齐对外经济贸易洽谈会，至1998年共举办了7届乌洽会。

（三）新疆向西开放战略的完善时期（1999～2009）

1. 全方位、多层次、宽领域的向西开放格局已然形成

随着西部大开发战略的实施及中国加入世界贸易组织，新疆向西开放进程不断加速。截至2009年，新疆已与170多个国家有经济往来，对外贸易额由1999年的17.65亿美元，达到2009年的138.28亿美元，而中亚五国则是新疆对外贸易的主要伙伴，2009年占比高达84.67%；新疆有对外开放县市74个，

---

① 新疆区情介绍：新疆对外开放的历史进程 http：//www.china.com.cn/zhuanti2005/txt/2005-07/18/content_5918420.htm。

拥有17个一类口岸，12个二类口岸，全部面向中亚，形成了沿边、沿桥、沿交通干线开放，陆地航空并举的多层次对外开放的新格局；同时，上海合作组织建立，新疆作为直接面向上合组织成员国的前沿阵地，开放范围由能源、经贸等向政治、文化、交通、基础设施等宽领域拓展。

2. 西部物流中心、陆上能源资源大通道初步形成

新疆在中国向西开放中，尤其是在对中亚的开放中，发挥着商品中转基地和陆上能源大通道的作用。在新疆对中亚国家出口上，内地的商品占到70%，中国从中亚国家进口的60%以上的商品都要经过新疆。阿拉山口口岸集铁路、公路、输油管道于一体，已是中国第二大陆路口岸，1999~2009年，进口商品中最大宗的是金属矿石、原油、钢材与有色金属及制品等，同时与新疆其他口岸共同承担着西气东输的重要使命。

（四）向西开放出现历史性转折，进入全面加速期（2010年至今）

2010年5月首次中央新疆工作座谈会的召开，确立了新疆向西开放桥头堡的地位，并在财税、土地、产业、金融等方面给予了全方位大力度的优惠政策，向西开放成为国家战略。喀什、霍尔果斯两大经济开发区破土建设；乌洽会升级为"中国-亚欧经贸博览会"，对外影响力显著提升。2012年，新疆外贸总额达到历史新高251.7亿美元，新批准设立外商直接投资企业56个，实际利用外商直接投资4.08亿美元。同时，新疆对外开放的软硬件条件都发生了巨大变化，新疆的各类口岸交通网络体系取得了较大进展，通关环境改善明显；新疆密集出台了一系列推动对外开放的政策性文件，软环境建设得到优化。

三 新疆成为我国向西开放桥头堡的机遇和挑战

（一）机遇

1. 两个经济开发区的建立为向西开放提供了持续动力

2011年10月，国务院下发《关于支持喀什、霍尔果斯经济开发区建设的若干意见》①,正式将喀什与霍尔果斯经济开发区定位为向西开放的窗口,推动形成海陆并重的开放格局。喀什具有与塔吉克斯坦、阿富汗、巴基斯坦、吉尔吉斯斯坦、印度五国接壤的独特区位优势,建设西部国际综合交通枢纽体系具有比较优势;霍尔果斯也是中国向西开放,联结中亚、南亚、西亚市场的又一重要门户,它距哈萨克斯坦原首都阿拉木图市仅378公里,辐射中亚五国的人口稠密区、市场中心和经济发展带,是我国唯一一个跨境自由贸易区——中哈霍尔果斯国际边境合作中心。两大开发区的城市建设、金融改革、贸易便利化等举措的实施,必将对新疆打造向西开放的桥头堡带来深远而积极的影响。

2. 南亚、西亚等市场为新疆向西开放提供了广阔平台

南亚、西亚等泛中亚国家②,不断推进对外开放进程,与我国产业互补、供需呼应。新疆可以围绕国家"西部能源资源安全大通道"建设进程,充分发挥地缘、产业互补等天然优势,以承接内地优势产业为契机,不断优化产业结构,提高与周边国家经贸合作的档次和水平,充分发挥向西开放桥头堡的作用,把新疆建成西部最大的国际商贸中心和面向中亚、西亚、南亚和欧洲等"丝绸之路经济带"国家的出口商品生产加工基地。

3. "丝绸之路经济带""中巴经济走廊"等上海合作组织经贸合作机制的深化举措,增强了新疆向西开放桥头堡的具体内涵和实质功能

依托上海合作组织,开展与中亚、南亚、西亚等国家的经济合作,是我国"向西开放"战略的一个重要组成部分。新疆是中国与上海合作组织经贸合作的前沿阵地,新疆国际贸易前十位几乎都是上海合作组织国家。而随着"丝绸之路经济带""中巴经济走廊"等举措的启动,中国与中亚、西亚、南亚在交通、贸易、投资上将会有更为深入的合作,新疆作为"丝绸之路经济带"及"中巴经济走廊"的必经之路,向西开放的意义不仅在于促进自身的发展,更承担着建设新"丝绸之路"的重要使命。

---

① 国务院关于支持喀什霍尔果斯经济开发区建设的若干意见,http://www.gov.cn/zwgk/2011-10/08/content_1963929.htm。
② 位于中亚、南亚、西亚的中亚五国、俄罗斯、蒙古、巴基斯坦、阿富汗、伊朗、印度及中国,都是沿"丝绸之路经济带"的重要国家,也都是上海合作组织成员国、观察员国、谈话国范围内的位于广义中亚区域(联合国教科文组织定义)的泛中亚国家。

4. 产业的转移承接完善了产业基础，增强了新疆外向型经济实力

区位、政策、资源优势和产业基础，决定了新疆具有产业承接的潜在优势，而新一轮对口援疆工作的展开及特区、口岸的进一步完善，使承接产业转移更具可行性，有利于增强新疆外向型经济实力。首先，通过产业承接，可以在完善新疆原有产业体系的同时，延伸产业链、弥补产业空缺，并促使新的主导产业、支柱产业的形成。其次，产业承接，工业园区的不断完善，促使资金、技术、人才等新疆稀缺的生产要素在新疆集聚，为区域经济发展注入新的动力。最后，承接产业转移有利于吸纳剩余劳动力，提高劳动力素质。

（二）挑战

1. 不合理的产业结构是新疆打造向西开放桥头堡的主要挑战

改革开放以来，新疆的三次产业结构不断完善，2012年为17.5∶47.3∶35.2。根据钱纳里的产业标准结构理论，目前新疆只处于工业化的中后期。首先，不合理的产业结构，反映了新疆的经济基础薄弱，代表着新疆资本输出、商品输出、服务输出能力不足，满足不了向西开放的要求。其次，新疆的各次产业内部结构也不合理。第一产业以种植业为主，林业、畜牧业发展滞后，且与农业发展密切相关的农产品加工业发展十分滞后，农产品多为初级加工产品，附加值低，龙头企业、国际知名品牌更是稀少，特色农产品的优势没有充分发挥；第二产业以重工业为主，又多为资源型产业，轻工业发展滞后，同时存在产业链较短的问题，上下游产业链断裂明显，承接内地产业基础薄弱，这从根本上制约了东联西出战略的实效；第三产业仍然以餐饮、旅游业等传统服务业为主，物流、金融、保险、房地产、会计等新兴服务业发展进程缓慢。新疆产业结构问题制约了其外向型产业基地建设步伐，是新疆打造向西开放桥头堡的主要挑战。

2. 欠缺的配套服务能力是新疆打造向西开放桥头堡的内在挑战

配套服务能力主要体现在硬服务能力和软服务能力两个方面。从硬服务能力来说，西部大开发以来，新疆农业、交通、城建、农村网建设与改造、粮食储备库等基础设施建设加速，经济基础环境得到改善，而随着喀什、霍尔果斯特区的成立，又一轮的基础设施建设热潮兴起，特区及口岸的相关配套设施不断完善，向西开放基础进一步坚实。但是目前新疆经济发展仍然滞后、城镇化水平低，公路、铁路网密度仅相当于全国的四分之一，综合交通运输网络骨架刚刚形成，边远地区交通通而不畅问题突出，资源型缺水问题尚未明显改善，信息基础设施与东部相比差距巨大，生态环境总体恶化趋势尚未根本扭转。从软服务能力方面来看，新疆历来是国家政策支持的重点，尤其是2010年中央新疆工作座谈会以后，国家的政策倾斜力度不断加大，这些政策所产生的效果，却不尽如人意。其根本原因在于新疆的政府管制机制不健全，同时，新疆与中亚、南亚国家的合作机制还存在很多不尽如人意之处。因此，如何加快夯实配套服务能力，是新疆面临的又一挑战。

3. 突破大国干扰是新疆打造向西开放桥头堡的外部挑战

中亚国家拥有丰富的自然资源，特别是油气资源和矿产资源储量巨大，是21世纪最具开发前景的地区，同时，其政治地位更加重要，素有"欧亚腹地"之称。苏联解体之前，中亚各国基本上处于封闭状态，而苏联解体之后，中亚各国独立，独特的地缘优势和资源优势，立刻吸引了世界大国，如美国、日本、欧盟、俄罗斯等国家前来角逐，争取在此占有一席之地，增强了中亚时局的复杂性。出于自身利益的考虑，世界大国并不希望看到中国在中亚的崛起，因此纷纷干扰中国与中亚的合作，削弱上海合作组织经济功能的发挥，阻碍了中国向西开放的进程，新疆作为向西开放的门户，受到的影响最为直接，因此，如何突破大国干预，扫除外部障碍，是新疆实现向西开放面临的重要外部挑战。

4. 维护社会稳定是新疆打造向西开放桥头堡的复杂挑战

新疆是多民族聚集区，这在为经济社会发展提供了丰富营养和不竭动力的同时，也难免会产生利益冲突和矛盾纠纷，社会问题成为一个不稳定因素。尤其对南疆来说，少数民族占总人口的84.1%，经济社会发展滞后，城乡差距较大，人民生活水平不高，民生问题突出，处理不当将埋下隐患。而恐怖主义、分裂主义和极端主义三股势力力图破坏我国和平统一、安定团结局面的动作从未停止，并有抬头的趋势。这些都决定了新疆社会稳定面临复杂的局面。社会局势不稳，难以吸引资金、人才、技术等资源持续流入，会阻碍新疆向西开放桥头堡的建设。

四 加快向西开放的对策建议

1. 着力转变新疆产业结构

首先,确立产业结构转型思路,要以打造向西开放桥头堡为主要标准,发挥比较优势,兴边富民,应在对第一、二产业继续调整的基础上,大力发展第三产业。

其次,各次产业内部结构要深刻转变。第一产业要以农产品精深加工业为突破口,以西部国际市场为风向标,发展面向国际市场的外向型现代农业;第二产业要发展具有新疆特色的轻工产业,同时夯实重工业基础,着力发展先进制造业等战略性新兴产业,建设向西开放的外向型加工业基地;第三产业则要在创新传统产业发展的同时,大力发展金融、医疗、教育、文化创意、物流等现代服务业。

最后,产业结构调整的关键在产业链的不断完善,这一方面要依靠先进的技术,开发上下游产品来弥补产业空缺;另一方面则要通过承接内地产业转移来完成,必须循序渐进,注重合理、科学,否则会出现产业逆向转移、孤岛转移。

2. 强化向西开放的服务能力

首先,大力提升硬件能力,完善各具特色、错落有致的绿洲宜居城市群,加快基础设施现代化进程。完善新疆内部交通网络体系、电力网络体系、信息网络体系,尤其是南疆的基础设施建设要尽快完善,同时不断加强各类口岸建设,完善各类口岸基础设施,特别要加强霍尔果斯及喀什经济开发区的建设。

其次,强化软服务能力。要完善政府管理机制,建立科学决策评价体系,提高政府决策的科学性、民主性和公众参与性,提高办事效率,同时促进服务业的大发展。

3. 加快城镇化建设进程,尤其是特区及口岸城镇化

首先,加快新疆整体城镇化建设进程。2012年新疆城镇化率为44.0%,而全国达到52.27%。城镇化进程整体缓慢,南疆的城镇化进程尤为缓慢,最为落后的和田地区策勒县、洛浦县、墨玉县均低于20%,因此尤其要加快南疆三地州的城镇化进程。

其次，重点加快特区及口岸城镇化。特区及口岸是带动新疆经济发展的先行窗口，承载着向西开放的引领作用，因此要优先加快喀什和霍尔果斯经济特区及各类口岸城镇化建设。

4. 构建向西开放的出口加工基地

首先，以新疆及中亚资源优势为基础，重点发展与中亚产业结构互补的产业。出口加工基地应大规模发展食品、纺织、石油化工、家用电器、机电产品等产业，同时，逐步提高产业层次，发展高新技术产业和战略性新兴产业，打造新疆出口加工名牌产品，为向西开放提供支持。

其次，不断优化投资环境，吸引内地企业驻地新疆，承接产业转移，实现内地产业向西就近化。一方面政府要做好承接内地产业的规划工作，以打造新疆完整产业链条、打造向西开放产业集群为原则，选择适合新疆的项目；另一方面政府部门要提升服务能力，吸引内地优势企业在新疆扩大投资规模和投资范围，促进产业集聚、规模化发展。

5. 充分利用两个开发区的政策优势，推进向西开放先行先试区建设

国家给予了喀什、霍尔果斯经济开发区全方位、大力度、有针对性的扶持政策：国务院〔2011〕33号文件给予了特区财政、税收、进出口、金融、投资、科技人才、土地、扩大开放等8个方面10条全方位扶持政策[①]；自治区也明确六方面大力度税收优惠政策及入驻企业购置固定资产投资贷款可得到地方财政的额外支持[②]。

要将上述两个特区成功打造为向西开放先行先试区，可以从以下两个方面做起。

首先，充分利用政策优势。特区必须充分把握政策，增加政策研究力度，使政策潜在价值得到充分发挥。

其次，保持政策连续性的同时，及时更新各项政策。特区的发展必须有持

---

① 《国务院关于支持喀什、霍尔果斯经济开发区建设的若干意见》，http://www.gov.cn/zwgk/2011-10/08/content_1963929.html。

② 自治区《关于贯彻落实中央对新疆喀什、霍尔果斯两个特殊经济开发区企业所得税优惠政策有关问题的通知》，http://www.ynhzq.gov.cn/info/33/18779.htm。

续的政策支持来保障,但是政策不是一成不变的,尤其新疆面对的经济环境、政治环境更为复杂,因此国家、自治区政府要及时根据特区的建设发展情况对不适宜的政策及时进行调整,为特区向西开放持续提供新鲜血液。

6. 利用好上海合作组织这一平台,突破地缘政治的干扰,国际合作建设丝绸之路经济带

习主席指出中国不谋求在中亚的主导地位,但是我们有义务兴边睦邻,与周边国家共同发展、共享成长、共建和谐世界。

我们要利用好上海合作组织这一平台。一方面,利用自己的区位优势与资源优势,不断完善投融资环境,充分发挥政府层面主导的沟通协调平台作用,利用中国—亚欧博览会、哈展会等各种活动,发挥两个经济特区的带动作用,在上海合作组织框架下,实现与中亚国家的全方位合作。

另一方面,利用好上海合作组织框架下的丝绸之路经济带、中巴经济走廊等新的合作举措,在国际协调下,提升新疆在区域次区域国际合作中的积极作用,充分发挥新疆的桥头堡作用。

特色篇

Featured Development Reports

B.16
三江源国家生态保护综合试验区研究报告

张贺全*

摘　要： 建立青海三江源国家生态保护综合试验区，关系全国的生态安全和中华民族的长远发展，有利于保护和修复生态环境，巩固高原生态屏障功能，促进经济社会发展，人民生活水平提高。试验区建设应以生态环境保护和建设、改善生产生活条件、加快转变经济发展和增强基础设施建设为重点，创新生态保护的体制机制，核算三江源生态服务功能价值，建立规范长效的生态补偿机制、监测预警评估机制、绩效考评和激励机制，设置生态管护公益岗位。通过先行先试，为全国同类地区提供经验和示范。

---

* 张贺全，青海省工程咨询中心主任，享受政府特殊津贴专家，青海省工程技术和自然科学学科带头人，主要研究方向为生态、循环经济、综合经济等。

关键词：

三江源 生态保护 先行先试

国务院批准的青海三江源国家生态保护综合试验区包括玉树、果洛、黄南、海南4个藏族自治州21个县和格尔木市唐古拉山镇，总面积39.5万平方公里。划分为重点保护区（即禁止开发区域）、一般保护区（即限制开发区域）和承接转移发展区（相当于重点开发区域）。

一 三江源试验区建设的重大意义

三江源地区是青藏高原生态屏障的重要组成部分，是我国重要淡水资源供应地，在维护国家生态安全中具有独特和不可替代的作用。建立青海三江源国家生态保护综合试验区是党中央国务院从全局高度作出的重大战略决策，是推进我国生态文明建设的重大措施。

（一）对构筑国家生态安全屏障有重要意义

三江源地区生态退化的总体趋势依然严重。三江源地区现有各类草地2082万公顷，其中退化草地1330.9万公顷，占草地总面积的63.9%（其中，中度退化草地544.3万公顷，重度退化草地786.6万公顷）。退化类型有沙化草地321.1万公顷，黑土滩型退化草地519.0万公顷，毒杂草退化草地627.6万公顷（有重复面积），鼠虫危害依然严重，危害面积达1122万公顷。三江源草地载畜现状为1828.8万羊单位，禁牧和草畜平衡后的理论载畜量为926.6万羊单位，超载900多万羊单位，超载近1倍。三江源地区水土流失面积1215万公顷。荒漠化和明显沙化趋势的土地达762.6万公顷，直接影响三江源生态功能的发挥。三江源试验区建设，要加大生态系统的保护和建设力度，提高生态系统服务功能、巩固和提高"中华水塔"供水能力，构筑国家高原生态安全屏障。

（二）对促进民生改善有重要意义

三江源地区贫困量大面广程度深，人口与资源环境的矛盾突出。农牧民人均年纯收入3772元，仅为全国农牧民人均年纯收入6977.3元的54.1%；贫困人口82.8万人，占农牧业人口的81%，加之多数地区属于禁止和限制发展区域，且交通不便，转产转业制约因素多，自我发展能力弱，极有必要通过三江源试验区建设，转变经济发展方式，加大扶贫力度，给予生态补偿，提高农牧民的生活水平，改善民生。

（三）对提高公共服务功能和增强基础设施支撑能力有重要意义

三江源地区公共服务能力不足，基础设施薄弱，经济社会发展严重滞后，既不能满足当地生态保护、民生改善和经济社会发展的需要，也不能适应主体功能区建设的要求，更难在2020年与全国同步建成小康社会。因此，极有必要增强公共服务能力，在教育、科技、卫生、医疗、计生以及公共服务机构运行等方面加大资金投入和扶持力度。完善水利设施、提高交通运输能力、保障能源供应、推进城镇发展等基础设施建设，增强支撑能力。

（四）对推进发展方式转变、提高当地经济发展水平有重要意义

三江源地区属经济社会发展滞后地区。地区生产总值197.52亿元，占全省总产值的12.1%；人均地区生产总值不足1.6万元，仅为全国人均生产总值3.5万元的45.7%。地方财政一般预算收入8.59亿元，一般预算支出264.1亿元，支出为收入的30.7倍。因此，必须积极推动经济发展方式的转变，进一步夯实农牧业发展基础，提高农牧业产量和质量；发展生态型非农产业，促进经济发展和生态保护建设，实现保护与发展的双赢。

二 三江源试验区建设重点

三江源试验区建设必须以生态环境保护和建设、改善生产生活条件、加快转变经济发展方式、加强基础设施建设为重点。

(一)生态环境保护和建设

2005年启动实施的《青海三江源自然保护区生态保护和建设总体规划》已接近尾声。在规划区15.23万平方公里内,经过8年多的努力,生态恶化趋势得到遏制,生态状况有所好转,但生态保护和建设的艰巨性、长期性凸显,必须不断加大生态保护和建设力度。

对草地生态系统,坚持保护优先,生物措施和工程措施相结合,采取禁牧封育、草畜平衡等自然修复措施,适度安排黑土滩、沙化草地治理和人工草地建设,全面实施鼠虫害、毒杂草防治以及草原防火工作。对森林生态系统,紧紧围绕封育、造林和抚育三大任务,采取综合措施,保护好现有林地,扩大森林面积,提高森林覆盖率,同时加大森林抚育、有害生物防治和防火力度,提高森林质量和生态效益。对湿地生态系统,在开发利用空中云水资源增加源区降水量的基础上,实施湿地、冰川雪山保护,提高蓄水能力;加大水土保持治理力度;加强饮用水源的保护,保障饮用水安全。为保障生态工程的顺利实施,必须做好人工饲草基地、养殖基础设施、草籽繁殖基地、林木种苗基地、农村能源建设和生态监测、科研推广、培训以及宣传教育等工作。

(二)改善生产生活条件

在保护建设好生态的同时,必须采取切实有效的措施,不断加大投入,努力实现公共服务均等化,提高当地群众生产生活水平。

一要加大游牧民定居工程和农村危房改造的实施力度,改善农牧民居住条件;加快农、林、牧场棚户区和危旧房改造进度。

二要加快解决农村饮水安全和无电缺电人口用电问题;加快农村公路建设,扩大邮政、电信服务网络;加强土地整理、农田草原水利和"四配套"建设;加快黄河谷地农业综合开发;开展农村牧区服务中心建设,以提高农村牧区基础设施建设水平。

三要加快社会事业发展,重点抓好教育、卫生、计生、文化、体育等社会事业,加大投入力度,推进基本公共服务均等化。

四要提高社会保障水平。全面实施最低生活保障、养老保险、新型农村合作医疗、社会救助等制度,加快建立健全基本养老服务等社会保障服务体系。

五要加大扶贫开发力度。对8个国家扶贫开发工作重点县和8个省级扶贫开发工作重点县要加大财政专项扶贫资金投入力度,扶贫工作由输血式向造血式转变,开展集中连片特殊困难地区扶贫攻坚,重点支持后续产业和特色产业发展。

(三)加快转变经济发展方式

进一步夯实三江源地区农牧业发展基础,以转变农牧业发展方式和发展生态型非农牧产业为着力点,促进经济发展。

以科技为引领,推进集约化管理、产业化经营、专业化生产。畜牧业通过草场资源流转,建设舍饲暖棚、贮草棚、青贮窖,大力发展人工种草和饲草料产业,推进舍饲半舍饲养殖的"种草养畜"产业化开发模式,逐步减轻天然草场的压力,发展壮大三江源独特的生态畜产品主导产业。种植业以发展内部潜力为主线,切实加强设施农业建设和黄河谷地土地开发项目,积极稳妥推进土地流转,大力培育特色农产品知名品牌和优势产区,提高设施化水平和加工转化能力,做精做强特色产业。

依托丰富的自然风光、民族风情和传统文化,推进观光、探险、科考、登山、休闲等旅游事业。依托丰富的冬虫夏草、大黄、贝母、红景天、鹿茸、麝香等中草(动物)药材资源,科学有序采集利用,研究和建设人工繁育基地,大力开展制药工艺研发,推进药材精深加工,发展生物药品和保健药品。继承和挖掘民族传统手工业的生产技艺,发展唐卡、堆绣、雕刻、藏毯、民族服饰及工艺品生产。积极扶持商贸流通产业发展,进一步完善市场体系,将三江源地区的农牧产品输出到省内其他地区、省外、国外;将外地的优质产品运进三江源地区,以满足三江源地区各族人民的物质需求。发展服务业,促进交通运输、建筑、餐饮、住宿、修理业,培养各类技术人才,拓宽服务业就业渠道。

(四)加强基础设施建设

基础设施建设是保障三江源地区生态环境保护和建设的重要基础工作,也是保障当地各族人民生产生活的基本需要。

要合理配置利用水资源，加快骨干水利枢纽和重点水源工程建设，重点保证生态用水、农牧业用水和人民生活用水，提高水资源保障能力，节约用水，防止水体污染和水质下降。

加快完善交通运输网络结构，提高公路路网通畅和通达能力，强化对外通道设施。实现西宁至玉树、海南两州高速化，至黄南、果洛快速化；至西藏、四川、甘肃公路畅通。做好通过三江源地区的西宁至成都、格尔木至成都铁路前期研究工作。改善玉树机场设施，提高通航能力；适时建设果洛藏族自治州大武机场。

加快能源资源开发和电网建设，全面实现玉树、果洛与主网联网；积极发展光伏电站、小水电站、风力发电等民用能源；加快推进州府所在地天然气输气管道的研究论证和规划；适度建设煤炭供应网站，增加煤炭供应，实现多能互补、安全可靠、清洁高效的能源供应体系。

以州县府城镇为主，其他小城镇为辅推进城镇发展。城镇建设要以生态环境保护为基础，与产业发展相结合，以完善城镇功能、加强辐射能力为抓手，以提升接纳农牧业人口转移和产业集聚为目的，打造独具特色的城镇化模式。

三 创新生态保护机制

三江源试验区建设必须进一步解放思想，深化改革，积极探索形成有利于生态保护、民生改善、经济发展与社会进步相协调的体制机制，提供强大动力和制度保障。

（一）核算三江源生态服务功能价值

三江源地区主要生态系统是草原、沼泽湿地、水体、森林、冰川雪山、未利用土地和其他土地。生态服务功能较强的生态系统有：草原、沼泽湿地、水体、森林。据调查统计，草地面积2802.0万公顷，扣除沼泽湿地后，面积为2534.9万公顷；沼泽湿地面积267.1万公顷；水体面积151.34万公顷（其中河流水体面积59.14万公顷，湖泊水体面积87.76万公顷，水库池塘水体面积4.44万公顷）；森林面积223.16万公顷。各主要生态系统服务功能价值是在总结和分析前人研究工作的基础上测算的,得出三江源地区各生态系统服务功能年总价值为5126.2亿元。其中草原、沼泽湿地、水体、森林4个生态系统的年生态服务功能价值为5090.71亿元,占三江源地区生态服务功能总价值的99.3%。在4大生态系统服务功能中,草原(不含沼泽湿地)的生态功能为10105.09元/公顷,2534.9万公顷草原年生态服务功能价值为2561.54亿元;沼泽湿地生态服务功能价值为55489元/公顷,267.1万公顷的沼泽湿地年生态服务价值为1482.11亿元;水体生态服务功能为40676.4元/公顷,151.34万公顷的水体年生态服务价值为615.6亿元;森林生态服务功能价值为19334元/公顷,223.16万公顷的森林(含国家特别规定的灌木林)年生态服务价值为431.46亿元(初步研究,仅供参考)。

(二)建立生态补偿机制

生态补偿是指各级人民政府和生态受益者、损害者通过资金补助、项目支持、政策优惠等方式,对生态保护者、受损者的弥补。生态补偿机制是综合考虑生态保护成本、发展机会成本、生态系统服务功能价值,运用经济、法律、行政和市场等手段,调节生态环境相关者之间利益关系的公共制度。

1. 生态补偿领域

根据三江源地区实际,生态补偿状况分为两大领域。一是生态领域。包括对禁止开发和限制开发区域的生态补偿、草原生态补偿、森林生态补偿、湿地生态补偿、流域和水资源生态补偿、荒漠生态补偿、矿区生态补偿、野生生物生态补偿以及对地方政府的生态补偿等九个方面。二是民生、公共服务、生态产业发展领域。改善民生方面包括生活用能及取暖、农牧民住房建设、劳动技能培训等补助;公共服务方面包括教育、科研与推广、医疗卫生、计划生育奖励扶植、文化体育、城乡公共服务机构运行等补偿;支持生态产业发展方面包括生态畜牧业、农畜产品加工业、中藏医药业、民族手工业、商贸流通服务业、生态旅游业和水电产业等补助。

2. 适当提高生态补偿标准

国家已颁布实施了"草原生态保护补助奖励机制""森林生态效益补偿基金制度""天然林资源保护补偿"等领域的生态补偿,取得了显著成效。青海省积极筹措资金，对生态移民发放了生活困难补助金和燃料补助金，设立了生态移民创业扶持资金。这些生态补偿政策，均有明确的补偿（补助）标准。比如，对禁牧草地，中央财政按每亩6元的标准给予补助；对草畜平衡的草地，中央财政按每亩1.5元的标准给予奖励；对人工草地，按每亩10元标准给予补贴；对国有生态公益林，按每亩5元标准给予补偿；对集体和个体的生态公益林，按每亩10元标准给予补偿；对鄂陵湖和扎陵湖，开展湿地生态效益补偿试点；对生态移民，按人均0.8万元进行补助，这些举措有力推动了三江源地区生态保护和建设。现行的生态补偿标准，都是国家统一制定的，具有普惠性，缺乏特殊性。没有向三江源这个国家生态安全屏障重点地区给予倾斜，没有向"中华水塔"这个对全国有重要影响的淡水供应地给予倾斜，没有对以藏族为主的少数民族地区给予优惠，没有对贫困地区给予照顾，更没有体现三江源生态服务功能价值。有必要对以禁止开发和限制开发的三江源地区适当提高补偿（补助）标准，以减少农牧民和当地政府由于保护和建设生态环境而造成的损失，缓解生态保护和民生改善之间的矛盾。根据国家财政收入的增长，参考城乡居民生活水平的增长率和物价上涨指数，在目前生态补偿标准的基础上，分别不同领域以年均6%～10%的增幅提高生态补偿标准。

3. 补偿方式和资金来源

补偿方式以政府补偿为主，政府补偿与其他补偿方式相结合。政府补偿以财政转移支付方式，包括均衡性转移支付、专项转移支付以及均衡性转移支付和专项转移支付相结合的三种方式，逐年提高中央财政均衡性转移支付的比例，并设立生态补偿专项资金。其他补偿方式包括行政区域间的横向生态补偿、流域内各行政区域间的横向生态补偿、区域间各行政区域的横向生态补偿、市场化的生态补偿等。

资金来源包括从中央财政和省级财政上年度总收入中提取一定比例的资金；从资源环境费（税）中提取一定比例的资金；从占用、征用资源所缴纳的补偿费中提取一定比例的资金；社会捐助或其他来源的资金。

4. 生态补偿的实施

青海省和三江源区各级政府，要加强对生态补偿工作的组织领导，实化细化政策措施，在国家有关部门的帮助和指导下，纳入重要议事日程，要以高度的责任感和紧迫感，周密部署，采取有力措施，认真组织落实，真正把生态补偿这件大事抓实抓好。

生态保护和建设的主力军是三江源地区各族人民群众，特别是农牧民。要将生态补偿和激励约束有机结合，积极引导和鼓励广大各族人民群众参与三江源生态保护和建设，转变传统的生产和生活方式，努力自主创业致富，走出一条生态保护与农牧民增收双赢的路子。

（三）设置生态管护公益岗位

以科学发展观为指导，设置生态管护公益岗位，全面贯彻落实国发〔2008〕34号文和中发〔2010〕5号文的要求，以充分调动广大农牧民群众生态保护的主体作用为突破口，以转移农牧民富余劳动力为手段，以提升生态保护能力为主线，以稳定增加农牧民收入为支撑，着力建立科学有效的生态管护公益岗位，巩固和提高生态保护与建设成果。

1. 管护类型的设置

经调查研究综合分析后认为，需要设置管护公益岗位的主要包括4个领域，一是占三江源区面积（下同）71%的草原；二是占10.6%的具有强大涵养水源功能的湿地；三是占5.65%的地处江河源头的森林；四是占19.3%的野生生物集中分布区和繁殖区，分别设置草原、湿地、森林和野生生物生态管护公益岗位。

依据2000年国家批准的《长江上游、黄河上中游地区天然林资源保护工程实施方案》，人均管护天然林380公顷。考虑到三江源地区高寒缺氧、山高沟深、交通不便、劳动效能低等因素，按降效系数30%测算，确定人均管护森林面积266公顷；考虑到草地和湿地的瞭望和巡查条件比林地稍好，确定草原和湿地每400公顷设置1名管护人员；由于野生生物多处于人迹罕至的地区，按1000公顷设置一名野生生物管护人员。据此，设置公益岗位8.35万个。其中草原4.77万个，湿地1.98万个，森林0.84万个，野生生物0.76万个。

2. 管护员主要职责

草原、森林、湿地和野生生物的生态管护员要在各级农牧、林业部门的统一领导和管理下，积极宣传、贯彻有关法律、法规、方针、政策；积极参与草原、森林、湿地及野生生物保护与建设工程；对管辖的地区进行经常性的巡回检查，及时发现和制止破坏草原、森林、湿地和野生生物的行为，对触犯法律的要及时向上级报告，协助依法打击犯罪行为。对草地，应根据生产力、退化情况和生态功能价值，确定禁牧面积和草畜平衡面积，核定草畜平衡载畜量，并定期清点和核定放养量与实际减畜数量。

3. 管护员的运行和管理

为使生态管护公益岗位运行正常，一是提供管护员的薪酬，以青海省最低工资标准为基础，参考农牧民人均收入现状，以每人每年17460元计，8.35万个岗位年需薪酬14.56亿元。二是提供管护设施，包括交通工具、办公设施和巡护装备等，年需经费3.57亿元。三是提供管理经费，包括工作经费、交通费、取暖费等，年共需资金701万元。以上三个方面每年共需资金18.2亿元。

生态管护公益岗位管理实行按行业职能分工、各司其职、归口管理的体制。农牧主管部门负责草原生态管护；林业主管部门负责森林、湿地、野生动物生态管护；人力资源和社会保障部门与农牧、林业部门联合，实行统一招录、统一分配、统一管理、统一考核。招聘管护人员必须坚持"公开、公正、公平"的原则，招聘热爱三江源生态保护和建设、事业心强、办事公正、熟悉村情社情草情林情以及湿地和野生生物情况的农牧民。优先安排生态搬迁人员、禁牧户和草畜平衡户牧民。被招聘的管护人员，要经过专业部门培训，取得合格上岗证后方能上岗。管护人员要定期考核，称职的继续聘用，不称职的及时解聘。

（四）建立监测预警评估机制

建立健全科学准确、及时有效的生态环境监测、分析评估、预警预报等监测预警评估机制十分必要。一是对草地植被覆盖、产草量及载畜能力、森林覆盖率和蓄积量、湿地面积及水源涵养能力、水土流失现状及控制能力、荒漠化面积的消长变化、河流湖泊的水质水量、生物多样性以及气候变化进行动态监测和分析评估，指导今后生态保护和治理工程的实施；二是根据监测评估的实际，提出预测预警方案，提前采取措施，优化生态工程的实施，减少不必要的损失。

（五）建立绩效考评和激励约束机制

1. 建立绩效考评机制

主要考核生态保护和建设的成效，包括退化土地治理率、草原植被覆盖度、草畜平衡与减畜完成率、森林覆盖率、湿地保护、水质、水量等生态指标；生态补偿实施情况及成效；不再考核或相对弱化地区生产总值、工业化水平、财政收入、招商引资和城镇化率等指标，建立以生态保护建设、社会事业发展、民生改善和绿色、可持续发展为主要内容的新型绿色绩效考评机制。

2. 建立激励约束机制

对重视生态保护和建设、措施得力、方法得当、效果显著的单位和个人予以表彰奖励，充分调动广大各族人民保护和建设生态的积极性；反之，要批评教育，责令改正，赔付生态损失；触犯法律的要依法追究法律责任，严厉打击破坏生态环境的行为。

B.17 甘肃华夏文明传承创新区建设研究

何 苑*

摘 要： 本文对甘肃华夏文明传承创新区建设的基础条件、建设现状进行分析，从保护传承与创新发展两方面对甘肃华夏文明传承创新区建设提出了对策和建议。

关键词： 华夏文明 传承创新

一 华夏文明传承创新区建设的提出与确立

1. 华夏文明传承创新区建设的提出

美国学者塞缪尔·亨廷顿指出，未来世界的冲突不是意识形态和经济上的冲突，而是文化上的冲突。在当代中国，文化已超越了其本身的内涵，越来越成为民族凝聚力和创造力的重要源泉，成为软实力和核心竞争力的重要支撑。党的十七届六中全会提出了建设社会主义文化强国的宏伟目标。党的十八大进一步强调文化是民族的血脉，是国家实力的象征与体现，是人民的精神家园，提出了"推进社会主义文化强国建设"的思想和目标。在此背景下，各省区市积极推进本区域的文化建设和文化发展，纷纷制定了"文化强省""文化大省"的文化发展战略。但近年来，伴随对区域历史文化传统挖掘与开发的不断深入，各省市文化发展战略也各具特色。北京发挥文化中心作用，建设中国

---

* 何苑，博士，甘肃省社会科学院哲学所所长，研究员。研究方向：区域经济社会发展、文化发展。

特色社会主义先进文化之都；济南依托百年商埠，打造文化产业聚集区；河南提出建设华夏历史文明传承创新区等。

2011年，《国务院办公厅关于进一步支持甘肃经济社会发展的若干意见》就曾明确指出，甘肃是"中华民族重要的文化资源宝库"，并提出建设文化大省的目标。甘肃省相应出台《关于贯彻党的十七届六中全会精神、进一步加快文化大省建设的意见》，确定文化大省建设的总体思路和奋斗目标，出台了相关配套文件，提出建设"华夏文明保护传承和创新发展示范区"构想。2013年1月，国务院正式批准建设"甘肃华夏文明传承创新区"，是迄今为止唯一一个国家级文化发展战略平台。从建设文化大省到华夏文明传承创新区建设，是在对甘肃历史文化资源的全面审视和对甘肃经济社会发展现状综合分析的基础上，作出的一个重大战略选择，是甘肃文化发展战略的一次重大提升。

2. 建设华夏文明传承创新区的基础条件分析

甘肃具有建设华夏文明传承创新区的优势和条件。丝绸之路三千里，华夏文明八千年。甘肃历史文化悠久、类型多样、底蕴厚重，是华夏文明的重要发祥地之一，既是羲皇故里、轩辕黄帝的发祥地之一，又是周人、秦人发迹、崛起之地，孕育形成了始祖文化、敦煌文化、长城文化、石窟文化、彩陶文化、简牍文化、五凉文化、西夏文化以及黄河文化等。甘肃在历史上既是丝绸之路的黄金路段和枢纽，又是华夏各民族大迁徙、大融合的交汇地带；既有红色文化资源的光荣，又有现代文化的创新发展。总之，甘肃文化融汇着古今中外多种文化元素，具有源头性、开放性、多元性等特点。据相关统计，甘肃的历史遗产、经典文化、民族民俗文化、旅游观光文化等四类资源丰富程度排全国前五位，是名副其实的中华民族重要的文化资源宝库。

建设华夏文明传承创新区，可以更有效地保护、传承、展示甘肃独特文化资源，并在此基础上实现创新和发展，让优秀传统文化资源焕发出时代的光彩；可以把优势文化资源转化为现实的文化生产力，推动文化产业成为甘肃国民经济支柱性产业，促进甘肃经济转型跨越发展；可以强化公共文化服务体系建设，实现甘肃文化事业的全面繁荣。

从国家层面看，甘肃是维护祖国统一和主权安全的战略纵深区和战略屏障区，甘肃华夏文明传承创新区建设，不仅可以保护传承和创新发展中华民族优

秀传统文化、增强国家文化软实力,更是维护民族团结、保障国家经济文化以及国防安全的重大行动,对探索经济欠发达但文化资源富集地区创新发展模式,也具有一定的示范作用。

二 发展思路与主要进展

甘肃华夏文明传承创新区建设,以把甘肃省建设成为华夏文明保护传承示范区、文化惠民示范省、特色文化产业发展基地和中国西部文化创新发展新高地作为战略目标,自2013年启动以来,通过一系列的具体政策和措施,以前所未有的魄力和决心,打破省内行政界线,统筹全省文化资源和各类要素,强力推动传承创新区建设。

1. 明确建设思路和战略布局

甘肃省政府正式下发《甘肃华夏文明传承创新区总体方案》,明确了华夏文明传承创新区建设的重点发力方向、空间布局、产业重点。以文化资源保护整理、公共文化服务、文化产业发展三个方面为主题,以经济结构战略性调整和经济发展方式根本性转变为主线,围绕丝绸之路文化发展带,建设以始祖文化为核心的陇东南文化历史区、以敦煌文化为核心的河西走廊文化生态区、以黄河文化为核心的兰州都市圈文化产业区;打造文物保护、大遗址保护、非物质文化遗产保护传承、文化品牌打造、文化人才队伍建设等十三个板块,即"一带""三区""十三板块"。①

华夏文明传承创新区建设计划分两步走。到2015年,重点历史文化遗产得到保护,公共文化服务体系不断完善,文化产业增加值占GDP的比重达到3%以上;到2020年,大多数文化遗产得到有效保护,公共文化服务体系基本健全,文化产业增加值占GDP的比重达到5%以上,文化产业成为国民经济支柱性产业。

2. 积极打造文化建设平台

积极构建现代文化市场体系,建立贯通城乡、快捷高效的文化产品流通

---

① 《甘肃华夏文明传承创新区总体方案》,2013年2月。

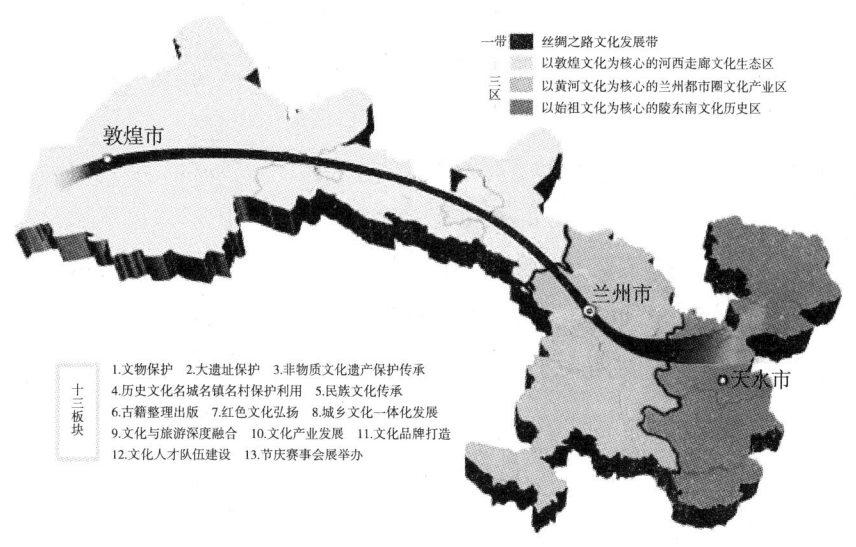

华夏文明传承创新区布局

网络,加快发育资本、产权、人才、信息、技术等文化生产要素市场,逐步建立规范的文化经纪代理、评估鉴定、投资、拍卖等中介服务机构。2013年6月,成立甘肃省文化产业发展集团有限公司,设立甘肃省文化产业发展基金。通过文化融资平台,引导社会资本投资兴办文化产业,孵化催生一批文化骨干企业,推动甘肃文化产业跨越式发展。充分利用兰州国家级文化与科技融合示范基地为平台,着力加强科技在文化产业领域的应用,发展创意文化产业和高科技文化产业,启动一批文化科技重大攻关项目和公共技术服务平台建设,着力加强与互联网、物联网、电子商务等新技术平台的应用结合。

3. 传承弘扬优秀传统文化

2013年5月,启动甘肃文化资源普查和分类分级评估工作。对全省18个大类、400多个项目进行普查盘清、评估认定,建立《甘肃省文化资源名录》《甘肃省文化资源分类分级名录》、甘肃省文化资源分类分级项目库和全省文化资源数据库。同时组建了华夏文明传承创新区学术平台,已向一大批国内外学术性和应用性专家学者、文化企业家和文化艺术创意领军人才发出邀请,为华夏文明传承创新区建设提供理论支撑和决策依据。

4. 文化项目有序推进

建立文化产业项目库，目前甘肃省14个市州都建立了文化产业项目库，储备项目1774个，规划总投资6045.06亿元。文化项目也已启动实施。仅2013年上半年，文化产业项目签约数就达195项，签约金额759.9亿元。其中百亿元以上的项目有丝绸之路文化艺术金融平台，临洮"太石水城"，敦煌文化艺术生态硅谷，酒泉市大型文化旅游城市综合体——西航"龙行天下"酒泉航天文化旅游城，丝绸之路读者小镇等。

5. 积极网罗高端文化人才

打造高端文化产业与高层次文化人才互动、协调发展的优质环境，建立人才"绿色通道"，积极网罗国内外高端文化人才、金融人才、创新人才，分批邀请到甘肃调研考察，吸引各类人才参与到甘肃华夏文明传承创新区建设中的重大文化项目。

6. 着力完善"6551"文化产业体系

大力发展资源型、劳动密集型、复合型、非公有型、外向型、高科技型等六类文化产业；重点发展出版发行和印刷、广电影视和网络传输、演艺娱乐、文化旅游、民间民俗工艺品加工等五类优势产业；积极培育文化创意、节庆会展、数字内容、动漫游戏、移动多媒体等五类新兴产业；做大做强出版发行和印刷产业首位产业。目前，中宣部、科技部等五部委已联合认定兰州国家级文化和科技融合示范基地，同时文化部认定了甘肃华源文化产业集团、天水汉唐麦积山艺术陶瓷有限公司、庆阳香包民俗文化产业群、敦煌飞天文化产业发展有限责任公司等7个国家级文化产业示范基地。

7. 完善政策保障体系

鼓励、支持、引导个人投资文化产业，争取国家层面的政策支持，在财政投入、投资核准、土地使用、税收优惠、对外贸易等方面提供优惠政策和便利条件，打造中国西北地区文化政策洼地；加大对文化产业的资金扶持力度，省文化产业改革发展专项资金规模逐年扩大，到2015年达到2亿元，各市州和有条件的县市区也设立了文化产业改革发展专项资金；支持和鼓励文化精品工程，每年拿出600万元专项资金支持戏剧大省建设，建立"电影精品专项资金"，用于支持电影精品摄制。

三 对华夏文明传承创新区建设的思考

甘肃历史文化资源丰富,但其文化软实力并不与之相匹配,新型文化产业发展缓慢。文化资源是文化发展的基础条件,文化资源优势并不一定转化为文化优势、文化影响力和文化软实力,甘肃华夏文明传承创新区建设任重而道远。

(一)加快推进文化体制改革

按照十八届三中全会精神,进一步解放和发展文化生产力。一是完善文化管理体制。引导和鼓励社会力量、民营资本也参与文化建设。建立健全党委领导、政府管理、行业自律、社会监督、企事业单位依法经营的文化管理体制,逐步设立文化企业国有资产的出资人机构,形成管人与管事、管资产、管导向相结合的国有文化资产管理运行体制。二是全面深化文化事业单位改革。加快事业单位分类改革,推进和完善文化事业单位人事、收入分配和社会保障体制改革。建立事业单位法人治理结构,推进有条件的事业单位转为企业或社会组织。三是深入推进国有经营性文化单位改革。推动已转制的国有文化企业加快公司股份制改造,鼓励民营企业参与国有文化企业的股份制改造和兼并重组。鼓励本省文化企业走出去,在国内外寻求项目合作,鼓励国内外大型企业以各种方式与甘肃省文化企业开展合作。

(二)充分发挥文化"聚散效应"

华夏文明传承创新区建设与其他开发区建设相比,社会经济效益也更加丰富。张艺谋的"印象"系列利用当地传统文化艺术资源,带动当地旅游业迅猛发展,当地农民参加演出、参与旅游推广、从事农业劳动,自娱自乐兼赚钱,对于当地农民的文化自觉自信和自强方面的影响远远超过了其创造的经济价值。

充分发挥文化的"聚集—分散效应",不仅能挖掘利用当地特色文化资源,培育倡导先进的文化价值观,而且能因势利导发展文化产业,赢得经济效

益。华夏文明传承创新区建设中，一方面要深入挖掘甘肃地方文化资源优势，以及甘肃民族地域特色文化资源，对现有的优势文化品牌如"敦煌、读者、牛肉面"等，进一步创新开发和整合，增强优势特色文化的内聚力，引导优势文化产业向规模化、特色化、集约化的方向发展；另一方面要发挥文化的发散效应，重视发挥优势特色文化在省内的示范辐射功能和对外的形象展示功能，不断扩大甘肃文化的影响力。

（三）促进优势文化资源向文化品牌转化

甘肃文化底蕴深厚，拥有历史文化、民族民俗文化、旅游文化、敦煌文化等优势文化资源，具备创造享誉世界的文化品牌的条件。文化品牌影响力达到一定强度，其品牌价值就会辐射到相关的各个产业，产生"光环效应"。例如"迪斯尼""好莱坞"等，上百年经久不衰，不仅能最大限度地延伸其产业链，还将带来难以估量的社会文化效益，提升文化影响力和竞争力。

1. 发掘和重塑现有文化品牌

通过品牌积聚资本，形成具有竞争力的文化产业集团。兰州的5张名片——一本书、一碗面、一条河、一座桥、一个雕塑享誉全国；敦煌文化品牌更是蜚声海内外。甘肃应大力推进现有文化品牌与其他产业的联合开发项目，纵深开发文化品牌，开发与品牌相关联的旅游产品、游戏、服装、酒、土特产品，提升现有文化品牌的辐射力和带动能力。

2. 实现文化品牌的跨区域共享

打破行政区域界限，共享文化品牌资源优势。如对敦煌文化品牌的挖掘，可以从全省整合资源，组建"大敦煌文化发展区域"，在大敦煌的视野下挖掘和开发敦煌文化品牌。

3. 加强对区域文化发展的统筹

引导市州实现文化产业差异化、特色化发展，建设一批规模化、集约化、专业化程度较高的市级文化创意产业集聚区。对具有一定知名度、民族特色和浓厚乡土气息的民间艺术品，如庆阳香包等，应打破以往农户自营自销模式，通过资源整合，进行整体策划、包装，提升品牌形象。

4. 将文化融入景区建设之中

文化旅游消费需求在日益增长，要将甘肃文化特色反映到景区建设中，从而有效引导游客了解伏羲文化、敦煌文化、红色文化等，提升甘肃华夏文明传承创新区的文化影响力。如敦煌的莫高窟、月牙泉等享誉世界，敦煌飞天、反弹琵琶等文化形象也极具艺术价值，敦煌景区以实景演出、地域文化演绎等形式建立体验区，向游客提供更多的文化交互服务。充分发挥文艺作品在建设文化品牌中的作用。甘肃以伏羲文化、敦煌文化、西路军等为题材的文艺作品有很强的影响力和知名度，比如《丝路花雨》《大梦敦煌》等，可以在景区演出或展示。

5. 扩大甘肃文化的影响力

加快培育外向型文化企业和对外文化中介机构，完善译制、推介、咨询等方面的扶持机制，进一步扩大对外文化贸易，支持甘肃文化产品出口与对外交流，支持优秀剧目、文化艺术品海外巡演巡展。

（四）推动文化科技融合发展

从国内外文化产业发达城市和地区的经验来看，无论历史文化资源丰富与否，其发展的重要特征都是有与科技创新发展的最前沿领域相关的创意文化行业。伦敦城市群向全世界展现了一个从工业之都、金融之都到创意之都的成功转型。《哈利·波特》系列小说的畅销，让哈利·波特电影、游戏、玩具、服装等各种相关产业获利上百亿美元，见证了创意文化产业对经济的巨大推动力。目前，大伦敦地区创意产业收入每年超过 200 亿英镑，创意产业已经成为仅次于金融服务业的伦敦第二大支柱产业。

推动文化科技融合发展，一是大力推进文化创意园区、基地等的建设力度，构建一批文化创意产业的科研创新平台、成果转化平台、信息交流和交易展示平台，集聚、培养、吸引一批文化创意产业的专业人才、企业家；二是加大对文化创意产业的资金支持，采取贷款贴息、投资基金、融资担保、无形资产贷款质押、集合债券等多种方式，构建文化产业投融资平台；三是依托兰州国家级文化科技融合示范基地，培育一批动漫影视、数字出版、网络游戏、舞台机械加工、高科技文物修复等文化科技融合性企业。

（五）建设丝绸之路文化带

甘肃是古丝绸之路通道上的重要枢纽，甘肃境内古丝绸之路上的文化资源分布有序，从东向西，大地湾文化、伏羲文化、河州穆斯林文化、纵贯河西走廊的长城文化与敦煌文化……沿线每个市州都能梳理出各自独特的文化"亮点"。因此，丝绸之路文化发展带可以视为华夏文明传承创新区建设的"中轴线"。

一是发挥地域文化优势，着力打造一批具有国际影响力的文化名城。敦煌、武威、张掖、天水、临夏等市作为历史文化名城，文化资源开发具有一定基础，可支持和推动这些城市成为丝绸之路的重要节点城市。二是充分发挥甘肃是古丝绸之路咽喉要道和商埠重地的影响，积极打造甘肃省文化商品集散地，在兰州建立西北文化商品集散中心，在敦煌建立丝绸之路文化商品集散中心。三是做好丝绸之路沿线国家共同申报世界自然遗产的工作，全面推进敦煌国际文化名城建设，积极申请举办丝绸之路（敦煌）国际文化博览会，继续举办"敦煌行·丝绸之路"国际旅游节。

B.18 陕西民间信仰现状与管理模式研究

李继武*

摘　要：

民间信仰是一种民间社会自发形成并运行的准宗教信仰现象，这种社会文化现象现在仍然大量存在于社会现实之中，是我国社会文化的重要组成部分。本文通过对陕西境内的民间信仰以及不同地方政府部门就这种社会活动的管理情况进行实际调研，然后从理论层面对各种管理模式中的利弊得失进行分析研判，并提出相应的对策与建议，为社会管理提供相关的理论依据。

关键词：

民间信仰　基本现状　管理模式

一　我国民间信仰管理的基本情况

对于"民间信仰"的界定众说纷纭，本文采用"民间信仰"是指信仰并崇拜某种或某些超自然力量，以万物有灵为基础，以鬼神信仰为主体，以祈福禳灾等现实利益为基本诉求，自发在民间流传的，非制度化、非组织化的准宗教。该定义既反映出了民间信仰的宗教性，同时又将其与佛教、道教、伊斯兰教和基督教等宗教区别开来，较之其他各种观点更具有合理性。

民间信仰作为一种信仰形式，是人类社会最古老的社会文化现象，它是世界宗教文化的萌芽之源，也是最现实的社会文化现象，很多民间性的非物质文

---

* 李继武，宗教学硕士，陕西省社会科学院宗教研究所副所长，副研究员，主要研究方向为宗教学哲学、宗教政策与法规、佛道教与民间信仰等。

化遗产也往往蕴含在民间信仰活动之中。在科学文明高度发达的当代社会，各种民间信仰依然以其"春风吹又生"的顽韧存在于现实生活之中，它是当代社会草根文化的重要形式之一。陕西民间信仰历史积淀丰厚，既具有民间信仰共性特征，又有非常明显的地方特色，虽然现实生活中大量存在，但是与之相关的学术研究开展得非常少，迄今为止，无论是学术界还是政府机构，都还未对陕西省民间信仰状况进行过全面的调研和整理，在管理形式上更处于摸索状态。

加强民间信仰的研究具有很强的现实意义，其主要表现在它可以为正确认识和引导民间信仰与社会主义文化建设相适应提供理论参考。从社会文化建设的角度来看，民间信仰是我国社会文化的重要组成部分。从国家文化安全和民族团结的角度来看，民间信仰对进一步凝聚社会群体具有重要的现实意义。从社会管理的角度来看，对民间信仰的规范化管理也是社会管理的一部分。虽然理论界目前对民间信仰的很多方面尚未取得共识，但以庙会为主要活动形式的民间信仰已然自发形成了重要的社会文化活动，其动辄数万人次甚至几十万人次的活动规模和此起彼伏的活动频率，使其已经成为社会管理所不得不面对的现实问题。因此，经过大量的实践调研和理论探讨，政府将民间信仰作为传统的佛教、道教、伊斯兰教、天主教、基督教等五大宗教之外的"其他宗教"纳入国家宗教事务管理的工作范围，并设置专门机构对有关民间信仰的情况进行调研和管理，各级地方宗教事务管理机构也设置了相应的管理部门，对本地民间信仰进行初步的管理探索。最近几年，有些地方先后出台了相关的地方性民间信仰管理法规，如湖南颁布了《湖南省民间信仰活动场所登记管理办法》，陕西省宝鸡市颁布了《宝鸡市民间信仰活动场所登记管理暂行办法》，此外还有很多地方正在进行相关工作的调研和探索。

二 陕西民间信仰的基本状况

民间信仰的存在和发展具有很强的历史延续性和稳定性，陕西境内的民间信仰格局主要在明清时期形成的基本格局基础上发展起来，即以秦岭为界，南北区域民间信仰文化具有明显不同的区域文化特征。同时，由于时代的变迁，陕西民间信仰中也出现了一些新的元素和特点。

陕西民间信仰的信众、场所和活动主要分布在广大农村地区,其信众主体是农村人口,尤其以中老年人、妇女居多。随着我国城镇化进程的加快,大量农村人口转化为城镇人口,未来必然会引起民间信仰人口构成情况的变化。陕西民间信仰的活动场所占地面积不等,有些场所较大,是由几座殿堂形成的建筑群,有些场所可能只有一座孤立的小殿堂,如《宝鸡市民间信仰活动场所登记管理暂行办法》第六条规定:"拟登记场所有开展活动必需的基础设施,无安全隐患,建筑面积不得小于20平方米。"这就意味着,作为纳入官方管理的民间信仰活动场所的建筑面积只要能达到20平方米即可,但事实上有很多小庙虽未达到规定的要求,但仍广泛存在并频繁开展各种活动。如果把各种小庙都纳入统计范围,可以说是一种"村村有庙,处处有神"的状态。陕西民间信仰的崇拜对象极其丰富,但从大的方面来看,主要是以先贤圣哲、忠臣孝烈、自然现象以及佛道教的各种神为祭祀对象,同时民间传说中各种能护佑生灵的鬼怪神异有时也被作为信仰对象加以供奉。这些信仰对象又因陕西境内南北方自然环境和历史文化传统不同而呈现不同的特征,如陕北地区广泛存在的黑龙神信仰、真武信仰等,陕南地区广泛存在的杨泗将军信仰等。

陕西民间信仰历史悠久,积淀深厚,场所众多,信仰复杂,因此其在群众中具有广泛的影响,但是总体而言,其信仰人口的比例和信仰形式比较稳定,以笔者2012年在关中的宝鸡地区和陕北榆林地区进行的调查统计为例,宝鸡地区有佛教、道教、伊斯兰教、天主教和基督教五大教宗教信仰人口约23万,占该地区总人口的7%,低于通常所说的全国平均比例10%。但该地区有民间信仰场所1700多处,庙殿512座,全市12个县区均有分布,民间信仰的信众近40万人,约占该地区人口的11.1%。榆林地区目前有佛教、道教、天主教、基督教和伊斯兰教信教人口总数约31万人,占全市总人口的9.3%,虽然比宝鸡地区略高一点,但也低于全国传统认为的大约10%的比例,与最新研究成果得出的全国宗教信仰人数3亿、占总人口24%的水平则相差甚远。为了比较准确地判断榆林地区信教人群规模,我们在2012年通过调查对榆林地区民间信仰人口的统计和估算,将其从各县所统计的道教和佛教信仰人群中剥离出来，得出的数据是 51 万人，占全市总人口 11.5%。榆林地区民间信仰人数的比例和宝鸡地区基本一致，这说明陕西民间信仰人数规模保持在全国平均水平之下。

历史上陕西民间信仰非常发达，改革开放后各种民间信仰活动有进一步复兴之势，尤其是 20 世纪 90 年代后，更是出现了滥建庙宇的现象，引起了有关部门的高度重视，有关部门进行了规范和引导。

从整体来看，陕西民间信仰主要有以下几个特征。

特征一，信仰对象繁杂混乱无系统。陕西境内民间信仰对象可以说五花八门，大致可分为以下三类。一类是对道、佛、儒等教的偶像或三教合一的混合崇拜偶像，如佛教的释迦牟尼、观音菩萨，道教的真武大帝、三清等，这是对传统宗教"三教合一"倾向的世俗化和普及化。另一类是对自然神的崇拜，如供奉各种土地、圣母、雷雨神、山神等，还有传说中的三官、玉帝、龙王、火神、水神、八蜡、财神、马王、眼光菩萨、灵官、三圣母、三霄娘娘等。还有一类是崇拜历史名人和革命领袖，如五圣、药王、关帝、杨四将军、秦琼、敬德、岳飞、毛泽东等。

特征二，活动场所点多面广不规范。陕西民间信仰场所非常多，可以说"村村有庙"，但是各处场所的建设布局和规模随意性很大，有的是数座殿堂形成的大规模建筑群，有的则是不足数平方米的小土房。大多数活动场所经过了备案登记，其中个别还被批准为对外开放场所，但也有一些活动场所未经过任何审批或备案登记。

特征三，发展速度较快却无秩序。以宝鸡陇县为例，全县民间信仰活动场所在新中国成立前有 107 处，新中国成立后到 1978 年保存下来或恢复性修建的只有 35 处，到 1979 年新修建的就有 176 处，现在已达到 319 处之多，总建筑面积 43164 平方米，在陕北地区也曾经一度建庙成风。为了遏制这种滥建庙宇之风，陕西省民宗委在 1995 年出台了相关指导性文件，对这类行为予以限制并进行了整顿和规范。但是，随着社会经济的发展和人们信仰需求的变化，最近几年，民间信仰的发展又出现了新的趋势，如财神信仰空前兴盛，有些革命先烈也成为新的信仰对象。

特征四，信仰活动频繁且影响扩大。庙会是民间信仰最主要的活动形式，有很多民间信仰活动场所都有自己特定的庙会活动。由于其活动场所在农村地区密度较大，因此整体来看，庙会活动还是非常频繁的，在庙会较集中的几个月，各地庙会活动此起彼伏，如宝鸡凤翔县无固定庙会的民间信仰场所800多处，占全部场所的62%，有固定庙会的场所有400多处，占全部场所的38%。这就意味着在一个地区内一年当中有400多处民间信仰场所举办庙会活动。这些庙会常常集农村物资交流和戏曲演出为一体，每一场庙会吸引着周边地区广大信众和普通群众，少则千百人，多则数万人，以会造势对周围群众有较大的影响。再如陕北榆林黑龙潭举行庙会时，参加庙会的人最多可达到近十万人次的规模，该场所依此逐渐形成了相关文化产业，并兴办企业和学校。为了防止举办庙会时出现安全事故，当地政府需要抽调大量工作人员维护活动秩序。

特征五，信仰世俗化趋势越来越明显。陕西境内的民间信仰除了很多传统的历史性信仰文化得以保留和传承外，也出现了更加明显的世俗化倾向，最典型的现象就是财神信仰的普遍化和异常兴盛。

三 陕西民间信仰中存在的问题

民间信仰文化中既有积极先进的文化元素，也有消极落后的成分，无论是社会还是政府，都不可忽视或漠视民间信仰在社会发展和管理中的作用。通过调研，我们认为陕西的民间信仰目前存在着如下几个方面的问题。

（一）社会管理层面认识不到位，缺乏明确的政策指引和制度规范

新中国成立以来在相当长的时间里，各种宗教活动作为"封建迷信"受到不同程度的限制、打击乃至被取缔。随着我国实行改革开放和恢复宗教信仰自由政策，各种宗教信仰活动逐渐恢复。由于相关政策法规中的"宗教"一词的范围仅限于佛教、道教、伊斯兰教、天主教和基督教，并不包括民间信仰这种准宗教现象，所以，民间信仰并未明确纳入"信仰自由"范畴，同时也没有制定相关的禁止性政策法规，国家对于民间信仰的合法性与合理性问题都

处于不置可否的状态。理论引导层面的缺失和管理层面政策法规的缺位，最终导致了全社会在这一问题上的认识混乱和管理缺位。

如何对待民间信仰，对于地方的社会文化建设来说具有重要意义。对民间信仰的认识和政策指导不到位，必然导致基层政府在相关事务管理方面存在各种问题。据笔者通过大量调研后综合分析，陕西各级地方政府在民间信仰管理方面主要呈现以下几种状态和形式。

第一种，放任型。就是对民间信仰采取不理不管，任其自然发展的状态。这种状态具体表现为对辖区内的民间信仰活动场所从不过问或登记，对于民间信仰活动视而不见，也不作任何了解监控，这种情况在关中的西安和渭南地区有些区县比较明显。

第二种，管制型。这些区域倾向于将民间信仰定位为"封建迷信"活动，同时担心邪教组织利用民间信仰活动从事非法活动，因此对民间信仰活动予以严格的控制，尽量限制和阻止这类活动的进行，这种情况在陕西安康地区有些区县存在。

第三种，管理型。当地政府相关部门主动将民间信仰纳入宗教事务管理范畴，通过调研制定相应的管理办法，如宝鸡市在2008年3月27日就制定颁布了《宝鸡市民间信仰活动场所登记管理暂行办法》，该办法对民间信仰的界定、场所登记条件、组织管理机构、管理组织的职责、活动规模和活动范围等都作出了规定。该规定是目前陕西地方政府自行制定的唯一一部有关民间信仰的地方性法规文件，虽然该《办法》中有些内容还需要进一步完善，但是其在陕西省民间信仰管理方面作出了重要的探索和示范作用。

第四种，放权型。有些地方政府把民间信仰管理的权力下放到县乡一级政府，由他们根据当地具体情况进行相应的管理，这种情况在榆林地区比较明显。在榆林地区的12个区县中，各地民间信仰的情况各不相同，比较复杂，各区县的政府部门根据当地的具体情况设置了各种不同的管理模式，有的由县级政府对民间信仰活动场所进行登记备案，然后由乡级政府具体负责监管其活动情况，使民间信仰活动始终没有脱离政府的管控范围，比较典型的如靖边县。还有的县成立了专门的民间信仰协会，由该协会负责对全县的民间信仰场所和组织活动进行指导和管理，如榆林子洲县。从以上各种情况来看，陕西目前在民间信仰场所与活动的管理方面缺乏规范性，虽然各地的基层政府根据当地实际情况尽力防范各种失控情况的出现，但这些管理行为因缺乏明确的政策指引和制度规范而常常处于随机状态。

（二）场所建设的无序化，浪费了大量的人力、财力和土地资源

由于民间信仰场所不属于宗教活动场所，无明确的管理规定，又无建设规划，也无需履行报批手续，常常会出现乱占滥建之风。为此，省民族宗教委员会曾经专门发过相关的文件予以制止，但是随着时间的推移，建庙之风又会不时刮起。从最近几年的形势来看，随着社会经济的发展，民间信仰场所建筑维修和新建庙宇的规模也越来越大，占地越来越多，费用也越来越高。在有些地方，在经费筹措不足时，就会扩大范围募捐，甚至向村民进行硬性摊派，这无形当中会增加农民的负担。在有些地方村干部往往又是民间信仰活动的组织者，他们把组织民间信仰活动和村务管理活动搅和在一起，在当地群众中造成了不良影响。此外，由于多数民间信仰活动场所的建设是由群众自发性的帮工，很多建筑在施工过程中既无正式的施工单位，更无工程监理，施工过程存在较大的安全隐患。

（三）频繁的民间信仰活动潜藏着事故隐患

民间信仰活动一般在重大节日、庙会期间、祭天祀祖和农闲时进行，由于缺乏严密的组织管理，没有安全保障制度和配套设施，民间信仰活动容易被有些非法组织利用，进行非法活动，大型活动容易引发突发事件。在此期间，有的人打着行医的幌子进行行骗，有的人利用民间信仰场所搞迷信活动，有时甚至被邪教组织利用，造成了社会局部不稳定，影响了正常的生产生活秩序。如果引导和管理跟不上，就会使各种隐患潜藏其中，有可能造成社会问题。

（四）管理的真空化，增加了新农村建设的阻力

长期以来，民间信仰缺乏明确的界定和政策法规的指引，管理部门不明确，管理权责不明晰，使得政府管理缺位。民间信仰场所自发的管理组织由于无章可循，组织机构不健全，管理比较混乱，有的小庙管理人员多达十几人，

有的却无人管理，临时组织。管理形式既有会长管理模式，也有庙管会管理模式，甚至很多有村干部参与其中。有些地方认为村庙是乡村自发修建的，政府无权插手，因而排斥政府有关部门的事务管理和引导。此外，由于宗教事务管理部门人员编制较少，交通设施较差，而民间信仰往往点多面广，如果进行管理，人手则远远不够。政策上的不完善和现实中的管理松散，不利于民间信仰朝着健康稳定的方向发展，无疑会增加新农村建设的阻力。

四 对策与建议

（一）陕西对民间信仰活动有关问题的探索

对民间信仰如何管理的问题，国家宗教事务局目前也在进行相关调研，各个省级宗教事务管理机关也开展了相应的工作。陕西省民宗委在1995年就曾经进行过相关的调研，并根据调研情况制定了重要的指导性文件，为引导全省尤其陕北地区的宗教朝着正确方向发展起到重要作用。其要点如下。

（1）对历史上曾为佛、道教寺观建筑，具有文物保护价值的大中型庙宇，如当地群众强烈要求开放，又基本具备宗教活动场所条件的，经当地政府宗教部门审查后，报县（市）人民政府批准为正式宗教活动场所并依法补办登记手续，使此类寺观活动纳入正规宗教活动的范畴。

（2）对农村老年僧、道人员居住的零散小寺观，凡符合佛道教仪规的，可予保留，但不对社会开放。

（3）对在当地有较大影响、按传统习惯每年数次开展"文化"庙会活动（民间祭祀、演戏、办展览、物资交流等）的大中型庙宇，虽不属宗教活动场所，但考虑到部分群众的需求，可保留其建筑及塑像以供附近群众从事小型祭祀活动之用；保留戏台作娱乐活动场地。

（4）未经批准开放的其他民间神庙，除历史悠久且有文物保护价值的外，一般不再保留。

（5）对打着佛、道教旗号，实为巫婆、神汉或已被取缔了的会道门骨干分子所把持，骗取群众钱财、从事封建迷信和其他违法活动的场所，一经查实，由当地公安机关依法取缔，将其活动场所予以拆除或收归公有，交所在乡、镇政府管理。

（6）严禁假借"纪念"之名，为领袖人物建庙或在宗教活动场所内为领袖人物塑像。

（7）凡以新增旅游景点、人文景观、发展旅游、搞活经济为目的而新建的庙宇，以及现由文物、园林部门管理只作为参观游览的庙宇，一律不得开展宗教活动或从事迷信活动。不得设置"功德箱"，收取或变相收取信众的布施和捐赠，不得出售宗教用品。

（8）加强对庙会组织的管理。

上述建议要点被省委、省政府采纳，并批转全省各市执行。十多年来，陕西各市县对民间信仰活动的管理，大体上按照这一思路进行。但是近年来，民间信仰的发展也出现了各种新的情况，因此，还需要针对出现的各种新情况提出新的政策引导。

（二）解决当前陕西民间信仰有关问题的对策

1. 开展全面性调研，摸清基本情况

民间信仰具有很强的群众性，我们从社会管理的角度不得不予以重视。民间信仰活动常常和佛教、道教等宗教活动搅和在一起难以界分，有时又与各种迷信活动相互掺杂而不易分辨，但由于信仰者需要通过这种信仰形式来表达他们的精神寄托和信仰期许，同时它又是各种民俗文化的根源和载体而需要整理。如果要对这类复杂的社会文化现象进行引导和管理，使其与我国社会发展的趋势相和谐，则首先需要对其进行大量的调查和研究，才能制定更加科学有效的管理制度。

以前对民间信仰现象的忽视，使得我们目前对这方面的各种情况了解比较少，在理论认识方面比较浅，在管理经验方面也缺乏系统的总结。要对陕西境内的民间信仰情况有一个比较全面深刻的认识，则需要由相关部门牵头，组织一次全面、深入、细致的调研活动，形成陕西境内民间信仰活动情况的基本信息数据库，为陕西省政府在民间活动管理方面提供最基本的决策依据。

2. 提高认识水平，加强引导力度

对于民间信仰基本问题的认识目前存在较大争议，在各个基层政府，对于民间信仰活动该不该管，如何管，如果不管出了问题怎么办等一系列问题缺乏统一的认识。在管理实践中常常出现"同样事情，不同处理结果"的情况，这不仅会给社会造成各种认识上的混乱，同时也会影响政府的权威性。因此，对于陕西目前民间信仰管理的情况而言，提高和统一思想认识非常重要。

3. 明确管理思路，积极探索管理模式

对于民间信仰活动，在摸清情况并统一认识的基础上，应在全省范围内确定相应的管理政策，并在基层进行各种管理模式的实践探索。民间信仰作为民间自发形成的草根性宗教文化，具有非常强的地域特性，在一个地方适用的管理模式在其他地方就未必适用，如果仅仅拘泥于一种管理模式，则很难适应复杂多样的民间信仰活动，因此，对于具体的管理模式，应该允许各个基层管理机构进行积极探索。作为政策层面的大政方针应主要是方向性指引，避免不同地区出现方向和态度截然不同的管理制度。

4. 健全地方管理机构，提高管理人员素质

从目前的实际情况来看，具体负责民间信仰活动管理的一般是地方民族宗教事务管理机构，但是就各个地方的宗教事务管理机构的设置情况而言，除了一些宗教重点县有专门的宗教事务管理机构和专职的宗教事务管理工作人员外，很多县级政府在宗教事务管理方面的机构设置不健全，在县级政府中，通常只是象征性地在民政机构中设置一两个职位来管理全县境内的宗教事务，同时在工作经费、交通工具的配置等各方面都非常缺乏，因此，宗教事务的管理工作往往只能停留在偶尔听听宗教组织自发性的工作汇报上。即使有很少的专门负责相关事务的工作人员，但由于不被重视，也缺乏相应的专业培训，对于宗教文化知识了解不够，对于业务不熟悉，其在宗教事务管理过程中容易犯一些常识性错误。

因为宗教工作牵涉党和国家的意识形态等方面，尤其在近年来农村基层党组织的组织宣传能力明显下降和各种宗教组织影响不断扩大的情况下，应当重视宗教事务管理工作的重要性，健全和加强各级政府的宗教事务管理机构，提高工作人员的业务素养，以引导民间信仰活动为社会主义文化建设提供重要保障。

B.19 兰州新区建设研究

马继民*

摘　要： 兰州新区作为西部地区唯一的国家级新区，承载着兰州、甘肃乃至西北地区大开发、大发展的重任。新区在建设中既承载着希望，也面临着挑战和压力，需要用全新的城市发展思维来破解建设中的困难和问题。本文基于对兰州新区建设现状的调研，对新区在建设中面临的挑战压力和瓶颈性问题给出相关对策建议。

关键词： 兰州新区　建设　研究

随着国家西部开发战略的推进，为促进区域经济协调发展，解决区域发展不平衡、主体功能不突出的问题，2012年8月，位于西北地区的兰州新区获批为国家级新区，成为继上海浦东新区、天津滨海新区、重庆两江新区、浙江舟山群岛新区之后，国家战略实施的又一个新战略平台，此举开启了西部开发战略新篇章。

一　兰州新区概况和现状

（一）新区概况

兰州新区的设立经历了从中川新区、空港工业区到循环经济区的演变过

---

* 马继民，甘肃省社会科学院经济研究所副研究员，主要从事区域经济、工业经济研究。

程，历时近20年。1996年在秦王川盆地开始建设，引大入秦工程，为兰州新区建设奠定了基础。目前兰州新区的位置，就位于兰州、西宁、银川三个省（区）会城市中间的秦王川盆地，规划面积806平方公里。2010年5月，国务院办公厅出台《关于进一步支持甘肃经济社会发展的若干意见》，明确提出支持兰州新区建设。同年甘肃省政府出台《关于加快推进兰州新区建设的指导意见》，2011年兰州新区管委会设立，兰州新区进入全面开发建设的新阶段。2012年8月，兰州新区正式升级为国家级新区。

在兰州的秦王川盆地设立兰州新区，除了国家区域经济发展均衡布局和国土安全、民族团结等国家层面的战略考虑外，还因为兰州新区在区位、土地资源、水利资源、交通、产业基础等方面具有一定的比较优势：兰州新区具有坐中四联的区位优势；土地和水资源相对充裕，适宜发展非农产业和大规模开发建设；交通优势明显，航空、公路、铁路构成了立体综合交通网络体系；产业基础良好，石化、装备制造等产业优势明显，产业发展潜力巨大。

结合国家战略和新区的比较优势，国务院为兰州新区明确了"西北地区重要的经济增长极、国家重要的产业基地、向西开放的重要战略平台、承接产业转移示范区"四大战略定位。建设兰州新区，有利于拓展兰州城市发展空间，实现新老城区互动发展；有利于形成西部重要的增长极和战略支撑，带动西部的开发开放和拉动西部经济发展。作为西北部地区唯一的国家级新区，兰州新区承载着兰州、甘肃乃至西北地区大开发、大发展的重任，对于加快兰州乃至甘肃转型跨越发展、实现甘肃与全国同步进入全面小康社会具有重大而深远的现实意义和历史意义。

根据《兰州新区总体规划》，兰州新区到2030年GDP将达到2700亿元，城市人口规模达到100万人，成为西部地区产业特色鲜明、人居和生态环境良好的现代化新城区。

（二）建设现状和趋势

兰州新区自2010年开始建设以来，按照战略定位和阶段发展目标，积极开展各项建设工作，在一些基础关键领域取得了重大突破。2012年，全年完成生产总值116亿元，完成全社会固定资产投资250亿元。

一是基础设施建设取得重大突破。目前核心区80平方公里的供水、供电、供气体系等基础配套设施已基本建成，可基本满足企业入驻和产业发展的需要。新区主要水源供应点，储水量630万立方米的石门沟水库已建成蓄水。新区内的16条主干通道已建成通车，新区至白景泰高速公路、兰新铁路三四线、兰州至中川城际铁路、兰州老城区通往中川的快速通道等已开工建设。

二是招商引资和项目建设取得重大进展。截至2013年9月底，兰州新区规划范围内共执行招商引资项目226个，总投资2478.4亿元，引进到位资金365.45亿元，其中亿元以上项目88个，占项目总数的85.4%，2013年兰州新区招商引资实际利用资金将达到1000亿元。

三是产业集聚初具规模。新区整合集中了兰州新区、兰州高新区、兰州经济区等"三区"的资源和力量，分别成立了石化、装备制造业、科教研发中心、行政文化中心和区域服务中心，机场东物流和机场南高新技术，机场北高新技术、机场北物流及现代农业示范区等六个产业园区指挥部。围绕规划中的重点产业发展引进了产业项目入驻新区，到2013年9月底，已引进中石油、三一重工、中航工业等世界500强企业11家入驻新区。

四是生态环境建设全面实施。兰州新区2011~2012年累计完成造林绿化任务近5.5万亩，栽植各类苗木613万株，已建成了5个万亩生态屏障（景观）与产业工程。

与国内其他几个国家级新区相比，兰州新区既没有上海浦东新区的长三角作支撑，也没有天津滨海新区的津京唐环渤海经济带作依托，甚至都不能比及重庆两江新区，后者有着国家投资拉动的先发优势。兰州新区在经济总量、人口、土地、区位、经济基础、带动辐射能力等综合方面与上述几个新区存在较大差距。然而兰州新区最大的特点就是国家战略区位优势，肩负着比其他国家级新区更具综合性的战略定位目标和使命（见表1），是整个西部地区的经济高地和黄河上游最大的核心经济区，具有鲜明的产业特色和互补性，在维护国家安全、稳定中具有不可替代的重要地位。

表1 兰州新区与其他国家级新区综合比较

新 区	建立时间	面积（平方公里）	现有人口（万人）	功能定位	2012年主要经济指标		
					生产总值（亿元）	固定资产投资（亿元）	合同外资金额
浦东新区	1992年10月	1210.41	412	上海国际金融中心和国际航运中心	6000	1450	70亿美元
滨海新区	2006年5月	2270	248	对外开放的门户、高水平的现代制造业和研发转化基地、北方国际航运中心和国际物流中心	7205	4453	142.54亿美元
两江新区	2010年6月	1200	160	统筹城乡综合配套改革试验的先行区、中国内陆重要的先进制造业基地、现代服务业基地、长江上游地区金融中心和创新中心、内陆地区对外开放的重要门户、科学发展的示范窗口	1476	1237	4810亿元
兰州新区	2012年8月	806	10	西部重要增长极、国家重要产业基地、对外开放的战略平台和承接产业转移的示范区	116	250	838.8亿元

未来20年是兰州新区城市发展、产业集聚的关键时期。随着《兰州新区总体规划》的实施，国家将给予兰州新区更多的政策和资金支持，在国家政策的支持下，兰州新区将根据区位条件、资源禀赋，积极推进产业结构调整、加强生态环境建设、推进城乡统筹发展、促进开放开发。甘肃省和兰州市也将进一步加大兰州新区的投入，全社会参与兰州新区建设的热情和积极性也将大幅度提升，从而为兰州新区建设提供更好的建设机遇和发展前景。

二 兰州新区建设面临的问题分析

兰州新区是一座全新的城市，需要用全新的城市发展思维来破解建设中的困难和问题。

（一）面临着区域生态环境风险和可持续发展的严峻挑战

一是土地生态环境脆弱，土壤植被贫瘠。兰州新区规划范围是典型的湿陷性黄土地质，四周为封闭的丘陵地貌，荒山秃岭，植被稀少，水文地质灾害相对普遍。加之前期对土地不合理开发利用，水土流失、土壤沙化、草场退化等问题严重，整体层面的生态保护和生态修复势在必行，加大了土地的开发改造难度。

二是水资源严重短缺。兰州新区年平均降水量220毫米，蒸发量却高达2000多毫米，属绝对干旱贫水区，新区的水资源，主要依靠引大入秦水利工程。由于引大入秦水利供给存在季节性引水与调蓄工程问题，仅能够保障新区居民的生活用水，新区的工业用水以及生态、城市建设用水还存在着上千万立方米的缺口。

三是气候环境恶劣。兰州新区属高海拔地区，海拔2000米，高出兰州老城区海拔（1530米）近500米，冬季寒冷漫长，夏季短暂。同时，距新区北边25公里处就是腾格里沙漠的边缘，极易受沙尘暴的侵扰，对新区宜居环境影响严重。

由于兰州新区生态环境敏感，生态系统脆弱，生态功能重要，发展与保护的潜在矛盾突出，因此如何在这样一个生态脆弱区实现经济与生态的共生增长，对于兰州新区建设可以说是一个全新的尝试和挑战。

（二）新区建设资金需求压力巨大，投融资环境形势严峻

根据国开行甘肃省分行编制的《兰州新区系统性融资规划》的初步测算，兰州新区2012～2030年固定资产投资总需求约12245亿元，融资需求超过8000亿元。而兰州市全年一般财政收入仅100多亿元，每年可用于基建的资金还不到10亿元。据兰州新区分三年基础设施投资计划，2011～2013年开工的基础设施总投资458.77亿元，其中，省市级投资4.26亿元，仅占1%；而自筹资金需求高达310.74亿元，占68%。面对新区建设巨大的投资需求，兰州市依靠自身的财政实力，很难建立较大规模和有实力的融资平台。目前，兰州新区项目建设采取的是中国BT模式。然而通过BT模式进行城市建设存在

的风险是显而易见的,除了对运行企业的资金流转能力有极高要求外,还对兰州市财政收入水平有相当高的要求。2012年,兰州新区在征地补偿、BT项目建成回购等方面资金缺口达64亿元。

当前,国家宏观经济调控政策发生重大变化,依靠政府信用和融资平台获得大规模融资的黄金时代已经过去,而且大规模的政府性投资将难以恢复。同时在国内地方债危机背景下,地方融资平台正面临最大的危机,地方自主发债所得到的资金将会成为偿还债务的主力军,兰州新区未来债务偿还压力将会越来越大。从实际看,兰州新区目前的地方融资平台主要靠抵押土地,融资平台还达不到规范要求,融资能力有限,在建设初期可能出现融资困难,甚至造成所承担的在建项目资金链断裂等严重问题。

(三)面临新城区与老城区互动发展的挑战

目前国内建设"新区",一般都是依托老城适当扩散,而兰州新区是跳出老城发展新区。目前兰州市经济基础薄弱,带动和辐射作用十分有限,老城区经过几十年的建设面临的诸多问题至今还未解决。因此如何分散老城区的部分功能,并让这些分散出来的功能促进新区发展,同时在新区建立一个基础设施完善、产业集聚的新城城市系统;在保持老城区稳步发展的同时,如何加速新区的快速发展,实现新城区与老城区功能互补、互动发展,是摆在兰州新区建设面前的一个巨大挑战。

同时,兰州新区距离主城区较远,新区与主城区直线距离40公里,秦王川南部的中川机场到主城区距离则为70公里。这使得原有城市的基础设施和功能配套,不能得到充分利用,而且每平方公里的投资强度会大大增加。与主城区遥远的空间距离和心理距离也影响了兰州新区对主城区外溢功能的吸引。

(四)面临产业转型升级的挑战和压力

兰州是国家"一五""二五"及三线建设时期国家重点投资的地区,集中了大量的重化工业,高新技术产业发展迟缓。目前兰州外资带动型和市场先导型所形成的传统加工优势正在逐步消失,整个支撑未来经济强势发展的动力正在经历转换。新区重点发展的五大产业中,除石油化工产业具有比较优势外,其他的产业,如高端装备制造业、高新技术产业等新兴产业并不具备竞争优势。同时新区企业普遍存在自主知识产权和自有品牌偏少、对外技术要素依存度过高、企业普遍缺少核心竞争力、资源环境消耗高等问题。如何避免低端产业以及资源加工型产业的重复,是兰州新区建设中需要认真对待的一个问题。

(五)人口资源和智力资源存在明显劣势

兰州新区现有人口11万,仅占兰州全市总人口的2.7%,这其中农业人口占了很大比例。人口规模小限制了新区商贸、餐饮、娱乐、文化教育等产业的蓬勃发展,使新区对吸引高素质居民定居缺乏明显的吸引力,进而影响了新区人口素质的提高和整体社会经济实力的提升。同时,由于新区与主城区距离较远,偏离消费市场、偏离劳动力市场、偏离人才市场、偏离材料供应市场,因此吸引创业者的可能性较小。受到条件限制,新区工作、生活环境比较艰苦,原住地居民迁移过去的阻力很大,对于留住现有人才也形成了一定的阻力。目前,兰州新区大量缺乏懂经济、规划、建设、财政金融、土地、民政等方面的高素质专业人才。

三 加快兰州新区建设的对策建议

兰州新区是在一张白纸上规划建设的,面临的挑战和问题很多,建设任务非常艰巨。因此要从突破口、着力点和新目标等三个关键点入手,摆脱传统思维定式,创新建设思路,破解难题,推动新区建设跨越发展。

(一)科学规划,有序开发建设,实现产城互动

充分发挥规划的先导作用,明确新区的国家战略定位、功能布局、发展目标。新区的各项规划都要和国家"十二五"规划和甘肃"十二五"规划相衔接,与国家产业政策相对接。新区建设要考虑地方实际能力和民生服务配套,坚持统筹布局、突出特色、有序开发、循序渐进的原则,高起点、高标准建设兰州新区。应先以产业起步,以产业聚集人口,实施产业兴城、以产促城、产城融合的三步走战略,最终实现"产业强城、生态绿城、多湖水城、现代新城"的建设目标。

（二）构筑绿色生态屏障，实现可持续发展

兰州新区生态环境脆弱，要实现可持续发展，就必须从战略高度实施生态建设。按照规划中"北御风沙、中兴产业、南建景观"的思路，以山林生态功能区、重要湿地生态系统、主要河流水渠和道路及其绿化隔离带、北部片区的生态安全防护林体系等为依托，构建新区和谐共生的绿色生态屏障。与其他省（区）、市一起探索完善流域生态保护和补偿机制，建议以新区为中心，在半径200公里的范围内建立黄河上游水土保持国家级示范区，保障黄河流域生态安全，打造西部地区重要生态屏障。

（三）以交通等基础设施建设为突破口，打造向西开放的战略平台

一是建设国际航空港，全面提升新区的航空枢纽门户地位，加快中川机场改扩建，积极开辟兰州新区至日韩、中亚和西亚等国际和地区航线，拓展空港辐射范围与物流服务功能；二是依托国家高速公路网布局规划，形成以兰州为中心，连接兰州新区和白银，辐射兰白经济区的高速公路网；三是积极发展内河航运，逐步实现兰州、白银境内通航，促进沿黄河旅游资源开发和经济带建立。通过加快兰州中川航空港、兰州—中川—张掖城际铁路及公路交通建设等一大批交通网络建设，形成西北内陆地区综合交通枢纽和国家级物流中心，使新区成为国家向西开放的战略平台。

（四）以产业集聚为着力点，构建高端现代产业体系

一是产业集聚先行，打造一批龙头带动型的产业集群。围绕全国重要新能源基地、有色冶金新材料基地和特色农产品生产加工基地建设，重点打造汽车制造产业集群、新能源和新材料产业集群、石油钻采炼化装备产业集群、高端建筑装备产业集群、高端装备产业集群等五大百亿级产业集群，加快提高新区产业的集中度和竞争力。

二是积极承接中东部产业转移，建设承接产业转移的示范区。积极承接发展战略性新兴产业、高新技术产业、新材料、生物医药、现代农业和现代物流、仓储等服务业。

三是注重优势产业的培育，推进结构优化升级。着力打造石油化工、装备制造、新材料、生物医药、电子信息、现代农业和现代物流七大产业，推动传统产业新型化、优势产业集群化、新兴产业规模化，突出发展高端产业、新兴产业，争创高端产业的聚集区，努力构造高端的现代产业体系。

（五）建设区域金融中心，促进金融要素向新区聚集

建设立足西北、辐射全国的区域性金融中心，促进金融市场要素加快向新区聚集。吸引各类金融机构入驻新区，构建西部金融机构集聚中心。争取成为西部地区金融组织、金融产品、金融交易、金融服务和金融管理创新的试验区；探索设立期货交易所异地交割仓库，使其成为辐射西北地区的初级资本市场；建立资源集成、利益共享的多元化投融资机制，逐步形成种类齐全、竞争互补的金融市场格局。

（六）以创新为动力，加速人口和资源向新区集聚

一是建立产业创新园区，制定并实施鼓励研发中心在兰州新区集聚的政策，吸引和有效承接跨国公司和国内大集团研发中心向新区转移。着力培育本地化企业的自主研发能力，形成新区产业向外扩张和跨国投资的技术支撑。

二是发展服务于新区特色产业的相关高等学校。协调国家和甘肃省上支持在新区进行教育布点，争取知名院校在新区建立分校、实验基地、实习基地，逐步打造一批教育品牌。逐步将一批名校、大型医院整体迁至兰州新区，或建设分校、分院，以教育设施和医疗设施聚集人气。

三是实施和推进"人才强区"战略。制定政策，大力培育和引进高端技术创新人才、行业领军人才、资金运作人才、高级管理人才，打造人才高地。

四是结合兰州市中心城区更新改造，推进老城区工业逐步向新区迁建。紧密与西固石化基地改造、七里河装备制造业升级扩张、生物医药园区建设、城区交通改善、生态环境整治和南北两山地质灾害防治等相结合，提出兰州新区对城区产业疏解的方案，以新区发展促进老城区的有机更新和改造，与兰州老城区形成错位发展，避免竞争压力。

（七）积极对接政策，充分有效利用国家各项优惠政策

兰州新区作为国家级的战略新区，首先要考虑国家的宏观思维和战略要求，解放思想，改变观念，大胆尝试，用活用足国办47条给予甘肃的各项优惠政策，发掘甘肃国家级循环经济示范区和国家发改委《兰州新区建设指导意见》等政策中的含金量，把握各类政策措施的实施原则、措施要求和工作动态，仔细琢磨其中蕴藏着的重大发展契机，深入研究拓展政策空间，积极用好、用活、用足国家有关优惠政策，发挥政策叠加效应，促进兰州新区的建设和发展。加强同省级和国家有关部门的沟通、衔接，积极争取在体制创新、先行先试、产业项目、土地户籍、资金融资、生态建设、生态补偿等方面给兰州新区以更大的支持，并形成完善的政策支持体系。

参考文献

喻新安、王建国、完世伟等：《郑州新区建设的实践与探索》，《中国新城区建设研究》，社会科学文献出版社，2010。

陈畅：《中国西北地区新区规划研究》，天津大学建筑学院2008年硕士学位论文。

李勋来：《城市新区建设的融资模式与渠道选择》，《工业技术经济》2005年第4期。

陆武成：《跨越发展，再造兰州》，《求是》2011年第9期。

洪莹：《试论地方政府的招商引资工作与策略》，《经济师》2010年第5期。

田代贵：《重庆两江新区开发开放战略——借鉴浦东新区和滨海新区经验》，《重庆理工大学学报》2011年第1期。

王二林：《天津滨海新区的开发开放与发展》，《中国发展》2007年第4期。

周淑梅：《地方政府在招商引资中的合理性与局限性分析》，《东北财经大学学报》2010年第3期。

冯等田、董积生：《兰州新区融资环境分析》，《财会研究》2012年第5期。

司成宏：《在兰商会发起座谈共谋兰州秦王川新区未来建设发展》，《兰州晚报》2010年9月10日。

《再造兰州，率先跨越——论加快建设兰州新区》，《甘肃日报》2010年12月14日。

区域篇

Regional Development Reports

B.20
关中—天水经济区发展报告

吴 刚*

摘 要： 2012年是关中—天水经济区规划实施重要的节点年，报告在评价分析经济区规划目标实施状态基础上，归纳总结出经济区发展呈现的主要趋势特征：投资仍然是拉动增长的主动力、创新驱动能力增强、首位城市引领支撑作用突出；同时分析指出经济区存在经济规模及质量水平不高、同质化竞争严重、区域协调联动能力较弱、城镇化与工业化协调发展能力有待提升等问题。最后，报告提出要完善统计体系，加大克强指数分析；构建区域协调联动机制；调整和完善规划目标体系，提升规划统筹引导力；推进自贸区建设，提升外需拉动能力；推进工业化、信息化、城镇化及农业现代化互动发展等对策建议。

---

* 吴刚，硕士，陕西省社会科学院经济研究所副所长、副研究员，主要研究领域：工业经济及新兴产业。

关键词：

关中—天水经济区　发展评估　对策建议

关中—天水经济区（以下简称经济区）是国家实施西部大开发战略的重要支撑，经济区行政区划包括陕西省西安、铜川、宝鸡、咸阳、渭南、杨凌、商洛（部分区县）和甘肃省天水市。2009年《关中—天水经济区发展规划》正式颁布实施，经济区上升为国家战略。2012年正好是规划实施的节点年，分析评价经济区发展态势，明确成效和不足，优化和改进发展路径，对于加快经济区转型升级具有重要的价值意义。

一　关中—天水经济区主要经济指标完成情况

（一）GDP及其增速变化

2012年经济区实现经济总量9816.3亿元，较上年同期增长16.3%，同规划目标6600亿元相比，超额48.7%，占西北五省区经济总量的30.8%，接近规划目标"到2020年，经济总量占西北地区比重超过三分之一"。从经济总额的绝对量看，依次分别为西安（4369.4亿元）、咸阳（1616.2亿元）、宝鸡（1409.9亿元）、渭南（1212.5亿元）、商洛（439亿元）、天水（413.9亿元）、铜川（282.9亿元）、杨凌（72.5亿元）。从经济总量增速看，7市1区增速都在11%以上，依序为铜川（15.8%）、宝鸡（15.1%）、商洛（14.8%）、杨凌（14.7%）、渭南（14.5%）、咸阳（14.5%）、天水（13.4%）、西安（11.8%）[①]。

（二）固定资产投资变动情况

2012年经济区固定资产投资总额为9429.8亿元，占西北五省区固定资产

---

① 关中—天水经济区发展规划；2011、2012年陕西省、甘肃省、青海省、宁夏回族自治区、新疆维吾尔自治区统计公报。

投资总额的32.4%。从固定资产投资绝对量看，依次分别为西安（4243.43亿元）、咸阳（1616.47亿元）、宝鸡（1311.69亿元）、渭南（1172.21亿元）、商洛（391.60亿元）、天水（416.51亿元）、铜川（201.81亿元）、杨凌（30亿元）。从固定资产投资增速看，7市1区增速都在24%以上，依序为天水（42.59%）、铜川（38.3%）、杨凌（38.3%）、宝鸡（30.1%）、渭南（28.4%）、商洛（27.0%）、咸阳（24.8%）、西安（24.2%）①。

（三）社会消费零售总额变动情况

2012年经济区实现社会消费零售总额3728.2亿元，占西北五省区社会消费零售总额的41.3%。从社会消费零售总额绝对量看，依次为西安（2236.06亿元）、宝鸡（409.9亿元）、咸阳（398.48亿元）、渭南（318.6亿元）、天水（174.2亿元）、商洛（107.3亿元）、铜川（62.5亿元）、杨凌（30亿元）。从社会消费零售总额增速看，7市1区增速都在12%以上，依序为杨凌（67.6%）、天水（18.2%）、铜川（17.3%）、渭南（17.3%）、商洛（16.4%）、宝鸡（15.6%）、咸阳（14.2%）、西安（12.9%）②。

（四）财政收入变动情况

2012年经济区实现财政收入1397.8亿元，占西北五省区财政收入总额的21.2%。从财政收入绝对量来看，依次为西安（753.07亿元）、咸阳（224.5亿元）、宝鸡（159.3亿元）、渭南（104亿元）、天水（72.53亿元）、商洛（33.74亿元）、铜川（41.59亿元）、杨凌（9亿元）。从财政收入增速看，7市1区增速都在10%以上，依序为杨凌（29.2%）、商洛（26.1%）、咸阳（22.9%）、天水（20.54%）、铜川（17.3%）、宝鸡（16.0%）、西安（15.9%）、渭南（10.1%）③。

---

① 2012年陕西省、甘肃省、青海省、宁夏回族自治区、新疆维吾尔自治区统计公报。
② 2012年陕西省、甘肃省、青海省、宁夏回族自治区、新疆维吾尔自治区统计公报。
③ 2012年陕西省、甘肃省、青海省、宁夏回族自治区、新疆维吾尔自治区统计公报。

（五）工业经济变动情况

2012年经济区规模以上工业实现增加值3465.7亿元，占西北五省区规模以上工业增加值总额的26.5%。从规模以上工业增加值绝对量来看，较为显著的有西安（1144.29亿元）、宝鸡（690.61亿元）、咸阳（704.28亿元）、渭南（545.69亿元）、天水（88.3亿元）、商洛（108.87亿元）、铜川（157.69亿元）、杨凌（25.83亿元）。从规模以上工业增加值增速看，7市1区增速都在13%以上，分别为杨凌（25.1%）、商洛（34.2%）、咸阳（23.5%）、天水（17.8%）、铜川（21.6%）、宝鸡（22.6%）、西安（13.0%）、渭南（22.9%）①。

（六）城乡居民收入变动情况

2012年经济区城镇居民人均可支配收入达到23056元，农民人均纯收入达到7608.7元，城乡居民收入比为1:0.33。其中，西安城镇居民人均可支配收入29982元，农民人均纯收入11442元，城乡居民收入比为1:0.38；杨凌示范区城镇居民人均可支配收入29925元，农民人均纯收入10841元，城乡居民收入比为1:0.38；宝鸡城镇居民人均可支配收入25777元，农民人均纯收入7373元，城乡居民收入比为1:0.28；咸阳城镇居民人均可支配收入25758元，农民人均纯收入7464元，城乡居民收入比为1:0.29；渭南城镇居民人均可支配收入21808元，农民人均纯收入6602元，城乡居民收入比为1:0.3；商洛城镇居民人均可支配收入19998元，农民人均纯收入5425元，城乡居民收入比为1:0.27；天水城镇居民人均可支配收入15177元，农民人均纯收入3864元，城乡居民收入比为1:0.24②。

（七）城镇化率变动情况

2012年经济区城镇化率达到49.5%，低于规划目标（50%）0.5个百分点，低于全国城镇化率（52.6%）3.1个百分点。其中，西安（71.51%）、铜川

---

① 2012年陕西省、甘肃省、青海省、宁夏回族自治区、新疆维吾尔自治区统计公报。
② 2012年西安、宝鸡、咸阳、渭南、铜川、商洛、杨凌示范区、天水统计公报。

(60.4%)、杨凌（54%）分别高于规划目标；宝鸡（45.6%）、咸阳（45.2%）、商洛（42.9%）、渭南（36.45%）、天水（32%）分别低于规划目标[1]。

（八）进出口总额变化情况

2012年经济区进出口总额达到149.1亿美元，外贸依存度达到12.5%（汇率按照1美元折合8.222元人民币计算，以下同）。其中，西安进出口总额130.14亿美元，外贸依存度为18.5%；宝鸡进出口总额7.45亿美元，外贸依存度为4.3%；咸阳进出口总额4.3亿美元，外贸依存度为1.7%；天水进出口总额3.1亿美元，外贸依存度为4.6%；渭南进出口总额2.3亿美元，外贸依存度为1.2%；杨凌进出口总额0.9亿美元，外贸依存度为7.7%；商洛进出口总额0.77亿美元，外贸依存度为1.1%；铜川进出口总额0.12亿美元，外贸依存度为0.3%[2]。

二 关中—天水经济区发展趋势特征分析

（一）经济发展进入转型升级拐点期

从2013年上半年相关数据分析，经济区增速盘整下行。其中，西安市经济增速11.3%，宝鸡市经济增速13.6%，咸阳市经济增速13.7%，与上年相比，增速分别回落0.5个、1.5个、0.8个百分点。产业结构调整步伐加快，其中，轻工业比重由2011年20.9%上升到2012年的22.6%。战略性新兴产业发展速度加快。2012年，西安、宝鸡等市航空航天、能源装备、太阳能光伏、新材料等产业平均增速在20%以上，新兴产业正在成为支撑经济区发展的新生力量[3]。

---

[1] 关中—天水经济区发展规划；2012年国家及西安、宝鸡、咸阳、渭南、铜川、商洛、杨凌示范区、天水统计公报。
[2] 2012年西安、宝鸡、咸阳、渭南、铜川、商洛、杨凌示范区、天水统计公报。
[3] 2012年西安、宝鸡、咸阳、渭南、铜川、商洛、杨凌示范区、天水统计公报；2013年上半年西安、宝鸡、咸阳统计公报。

（二）投资仍然是拉动经济区发展的主要动力

从投资、消费及外需"三驾马车"对经济区贡献分析，投资仍然是拉动经济增长的第一动力。据2009~2012年数据分析（见表1），消费、出口对经济增长的贡献率呈上升趋势，投资贡献率呈下降趋势，但总体上投资对经济区贡献率维持在60%以上，消费对经济区贡献率维持在30%左右，外需贡献率不足10%[①]。

表1 2009~2012年三大需求对关中—天水经济区贡献率

单位：%

年份	投资需求贡献率	消费需求贡献率	出口需求贡献率
2009	66.4	29.4	4.2
2010	63.7	30.7	4.9
2011	61.8	32.6	5.6
2012	60.2	31.1	8.7

资料来源：2009~2012年陕西、甘肃统计年鉴。

（三）创新驱动能力逐步增强

据相关数据分析，2012年经济区实施市级以上各类重大科技专项380项，科技创新和成果转化项目400项，专利授权量6000件，技术市场交易额超过400亿元，分别比上年增长15%、42%、10%、33.3%。以企业为主体，产学研协同创新体系正在形成。据统计分析，大中型企业科技研发投入超过120亿元，比上年增长44.2%[②]。2012年，西安被批准为首批国家知识产权示范城市、全国首批文化和科技融合示范基地，经济区科技与产业融合的能力在进一步增强。

（四）西安首位城市引领支撑作用突出

2012年，西安地区生产总值为4369.37亿元，占经济区44.5%，规模以

---

① 2009~2012年陕西省、甘肃省统计年鉴。
② 2012年西安、宝鸡、咸阳、渭南、铜川、商洛、杨凌示范区、天水统计公报。

上工业增加值占33.3%，固定资产投资占44.9%；社会消费品零售总额占55.9%，西安首位城市引领支撑作用突出①。

三 关中—天水经济区发展中存在的问题

（一）经济规模及质量有待提升

成都—重庆经济区（简称成渝经济区）是国家西部开发另一个战略支撑点。2012年，成渝经济区经济总量达到19597亿元，而关中—天水经济区经济总量仅相当于成渝经济区总量的50%；成渝经济区工业增加值为7770亿元，关中—天水经济区仅为成渝经济区工业增加值的44.6%；成渝经济区进出口总额为1007亿美元，关天经济区仅为成渝经济区的14.8%；成渝经济区城镇居民收入为24392元，农民收入为8651元，关天经济区城乡居民收入分别为成渝经济区的94.5%、87.9%；成渝经济区实现财政收入2483亿元，关天经济区仅为成渝经济区的56.3%。关天经济区规模实力全面落后于成渝经济区②，提升经济规模实力仍然是硬道理。

（二）产业同质化竞争严重

从"十二五"经济区各市区产业规划定位来看（见表2），七市一区产业同构、同质化竞争相对严重。

表2 关天经济区各市区"十二五"产业定位比较

市区	优势产业	传统产业	新兴产业	服务业
西安	汽车及零部件、输变电、专用通用设备及旅游、文化产业	食品、纺织、建材	航空航天、新一代信息技术、节能环保、生物产业及新材料	物流、金融、商贸、会展、软件和服务外包
宝鸡	汽车及零部件、石油装备、铁路及轨道交通、有色冶金、机床工具、电子电器、能源化工	建材、食品、纺织	新材料、航空电子信息、新能源、节能环保、生物医药、新一代信息技术	旅游、文化、物流、商贸

---

① 2012年西安、宝鸡、咸阳、渭南、铜川、商洛、杨凌示范区、天水统计公报。
② 2012年成都、重庆、西安、宝鸡、咸阳、渭南、铜川、商洛、杨凌示范区、天水统计公报。

续表

市区	优势产业	传统产业	新兴产业	服务业
咸阳	能源化工、输变电、汽车零部件、机械设备、电子信息	食品、纺织、建材	新能源、新材料、节能环保、航空	旅游、物流、金融保险
渭南	能源化工、有色冶金、煤炭装备	纺织、食品、建材	新能源、新材料、航空	旅游、物流
铜川	能源、铝加工业	建材、食品	新能源、新材料	旅游、商贸物流、会展、金融
商洛	现代材料、中医药、生态旅游、绿色食品	矿产资源加工	新能源、新材料、装备制造、环保	劳务输出、文化、金融业
天水	机床工具、电工电器、电子信息、食品	建材、机械加工	新能源、资源深加工、节能环保	物流会展、旅游、科技服务
杨凌	现代农业、农业机械	食品加工	生物医药、节能环保	物流、金融、会展、旅游及中介服务

资料来源：西安、宝鸡、咸阳、渭南、铜川、商洛、天水、杨凌示范区"十二五"国民经济发展规划纲要。

（三）区域协调联动能力较弱

关天经济区分跨陕甘两省，行政上的分割造成协调联动的困难。尽管2011年陕甘两省签署《实施关中—天水经济区发展规划战略合作框架协议》，明确了双方的合作内容，确立了省直相关部门合作机制，但由于在产业联动、利益分享等关键问题上难有作为，协调联动能力较弱，运行效果较差。探索构建行政与市场相结合的区域协调联动机制，推进经济区"一盘棋"统筹发展是目前亟待破解的一大难题。

（四）城镇化与工业化协调发展能力有待提升

2012年经济区城镇化率为49.5%，工业化率为35.3%，二者的比为1.4∶1。同期，全国城镇化率52.6%，工业化率为38.5%，二者之比为1∶4∶1。尽管经济区城镇化率与工业化率比率同全国持平，但在绝对量上，经济区城镇化和工业化率同全国差距较大，城镇化、工业化优化提升的空间仍然较大[1]。

---

[1] 2012年国家及西安、宝鸡、咸阳、渭南、铜川、商洛、杨凌示范区、天水统计公报。

四　加快关天经济区发展的对策建议

（一）完善统计体系，加大克强指数分析

目前，国家采取"克强指数"，通过工业用电量、中长期贷款量和货运量等指标增速分析评价 GDP 增速，加大对各省区市统计数据质量监控的力度。"克强指数"反映出经济发展的"确信度"相对较高，探索构建适合区域发展的"克强指数"体系，具有重要的价值意义。而经济区尚未建立起"克强指数"统计体系，"克强指数"数据采集相对困难，分析难度较大。要进一步建立和完善相关统计报表，形成"克强指数"数据库，为评价分析经济运行态势提供重要的数据支撑。

（二）大力构建行政与市场相结合的区域协调联动机制

探索构建市场化经营运作机制。设立关天经济区开发建设集团，以市场化方式使用政府启动资金和国家开发银行贷款，集中推进基础设施建设。强化资源配套、优惠政策导向，吸引区内外具有实力的民间资本投入建设经济区。加大支持优势工业园区与经济发达地区政府、开发区、战略投资者、知名企业采取股份合作、委托招商、"园中园"等多种方式，开展跨区合作共建。探索利益分享机制，合作双方协商议定合作方式，明确责任义务和经营期限，在合作共建期间，引进项目投产后新增的增值税、所得税地方留成部分，双方可按一定比例分成，地区生产总值等主要经济指标按比例分别计入。整体包装，推动联合招商。把经济区作为整体概念统一包装，对外打"国家级经济区"一个整体品牌，统一组织推介，联合招商，按照产业空间布局及重点导向有序承接。

（三）调整和完善规划目标体系，提升规划统筹引导力

该规划目标体系是指引经济区发展的愿景蓝图。经济区发展规划是2009年制定并实施的，其间更多地考虑到金融危机的影响，相关目标数据预测较为

保守，并且对产业转型升级、新兴产业培育发展等重大问题考虑不足。陕甘两省要加大经济规划目标体系实施效果研判评测，结合区域发展实际情况以及全面建成小康社会的总体目标，建议国家调整和完善经济区规划目标体系，将产业转型升级、新兴产业培育、协调共建等重大问题写入规划，提升规划统筹引导力。

（四）推进自贸区建设，提升外需拉动能力

党的十八大报告提出要加快实施自由贸易区战略，这是全面提高开放型经济水平的一个现实途径和重要方式。目前，国家已经批准建设中国（上海）自由贸易试验区。关天经济区有条件、有能力创建西部内陆自由贸易区。关天经济区已经具有西安高新保税区、西安国际港务区保税区、西安出口加工区、咸阳空港新区等多形态保税功能区。同时，西安也正在围绕欧亚经济论坛建设西安领事馆区。这些基础条件为自由贸易区建设奠定了良好的基础，借经济区规划调整完善机遇，策划申请西部内陆自由贸易区试点，推进外向型经济大发展，提升外需拉动能力，加快内陆开发开放战略高地建设。

（五）推进工业化、信息化、城镇化及农业现代化互动发展

推进工业化与城镇化融合发展，实现"产城"一体化。坚持"产城"综合体的发展理念，推进工业园区功能与城镇功能、生态功能一体化，统筹建设要素保障体系、功能配套体系，引导企业"出城入园""腾笼换鸟"，进一步拓展城镇空间，提升产业聚集度。推进工业化与农业现代化联动发展，提升农产品加工业质量和效益。充分发挥杨凌示范区现代农业技术支撑优势，大力发展食品、粮油、中医药精深加工业，拉伸和拓展产业链，形成粮油、绿色食品、果蔬、中药材等优势产业集群。推进工业化与信息化融合发展，加快产业升级和经济发展方式转变。以建设"智慧城市"系统工程为抓手，加强经济区云服务、电子商务平台建设，构建信息资源开放共享体系。推进引导能源化工、输配电、石油装备、汽车及零部件、电子信息、有色冶金等行业龙头骨干

企业建立全球供应链管理、协同研发设计制造系统和跨地域经营管理系统，积极拓展工程总承包、产品租赁、产品远程监测与维护、再制造等业务，带动相关材料业、信息咨询业、物流业快速发展，壮大行业规模；积极推进智能技术、数字技术、绿色技术在食品、医药、农资等民生领域运用，构建安全、健康的消费市场。推动经济区与成渝、北部湾、中原经济区联合互动，加大跨区域教育、文化、卫生、旅游资源合作开发与共享。

B.21
陕甘宁革命老区发展报告

罗 哲*

摘　要：
　　本文在深入分析陕甘宁革命老区经济发展现状及存在问题的基础上，提出需要采取更加有力的政策措施来推动老区实现可持续发展。

关键词：
　　陕甘宁革命老区　发展

　　区域协调发展是一个长期、动态的不断完善过程。区域协调发展的实现程度，受到社会发展阶段和经济发展水平的制约。促进区域协调发展的政策重点应根据发展阶段所决定的主要矛盾，在不同阶段有所侧重，从近几年国家的区域政策看，问题区域已成为区域政策关注的重点。

　　我国的问题区域主要有长期存在的老、少、边、穷、枯地区，即革命老区、少数民族地区、边疆地区、贫困地区和资源枯竭地区。这些地区的发展虽然强调了许多年，但发展滞后的基本格局仍未根本改变，并且与其他地区的发展差距越来越大，存在着成片的生态脆弱地区，其人口压力大、生产方式落后、部分地区社会发育水平低，生态环境状况日趋恶化，生态修复难度极大。由于这些地区多为我国的生态屏障区域，因此也直接影响到国家的生态安全。而伴随着地区经济的发展，生态脆弱地区与产业衰退地区的发展问题已经成为新的问题区域，并成为新时期问题区域中的突出问题。这些新的问题区域的出现不仅增加了我国区域协调发展的困难，而且使区域协调发展表现出一些新的

---

* 罗哲，甘肃省社会科学院经济研究所所长，研究员，博士。

特点，如生态问题的区域化等。

老、少、边、穷以及生态脆弱地区和产业衰退地区是我国的生态脆弱区和经济落后区，它们与发达区域在多方面存在着明显的差距，其发展进程对我国区域协调发展有着重大影响。所以，在区域协调发展的过程中，我们必须对问题区域实行有针对性的扶持政策。近年来，国家不断加大对这些地区的政策支持力度，改变扶持机制，从各个方面促进其经济、社会发展。本文对陕甘宁革命老区进行深入调研分析，并提出可行政策措施以推动老区实现可持续发展。

一 陕甘宁革命老区概况

陕甘宁革命老区（以下简称"老区"）包含陕西省延安市、榆林市、铜川市以及富平县、旬邑县、淳化县、长武县、彬县、三原县、泾阳县；甘肃省庆阳市、平凉市和会宁县；宁夏回族自治区吴忠市、固原市、中卫市和灵武县，总面积为19.2万平方公里。老区人民为中华民族解放和新中国成立作出了巨大牺牲和贡献，老区也是我国的爱国主义教育基地。

20世纪80年代以来，我国开始逐步重视陕甘宁革命老区等特定类型地区的发展。经过30年左右的开发建设，区域的贫困状况得到了较大改观，但是，随着扶贫开发的深入，困难的地区又表现出深度贫困与区域复合的趋势，使得问题的区域化特征更加突出。

国家实施西部大开发战略以来，陕甘宁革命老区在政治、经济、社会、文化、生态等方面的发展取得了明显成效，但特殊的自然环境、特定的区域条件和相对落后的发展水平，也使得这个区域存在许多特殊困难和问题。陕甘宁革命老区在思想观念、制度体系、区域贫困和市场竞争中处于弱势地位，造成老区经济发展对自然资源过度依赖，多数地区人口和经济超出区域承载能力，普遍面临着经济社会发展滞后、财政资金严重短缺、扶贫任务艰巨、基础设施和教育卫生医疗条件差、生态环境脆弱等问题。近年来，老区经济持续快速增长，虽然强劲的需求为革命老区通过资源开发实现区域发展提供了可能，但经济发展所承受的能源、资源和环境压力也持续增大，老区可持续发展面临困境。

2012年国务院正式批复了《陕甘宁革命老区振兴规划》，标志着老区发展上升到国家层面。同时，随着新一轮西部大开发战略的实施和全面建成小康社会进程的加快推进，革命老区也正处于发挥优势、加快转型、奋力发展的关键时期，其担负的在全国革命老区中率先发展的历史重任更加重大，对带动其他革命老区发展、实现共同富裕、缩小区域发展差距的意义更加深远。

二 区域发展特征

1. 经济发展较快，但总体水平偏低

2013年1~9月与2005年1~9月相比，地区生产总值实际增长3.5倍，城乡居民平均收入分别增长2.3倍和2.1倍。但由于经济基础薄弱、发展起点较低，发展条件不足，革命老区总体发展水平仍然滞后，政府财力较为薄弱，贫困问题依然较为突出，发展差距仍然很大。2013年1~8月份，老区人均地区生产总值为全国平均水平的73%，人均财政支出仅为全国平均水平的65%，城乡居民人均收入仅为全国平均水平的51%和42%，城镇化率比全国平均水平低9个百分点，55%的县是国家扶贫工作重点县。

2. 区位条件特殊，但基础设施瓶颈制约严重

陕甘宁革命老区位于陕甘宁三省区的交界处，是西气东输、西煤东运和西电东送的重要通道。但是，区域内快速通道等交通设施高技术等级路段少，铁路和公路网密度均低于西部地区平均水平，基础设施建设相对落后，通行能力和抗灾能力不强，物流成本高，不能适应老区产业结构调整的要求。农村水、电等基础设施建设严重滞后，制约着老区经济社会发展。

3. 生态地位十分重要，但生态环境整体脆弱

老区属于典型的黄土高原丘陵沟壑区，拥有大片的原始次生林，也是国家重要的生态屏障。干旱少雨，人均水资源量仅为全国平均水平的15%，水资源短缺是制约区域经济发展的重要因素。水土流失严重，生态环境整体脆弱，环境保护和生态建设任务十分繁重。

4. 能源资源富集，但产业结构不合理

陕甘宁革命老区位于鄂尔多斯盆地的能源资源富集区，煤炭、石油、天然气、岩盐、石灰岩等矿产资源，以及太阳能、风能等新能源资源蕴藏丰富，依托资源能源优势，这里的化工以及能源产业等逐渐形成壮大为优势产业。而这种产业发展路径也使老区形成了对资源能源的高度依赖，高技术高附加值产品少，产业发展重型化且结构单一，而同时，资源能源优势的就地转化率较低，经济发展的资源环境压力大，节能减排任务繁重。

5. 人文历史悠久，但社会事业发展滞后

陕甘宁革命老区不仅是我国早期农耕文化的重要发祥地之一，是游牧文化、秦岭文化、黄河文化与黄土文化的蕴藏地，同时也是全国革命传统教育和爱国主义教育基地。虽然有如此厚重浓郁的文化内涵，但由于政府公共财政能力有限，社会事业发展落后，突出表现在文化和体育事业发展落后，教育、卫生资源配置不合理。

三　区域发展的机遇

1. 新一轮西部大开发战略的全面推进

西部大开发战略已经被国家放在区域发展总体战略的优先位置，西部地区特殊的政策支持使新一轮西部大开发全面推进，也将为老区经济社会实现又好又快发展提供强大的政策支撑平台。

2.《陕甘宁革命老区振兴规划》已经批复实施

《陕甘宁革命老区振兴规划》是我国第一部专门针对革命老区的经济社会可持续发展的规划。随着该规划的不断实施和政策效应的放大带动，老区发展的示范带动效应逐渐显现。

3. 深入实施扩大内需战略

国家进一步实施扩大内需战略，众多要素投向欠发达的西部地区，重点项目在西部有计划地布局，有利于加强陕甘宁革命老区的基础设施建设和生态环境建设，有助于加快推进基本公共服务均等化，为革命老区发展优化了发展条件。

4. 加快推进全面建成小康社会进程

十八大报告提出要到2020年全面建成小康社会，这在客观上要求陕甘宁革命老区尽快改变贫穷落后的面貌。同时，中央明确提出要加大对特殊地区的扶持力度，这也将有助于加快推进老区全面建成小康社会的进程。

四 2013年前三季度主要宏观经济指标发展情况

1. 地区生产总值（GDP）

经济发展总体较快。图1表明，与全国经济增速相比，2013年1~9月，老区7个地级市、8个县（市）中，仅延安市GDP增速低于全国水平，其余均高于全国水平；与西部水平相比，仅延安市、榆林市低于西部平均经济增速。面对2013年以来严峻复杂的外部环境和经济下行压力加大的总体局面，在全国经济增速放缓、西部地区经济增速明显回落的背景下，老区有7个地级市、8个县（市）GDP同比增幅超过10%，老区经济发展总体较快。

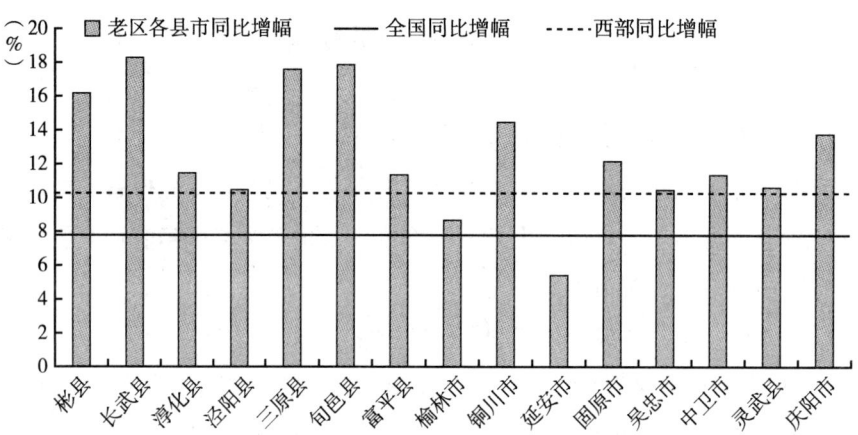

图1 老区2013年1~9月地区生产总值同比增幅与西部、全国对比

区域发展差异依然很大。2013年1~9月，榆林市实现地区生产总值2004亿元，在7个地级市中经济总量最大，超过其余6个地级市GDP之和；灵武县在8个县（市）中经济总量最大，是经济总量最小的淳化县的11倍。

2. 规模以上工业增加值

图2表明，2013年1~9月，老区5个地级市、6个县（市）中，仅榆林市规模以上工业实现增加值同比增幅低于全国平均经济增速，其余地区均高于全国平均水平，老区工业生产稳步增长。

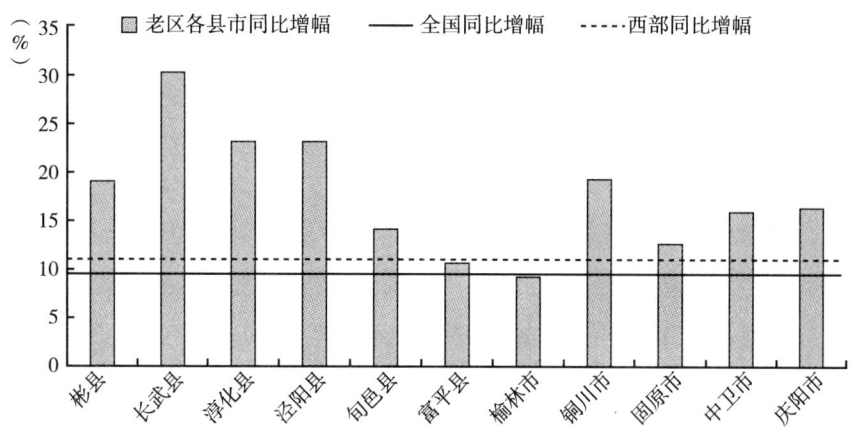

图2 老区2013年1～9月规模以上工业增加值同比增幅与西部、全国对比

3. 固定资产投资

图3表明，2013年1～9月，老区6个地级市、5个县（市）中，灵武县固定资产投资同比增幅为19.7%，略低于全国水平（20.2%）和西部水平（22.8%），其余地区均高于全国和西部平均水平，固定资产投资高位运行。

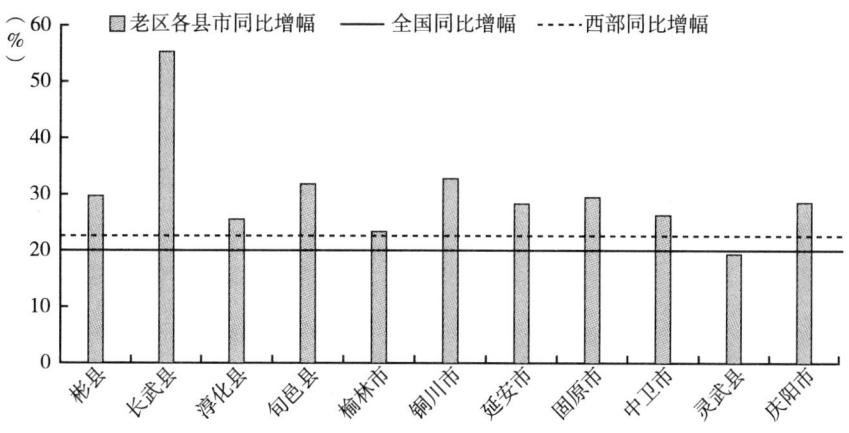

图3 老区2013年1～9月固定资产投资同比增幅与西部、全国对比

4. 社会消费品零售总额

图4表明，2013年1～9月，与全国社会消费品零售总额同比增幅水平

(12.9%) 相比,老区6个地级市、4个县(市)中,仅榆林市(10.4%)低于全国水平,其余地区均高于全国平均水平,城乡消费品市场平稳运行。

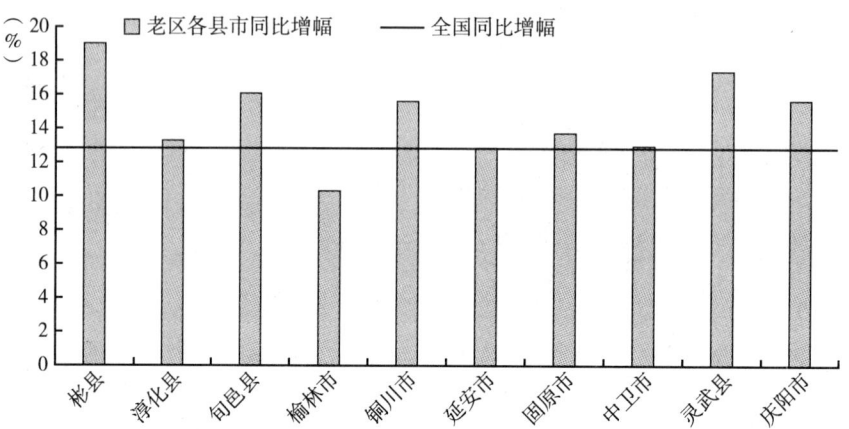

图4　老区2013年1~9月社会消费品零售总额同比增幅与全国对比

5. 地方财政收入

从同比增幅看:图5表明,2013年1~9月,老区7个地级市、5个县(市)中,庆阳市、延安市、榆林市这3个地级市的地方财政收入增长乏力,同比增速低于全国水平,其余地区均高于西部水平。

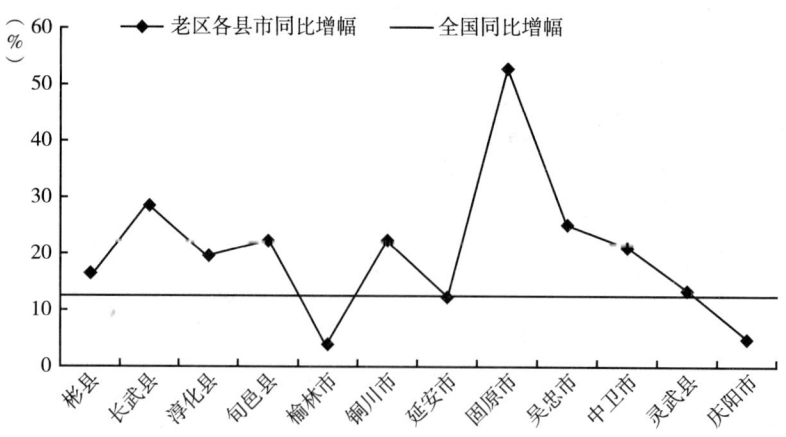

图5　老区2013年1~9月地方财政收入同比增幅与全国对比

从总量看：榆林市实现地方财政收入 177.7 亿元，延安市 109.96 亿元，其余各地区均低于 100 亿元。排名前两位的是榆林市、延安市，其地方财政收入是其余地区地方财政收入总和的 2 倍。

6. 城乡居民收入

（1）城镇居民人均可支配收入

2013 年 1~9 月，老区 7 个地级市、7 个县（市）中，城镇居民人均可支配收入增速均高于全国水平，除富平县外，其他市县总量均低于全国平均水平，城镇居民收入偏低（见图 6）。

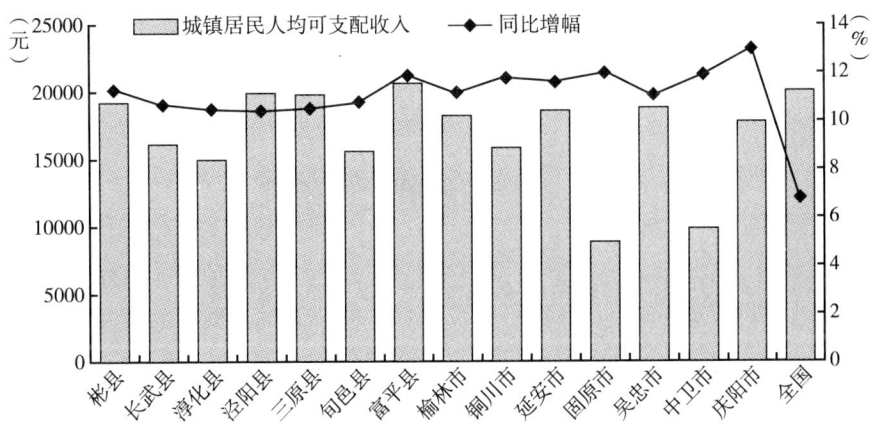

图 6　老区 2013 年 1~9 月城镇居民人均可支配收入同比增幅与全国对比

（2）农民人均纯收入

2013 年 1~9 月，老区 4 个地级市、7 个县（市）中，除中卫市，其余各市县农民人均纯收入同比增速均高于全国水平（见图 7）。从总量看，彬县、泾阳县、三原县、榆林市高于全国平均水平，其余各地区均低于全国平均水平，农民收入偏低（见图 7）。

总体来看，2013 年 1~9 月，尽管受国内外诸多不确定因素的影响，老区大部分经济指标增速均高于西部和全国平均水平，但地区差异较大，发展很不平衡。只有及时采取更为适宜的发展路径，提供更有针对性和保障力的政策举措，着力提高老区自我发展的能力，才能推动老区经济社会跨越式发展。

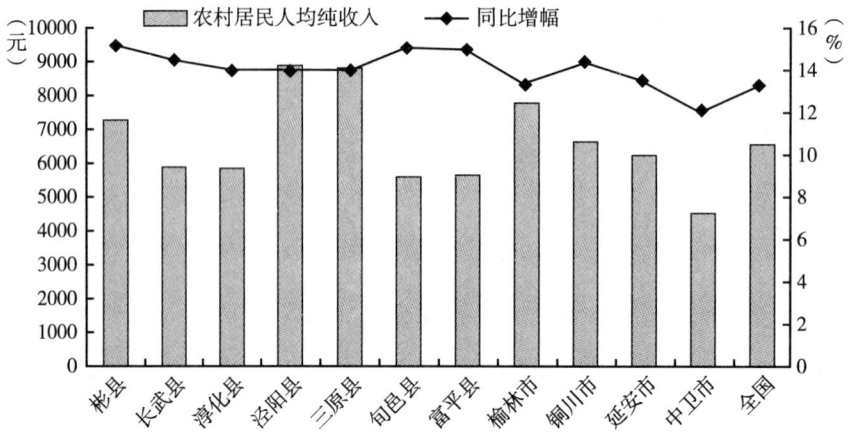

图7 老区2013年1~9月农民人均纯收入和同比增幅与全国对比

五 可持续发展对策研究

1. 发挥比较优势，增强自我发展能力

（1）加快能源化工基地建设

一是加快陕北、陇东、宁东三大煤炭基地建设，大力发展再生能源和新能源，顺应能源结构调整和循环经济发展趋势，努力构建安全、稳定、经济、清洁的现代能源产业体系。二是提高资源精深加工水平，打造煤—电—化、煤—电—光伏等产业链，走多联产之路，拓展资源型产业向上下游延伸的空间。三是做好重大配套项目，促进产业链条的形成，提升产业水平和层次。

（2）加快特色优势产业发展

在大力发展能源化工优势产业的同时，要通过设立专项发展之路、加快人才培训引进、注重新技术研发等来加快发展现代旱作农业、能源装备制造、矿产资源加工等特色优势产业，培育和形成多元支柱产业体系，着力提高老区产业发展水平和产业可持续发展能力，不断提高产业竞争力。

（3）加快红色文化旅游产业发展

一是要大力发展红色旅游产业。要系统挖掘并整合开发区域红色文化资源，加强旅游景区的有序开发，强化旅游基础设施建设，将红色旅游与历史人文、自然生态、民俗乡风旅游融为一体协同开发，不断丰富红色旅游产品体系，形成一批革命老区红色游、历史人文游、生态景观游等旅游产品，全面提升旅游产业竞争力，打造国内一流的红色旅游板块。

二是要大力发展红色文化产业。要深度挖掘红色文化资源，加强革命遗址保护与修复，创新文化产业运行机制，建立延安、庆阳红色文化旅游产品的研发基地，培育一批有特色、有品牌、有竞争力的骨干企业，不断提升文化创新能力和文化产业竞争力，形成具有持续影响力的红色文化品牌。

2. 强化基础设施建设，提高老区发展保障能力

要加快陕甘宁革命老区综合交通网络建设，不断完善公共运输系统。一是要打通省内、老区之间的一些断头路，形成区内外全程对接的路网结构，增强道路的通达性，提高道路的通行效率。二是要着力增强经济发展的基础保障力，加强经济干线、红色旅游线路等主干道建设，提升公路网的建设水平。三是推进既有线路的扩能改造和新建项目的前期工作。要开工建设一批区域性的铁路干线，增强老区对外交通联系，加快老区到西安、兰州、银川、包头等周边省会城市和区域中心城市的铁路建设，为提高老区的开放开发水平创造条件。四是建设延安、银川、榆林、庆阳等机场以及壶口、平凉等旅游机场。

加强水利设施建设，提高供水保障能力。实施引洮一期会宁北部供水工程、引洮供水二期工程等重点工程。修建中小型水利设施，加快"五小水利"蓄水工程建设。加快推进农村饮水安全工程。统筹做好老区重点水源、城乡供水、防洪保安、灌区改造、水土保持等工程建设。

加大电网和能源输送管道建设力度。增建西气东输线路，加强油气管网建设，加快陕京四线规划建设，完成原油成品油支线、天然气支线管道建设。

3. 加大民生投入力度，大力推进基本公共服务均等化

（1）优先发展教育事业

要进一步深化教育体制改革，全面推进素质教育，为老区发展培育更多的人才。重点发展农村学前教育，巩固九年义务教育成果，加快普及高中阶段教育，积极发展和强化职业教育，逐步实现中等职业教育的免费制度，不断提高人口科学文化素质。

(2) 增强医疗卫生服务能力

要完善县、乡、村三级医疗卫生服务站设施，增强基层医疗卫生服务机构在设备、医务人员、药品、床位等方面的保障能力和服务能力，实现三级医疗卫生服务网络的全覆盖，特别是加强村级医疗卫生服务能力。优化城市社区的医疗卫生网络建设，提高老区的公共医疗卫生水平。

(3) 重视发展文化事业

革命老区文化资源丰富，文化内涵厚重，是老区最宝贵的财富。立足于文化发展优势，必须积极争取国家对红色文化资源开发、红色旅游、文化工程的政策和资金支持，并实施文化惠民工程，提高老区的文化事业发展水平。

(4) 多种途径扩大就业

以正面宣传激励正确引导就业观念，并通过积极落实就业创业政策，完善劳动力市场，努力做好大学生、高中毕业生以及农村富余劳动力和城市困难人员的就业、创业和劳务输转工作。扶持高校就业市场，帮扶家庭困难和就业困难的毕业生。

(5) 增强社会保障能力

要加强就业创业服务，建立健全就业援助制度，持续提高人民群众生活水平和质量。要加大对陕甘宁革命老区社会保障资金的政策补助和支持力度，充分发挥政府基本公共服务职能，继续完善城乡基本养老保险和基本医疗保险制度，适时适度扩大保障覆盖面，逐步提高保障水平，逐年提高城乡居民最低生活保障水平，健全最低生活保障标准与物价上涨的联动机制，加大优待抚恤和社会救助支持力度，提高群众的幸福感，促进社会和谐稳定。加快城市与国有工矿棚户区、中央下放地方煤矿棚户区、林业棚户区（危旧房）和垦区危房改造。

4. 加强环境保护和生态建设，大力发展循环经济

(1) 加强生态环境保护

要针对地理地质环境特点，大力开展黄土丘陵沟壑区、干旱风沙区、土石山区水土流失综合治理工作，加大坡耕地综合整治力度及淤地坝建设，促进工矿区的生态持续恢复。要以水土保持和土地整治、森林植被保护和建设、草食畜牧业发展为主要措施，以小流域为单元，实施综合治理，推进治山、治水、治沙、治穷同步进行，实现经济与生态环境和谐发展。

（2）强化资源集约开发

加快传统产业的节水技术改造，提高水资源管理利用水平和效率，逐步淘汰高耗水工业、设备和产品，合理开发和循环利用水资源。规范矿山的开采秩序，提高产品加工深度和回采率，对矿产资源要坚持保护和开发并重。

（3）大力发展循环经济

积极构建循环农业体系，依靠农村大量存在的林业资源、农业资源、畜禽粪便、废水等，利用其可再生性，积极发展生物质能源，探索发展生物柴油等新能源产业。加快建设以宁夏灵武县再生资源循环经济产业园为代表的国家"城市矿产"示范基地，推动资源再生利用并产业化发展。推进餐厨废弃物的资源化利用。加大高耗能、高排放行业中落后产能和工艺设备的淘汰力度。

5. 争取更大制度供给，谋求更大支持力度

谋取中央和陕、甘、宁各省（区）在重大政策、重大改革、重大项目审批核准和资金安排方面给予老区更多支持和倾斜。

积极争取中央和省（区）加大对老区的财政转移支付力度，增强财政基本公共服务保障能力；增加中央和地方财政性投入，资金优先倾向老区重大基础设施和民生工程领域，确保各项保障和改善民生工作不因经济发展放缓而受影响；实施差别化的土地政策，使老区在土地利用年度计划指标等方面得到更多的支持；提高国家重点生态功能区转移支付系数，加大六盘山区的生态补偿力度，建立资源型企业可持续发展准备金制度。

6. 完善区域合作机制，促进区域联动发展

要完善陕、甘、宁三省（区）政府高层协调沟通机制，统筹协调区域发展中的重大问题。建立市长联席会议制度，在区域专项规划编制、要素资源流动、区域政策协调、生态环境联防联治等领域探索建立合作新机制。

要坚持资源共享、优势互补、互利共赢、抱团发展，进一步加强三省区的分工协作，探索跨行政区域的产业合作发展新模式和新机制，依托各自发展优势，不断完善产业分工协作体系，整合打造区域优势产业链，推动共建各类产业园区，实现产业对接、错位发展、合力跨越。要打破行政界限和市场分割，逐步建立统一开放的商品流通市场、规范有序的产权交易市场、促进供需衔接的人力资源市场，尽快实现科技资源、信用体系、市场准入、质量互认等方面的对接，为区域联动发展提供更好的条件。

参考文献

韦公卓：《创新金融策略拓宽服务渠道——建设银行服务陕甘宁革命老区协调发展探析》，《发展》2010年第1期。

韦公卓：《创新金融服务，推动革命老区新发展——谈陕甘宁革命老区国家级生态能源经济协调发展试验区建设进程中的金融服务》，《发展》2010年第3期。

王希宁：《试论资源开发导向的陕甘宁革命老区能源金融发展研究》，《金融研究》2011年第3期。

B.22 呼包银榆经济区发展报告

郭亚莉*

摘　要：
　　呼包银榆经济区是我国能源矿产资源特征明显的经济区。本文通过对经济区发展现状及发展动力进行分析，指出经济区协调发展受行政因素、能源"囚徒"发展模式、产业和产品初级低端化、水资源短缺、基础设施建设滞后等因素的制约，进而有针对性地提出呼包银榆经济区发展的对策建议。

关键词：
　　呼包银榆经济区　发展动力

2012年11月，国务院正式批准《呼包银榆经济区发展规划》。呼包银榆经济区最终作为西部地区第四个经济增长极，成为实现我国东西部协调发展的关键地带。

呼包银榆经济区地处鄂尔多斯盆地腹地，是沟通华北和西北的重要枢纽，涵盖内蒙古自治区的呼和浩特市，包头市，鄂尔多斯市，巴彦淖尔市，乌海市，二连浩特市，阿拉善左旗，乌兰察布市的集宁区、卓资县、凉城县、丰镇市和察哈尔右翼前旗；宁夏回族自治区的银川市、石嘴山市、吴忠市、中卫市的沙坡头区和中宁县；陕西的榆林市所辖行政区域，共13个市的59个县区。经济区总面积38.5万平方公里，常住人口1950万人，其中少数民族人口360万人左右，是我国经济社会发展最快的少数民族聚居区。

---

* 郭亚莉，宁夏社会科学院综合经济研究所副研究员，主要进行区域经济、农村经济、贫困经济及妇女问题等研究。

呼包银榆经济区蕴藏着天然气、煤层气、煤炭等资源，是我国重要的能源和矿产资源富集区，也是重要的生态功能区。加快经济区的开发建设，有利于建设全国重要的综合能源基地，保障国家能源安全；有利于加强环境保护与生态建设，保障国家生态安全；有利于带动周边地区发展，促进区域协调发展。根据《中共中央国务院关于深入实施西部大开发战略的若干意见》，国家将呼包银榆定位于新一轮西部大开发的一个新的增长极。

一 呼包银榆经济区发展现状及发展动力

呼包银榆经济区地处鄂尔多斯盆地腹地，不仅拥有丰富的煤、天然气、石油、岩盐等矿产资源，还是沟通华北和西部的重要枢纽，区位优势明显。"十五"以来，该经济区经济增长异常迅猛。2011年，其油气产量超过6000万吨油当量，原煤产量超过9亿吨，经济总量达1.5万亿元，已经成为中国目前最大也是最重要的能源化工基地。

随着呼包银榆经济区作为西部地区第四个经济增长极，区域规划上升到国家战略，它的发展已经不再限于西部大开发的层面，而是在国家整体发展战略上的一个重点经济区。区域协调发展要求下的综合竞争力和区域和谐发展是新时期区域发展的核心要求。所以，呼包银榆经济区内在的发展需要已经成为推动经济区协调发展的动因之一。

（一）能源矿产资源富集，资源产业特色明显

呼包银榆经济区是我国罕见的能源资源富集区，也被称作能源金三角地区，是中国五大能源基地之一。该经济区拥有占全国近27%的煤炭保有储量、30.1%的天然气探明地质储量、10%的石油可采储量；太阳能利用条件极为优越，风电和太阳能装机容量均占全国的10%以上；稀土资源十分丰富，岩盐、铁、铜、铝、铅、锌、镁等矿产资源储量均居全国前列[1]。呼包银榆经济区丰

---

[1] 贾立君：《"大河套"崛起能源"黄金版图"》，中国新闻网，http://finance.chinanews.com/cj/2013/04-28/4775846.shtml。

富的能源资源,从国家发展的角度看,具有十分重要的战略意义。本地区资源条件优越,同时具有国家经济增长中心和市场中心的区位优势。加快呼包银榆经济区产业发展和升级,促进能源储备资源的合理开发和利用,是提高区域竞争力和实现国家能源安全的现实要求。

以经济区的鄂尔多斯盆地为例,据统计显示,该地区已查明的煤炭资源储量占全国的39%,蕴藏的能源资源占全国的35%以上,能源调出量占全国能源调出量的一半以上,国家13个大型煤炭基地中有6个与鄂尔多斯盆地有关[1]。煤炭、油气、电力、新能源已成支柱产业,煤炭开采和加工产业形成了"一业独大"的工业化结构,煤制油、煤制烯烃、煤制天然气等项目集中,是全国最重要的现代煤化工产业示范基地。目前,该经济区的工业属于以资源密集型和高耗能、高污染产业为主的资源依赖型的发展模式。经济区内高新技术产业、精密制造业、精深加工等附加值高的产业占比依然较小。城镇的扩大与发展主要依赖在区域市场中占优势的行业,如原煤、发电、牧业、粮食、农产品加工等低附加值的产业。

(二)产业和城市主要向资源地和交通干线以及沿黄河一线,呈带状布局和集聚

受本地资源储备的影响,以资源产业为主体是经济区工业化和城市化的主要动力。呼包银榆经济区煤炭资源分布广阔,开采条件比较优越,因而出现了众多的工矿产业开发园区。依靠煤炭资源发展起来的煤电和煤化工等能源产业均属高耗水产业,黄河又是经济区唯一的水源依赖地,因此,既沿黄河又拥有丰富资源的区域,就成为经济区产业和城镇发展的集中地,经济区工业呈现沿黄河的近水源地带和矿产资源富集地区(主要是鄂尔多斯盆地)集聚和分布的状态,也形成了产业和城镇向开发园区集中的态势。同时,经济区的产业对外输出量大,因此主要产业和城镇布局沿高速公路、铁路及黄河沿线聚集和分布。

---

[1] 张沛、吴潇、徐境:《区域一体化发展思路及推进策略研究——以内蒙呼包鄂为例》,《发展研究》2010年第2期。

（三）城市化进程较快，水平较高

近年来，呼包银榆经济区城市基础设施建设的力度不断加大，城市建成区面积逐渐扩大，经济区中心城市集聚人口和经济的能力提高，城市化的快速发展导致了城市用地面积的飞速增长以及人口的增长，城市空间集聚蔓延，城镇化率达62%，高于全国平均水平。呼和浩特、包头、银川三大核心城市人口已达100万人以上，集聚辐射功能不断加强。同时，以榆林市和鄂尔多斯市等为代表的新兴工业城市正在快速发展。但是，从城市地域覆盖范围来看，城市化的实际水平并不高。主要表现在核心城市规模偏小，辐射功能弱。50万~100万人口的城市只有2个，其他市（盟）的中心城市大多在20万人以下，很多市县（旗）中心城镇的人口规模不足5万。较大城市主要分布在交通和资源条件好的地区，地域广袤的大部分地区城镇化程度很低。

2013年6月，国家发改委拟再造10个城市群，本经济区的宁夏沿黄和呼包鄂榆被列入区域性的城市群中。呼包银榆经济区城市群的发展，不仅可以承载更多的人口，而且能不断通过城市化与郊区化阶段推进，实现城乡的融合发展，形成区域性服务中心和城市化核心区。这对促进区域一体化发展具有十分重要的意义。

（四）新材料、冶金和装备制造等非煤产业发展迅速

在新一轮产业升级中，呼包银榆经济区加大产业调整的力度，新材料、冶金和装备制造等产业发展迅速。据统计资料显示，2012年内蒙古自治区非煤产业增加值增速为14.4%，非煤产业增加值占规模以上工业的60.7%。高新技术产业增加值同比增长35.9%；装备制造业同比增长14.5%。例如，呼和浩特云计算产业快速发展，云计算基地已初具规模。三一重工、华泰汽车、精功集团、盾安集团、奇瑞汽车等国内重量级企业纷纷入驻。

（五）政策性的倾斜

2012年11月，国务院正式批准《呼包银榆经济区发展规划》，同时覆盖经济区的规划还有《"三西两东"区域能源开发利用总体规划》《宁鄂榆能源

金三角规划》《陕甘宁振兴规划》等，宁夏的银川、内蒙古的包头、陕北的榆林等城市受益于这个四个国家级的区域规划。已经颁布的《国家主体功能区规划》将呼包银榆经济区覆盖的范围几乎全部划入国家重点开发区。这将为整个区域的发展带来宏观政策的倾斜和财政、税收政策的优惠，为区域发展带来新动力。

2012年呼包银榆经济区社会经济主要指标

	地区生产总值		人均生产总值	固定资产投资		地方财政预算收入		城镇居民人均可支配收入		农民人均纯收入	
	亿元	增长（%）	元	亿元	增长（%）	亿元	增长（%）	元	增长（%）	元	增长（%）
呼和浩特	2475.57	11	83952	1301.43	26.1	178.64	18	32646	13.1	11361	13.2
包头	3409.54	12.6	124818	2534.24	18	185.76	18	33485	13	11421	13.5
鄂尔多斯	3656.8	13	182457	2570.58	14.6	375.51	8.5	33140	13.2	11416	13.6
巴彦淖尔	813.33	10.3	48726	701.01	10.6	49.6	16.1	18455	12.8	10717	13
乌海	562.56	14	102582	346.67	20.8	54.41	34.4	25447	13.9	12429	15.2
阿拉善左旗	362.37	14.4	253995	195.61	22.8	16.87	37.03	24301.1	13.1	9836	19.59
二连浩特	68.325	15.5	108852	390.4	22	36.21	27.85	29284	13.5	14993	21.6
乌兰察布	781.17	10.3	36685	650.49	40.8	34.8	48.3	19609	14.1	5853	14.9
银川	1140.83	12.5	55750	918.73	25.2	113.13	13	21900	12.4	8068	14.1
石嘴山市	409.21	12.1	55180	380.99	27	29.93	16.6	20294.1	13.2	7966.7	14.2
吴忠市	312.05	13.7	23776	380.46	45.7	28.74	31.2	17844.5	13.3	6370.3	14.3
中卫市	221.09	12.2	31275	212.29	25.6	13.88	17.8	17724.5	12.6	6978.6	13.8
榆林	2769.22	12	82493	1771.23	28.5	220	22.1	24140	16.5	7681	17.8

资料来源：各市2012年统计提要。人均生产总值根据各市2012年统计提要和统计公报公布的地区生产总值和各市常住人口计算所得。中卫市只含沙坡头区和中宁县。阿拉善左旗数据来自统计公报。乌兰察布市包括全市。

二 呼包银榆经济区发展瓶颈分析

呼包银榆经济区建立在资源禀赋相同、发展差距比较小、资源核心带的社会发展不足的基础上。最大的特点是资源型工业的崛起，在产业上有很强的同质性。同时该区域又是黄河中游"几"字形的生态环境脆弱区，面临着草原、绿洲农业等共同的生态、环保问题。

（一）经济区协调发展受行政因素制约

呼包银榆经济区在行政规划层次上，分别隶属于内蒙古、宁夏和陕西三省区独立管辖，同时由于呼包银榆经济区均以能源化工产业为主，三个省区缺乏彼此合作的经济动力，区域间各种资源和要素难以实现自由流动和最优配置，没有全局性的、前瞻性的区域发展规划，产业结构雷同和底线竞争的现象仍较普遍，削弱了这一地区的整体竞争力。各个行政区政府往往以自己的利益为中心制定相关经济政策措施，实现本身局部利益的最大化。在现实中，这种行政政策上的各自为政，使地区间生产要素不能自由流通，导致了区域性的统一市场难以形成。没有区域市场的一体化，建立区域性经济一体化体系更是无从谈起。此外，本地区在配套基础设施、产业分工协调、统一规划方面还没有实质性的进展，使区域市场一体化的形成缺乏相对的基础。在观念上，本区域的市场意识淡薄，各个行政区各自为政，严重阻碍了经济一体化进程。呼包银榆距离经济要素自由流通、政策相互配合的经济一体化区域还有一定的差距。

（二）能源"囚徒"发展模式

呼包银榆经济区拥有丰富的资源，煤炭、铁矿、稀土、石油、天然气、高岭土、盐、天然碱、石灰石、芒硝、云母、黄金、磷、陶土等矿产资源储量大、品位高、靠近水源地、匹配条件好，具有很高的开采价值。但是，该经济区又是我国土地沙化、水土流失和植被退化的地区之一，生态环境非常脆弱，生态系统抗干扰能力和自我修复能力极差。近年来，呼包银榆以高投入、高能耗的资源开发带动经济快速增长，经济布局和自然环境承载力不匹配，对当地生态环境构成了重大挑战。这种资源环境区域性代价的资源型发展模式，以环境污染和生态破坏为代价，将会导致呼包银榆经济区的区际竞争力下降，在产业升级转型中面临较大的压力。例如，2000～2010年榆林工业化率从38.3%快速上升到67.1%。然而工业的快速发展非但未能形成分工深化和产业链条延长，带动产业广域化发展，反而在能源产业的强势"挤出"下，非能源类产业整体陷入困境，榆林的产业整体上停留在出卖资源为主的状态，原料或初级产品输出比重高达70%以上。更为重要的是，资源富集的北部六县（指榆阳区、神木县、府谷县、横山县、靖边和定边县）中有三个县进入过全国百强县，而缺乏资源的南部六县（指绥德、米脂、佳县、吴堡、清涧和子洲县）整体上仍属国家级连片贫困地区。除此之外，在矿产开发的局部区域，由开发造成的生态难题至今未能破解，水源破坏、径流断绝、地表下陷、荒漠化问题尤为突出。①

（三）产业和产品初级低端化明显

呼包银榆经济区区域优势明显、资源丰富，但是经济形态相似度较高，资源外运，就地转化率低。虽然近年来第二产业发展迅速，但由于主要依靠当地资源发展能源化工（煤化工、电力、石油天然气化工等），产业和产品初级低端化明显，产业单一化现象严重。前几年煤炭市场火暴，神木和鄂尔多斯等煤炭资源区域，不但催生了巨额的财富效应，还带动了当地房地产市场的火暴和各项服务业的发展。但是，随着煤炭业的衰败，加之缺少产业链、缺少市场积淀，这些依附在煤炭经济基础之上的诸多产业，也纷纷出现不景气状况。鄂尔多斯陷入近半数煤炭企业亏损、两成煤矿停产的困局。神木县99处地方煤矿停产42处，有50处在搞基建，正常生产的只有7处。煤炭市场的衰落，迅速波及房地产市场，神木市区内，房屋的空置率在50%以上②。

（四）水资源短缺的制约

呼包银榆经济区的主要河流多为内陆河流和季节性河流。如鄂尔多斯高原、阴山北麓地带等地水资源严重匮乏。本地区主要靠近黄河及其干流，但是黄委会每年分配给宁夏、内蒙古和陕西的用水量，主要是作为农业灌溉用水，虽然近年来内蒙古和宁夏通过水权转换解决企业用水问题，但相对于特大型能源化工基地，如煤化工、电力、石油、天然气、化工等用水大户对水

---

① 李杉：《盲目开发致"资源诅咒" 新27条能否重振榆林经济》，《陕西日报》2013年8月12日。
② 《鄂尔多斯楼市崩塌无可挽回 房价从两万暴跌至三千》，人民网，2013年8月27日。

资源的较大需求，水资源仍然严重不足。相关资料显示，平均每生产1吨煤化工产品，需要耗费的水大概为6~88吨，如果一个工业区的新型煤化工总产能超过2000万吨，则每年需要1亿吨的水来配套。水资源短缺与本地区经济社会发展的需求矛盾日益突出，已经成为区域工业化及城市化发展的核心瓶颈。

（五）基础设施建设滞后

近年来，呼包银榆经济区基础设施明显改善，区域综合交通设施日趋完善，电力、通信、市政等基础设施保障能力不断增强。但是，经济区的基础设施依然落后，铁路公路建设落后，尤其是经济区内交通基础设施总量严重不足，地县旗级公路稀疏、等级差、速度慢，交通已经成为本地区经济发展的最大阻碍之一。呼包银榆经济区能源产品产量大和流向范围广，而区域综合运输网络对外通道少、速度慢、等级差，通行能力低，地市级线路少、铁路公路集疏运输能力严重不足。交通建设落后成为地区经济发展的最大阻碍之一。除此之外，还制约本区域政治、经济、文化的合作与交流。例如，过去连接内蒙古的包兰铁路以及109国道，将宁夏的银川、石嘴山等城市与内蒙古的乌海、巴彦淖尔、包头等城市相连接，但是太中银铁路和青银、福银高速公路修通之后，从宁夏向北或向东，大家不再选择速度等级差的包兰铁路、京藏高速和109国道。宁蒙之间没有更方便快捷的道路资源，这导致宁夏与内蒙古之间的联系弱化，区域、城市群之间的交流与合作也大大受到影响。

五 呼包银榆经济区发展的对策建议

按照国家发展改革委员会批准的《呼包银榆经济区发展规划》，该经济区到2015年，国家综合能源基地初步建成，资源型地区经济转型和节水型社会建设取得明显进展。内陆开放型经济建设迈出新步伐，经济发展活力不断增强。到2020年，国家综合能源基地基本建成，生态文明建设取得显著成效，资源型地区经济转型示范作用明显，节水型社会建设成效巨大，全面建成更高水平的小康社会。

（一）建立省区政府干部联席会议制度，健全地区发展协调机制

行政壁垒是区域经济一体化最大的障碍之一。目前，各省区谋求发展的意识和主动性都很强，但是，固有的行政体制造就的是各自为政的模式，不利于整个地区的协调发展。经济区的协调发展形成不仅需要制度层面上的行为，更需要经济中市场层面不同主体间的协调。在政府方面，要有一个协调机构，使市场规则制定、政策研究和基础设施建设保持一致性。协调政府行为，统一本区域之内的各项制度，形成一套完整的、竞争力强的产业体系。这样既能与全国市场和世界经济相联系，又能发挥本地优势，进而促进本地区经济一体化的协调发展。

西北五省区应该在国家发改委的统筹下，建立省区政府干部联席会议制度，跳出行政辖区的局限，清除各种限制要素流动的体制和政策，在经济区域内统筹规划、整合资源、协调发展。主要解决经济区内内蒙古、宁夏、陕西等省区竞争式地发展能源重化工项目问题，解决已经形成的产业雷同、重复建设和恶性竞争问题；最大限度地消除低水平重复建设、资源浪费、产能过剩、各自为政、生态环境恶化等现象，统筹区域经济协调可持续发展。

（二）做好资源产业的升级与转型，打造国家综合能源基地

在国家综合能源基地定位的目标前提下，要把资源优势转变为经济优势，彻底改变以原料输出为主和以资源消耗、资金投入拉动的粗放式低层次发展的模式，构建产业升级、多元互动的现代产业体系。其一，要用循环经济理念制定产业发展、项目建设等相关专项规划，尽快探索资源集约节约和可持续利用的有效途径。其二，强化资源产业的技术创新体系，构建一个以企业为主体、市场为导向，政府推动、产学研结合的科技创新机制，加快技术创新与升级。其三，推进产业的集聚耦合，完善产业链，培育产业集群。其四，制定以技术含量、生态环境影响、投入与产出效益等为主要内容的准入标准，同时完善企业退出机制。其五，要确定重点循环经济产业链，大力发展绿色能源，要突出发展风电、光发电和煤的洁净利用。其六，发展稀土、光伏、电子信息、特种合金和非金属新材料，推进稀土、硅、锗、铀、镁合金、石墨等新材料产业

化。其七，加强工业"三废"循环利用，提高资源综合利用水平。

同时，探索建立新型工业化与城市化的模式。工业化与城市化发展互相促进，是发达地区发展的成功经验。呼包银榆经济区要充分发挥城市化的引领作用，推进工业化和经济发展，建立以循环经济、产业集群化、高级化为特征的新型能源化工业模式，探索一条以新型工业化为基础的新型城市化道路。

（三）合理配置水资源

首先，加快节水型社会建设。优化水资源配置，进一步推进水权转换，努力将宁夏建设成为全国节水型社会示范省区，推动包头、呼和浩特、鄂尔多斯和榆林市创建国家节水型城市，以水资源的高效利用保障经济社会的可持续发展。其次，加强重大水利工程建设。形成引黄、扬黄、跨流域调水及调蓄工程并举的供水体系，实现南北配置、丰枯补给。再次，构建城市水系。完善河道标准化堤防，大力实施河道整治和河槽输浚工程，加大城市水系建设力度，营造水环境，改善水生态，让水在流淌、蓄滞中发挥效益。最后，大力改善生态环境。加快实施库坝建设和病险水库除险加固工程，形成干流有水库、支流有骨干坝、河道沟岔有淤地坝的库坝体系。加强节地节能和污染治理，建设环境友好型、资源节约型社会。

（四）加强环境保护和生态建设

第一，严格执行环保准入标准。严格执行国家环保法规政策，落实区域、规划、项目环评，加强过程监督和验收。经济区新建项目必须符合资源节约和污染物排放强度要求，坚决杜绝先污染后治理、边污染边治理的现象。第二，加强污染防治、严格依法处罚。加快经济区节能减排改造，推动水污染防治和工业污染防治，加强污染减排、城镇环境综合整治等重点工程建设。继续整合关停小煤矿、小电石、小冶炼、小水泥等落后产能。严格污水排放标准，保证做到"沿黄不入黄"。第三，加强生态环境保护和治理。在生态治理保护区要重点实施退耕还林、退牧还草、天然林保护、风沙源治理、"三北"防护林、水土保持、生态移民、牧区水利、人工种草、舍饲养畜和生态移民等生态治理保护工程。适度发展水产和休闲观光业，建成黄河生态保护环境治理示范区。

加强矿山地质环境治理、矿山沉陷区治理和煤田灭火工作，严格实行矿山地质环境治理保证金制度。

（五）加强基础设施建设

要加快以交通和能源输送通道为主的基础设施建设，为经济区的资源开发、产业升级发展和城镇化建设提供坚实的基础。2013年7月24日，李克强总理主持召开国务院会议再推重大举措，进一步研究部署了改革铁路投融资体制，优先加快中西部和贫困地区铁路建设。这将对呼包银榆经济区的铁路运输业乃至区域经济协调发展起到积极作用。

尽快建成以公路为基础，铁路、高速公路为主要骨干，与空中航线和油气管道共同形成覆盖整个经济区的综合交通网络，不仅加强经济区对外联络，还可加强经济区内部的交通衔接。除国家规划建设的铁路复线、快速铁路及新建铁路线路外，尽快建设经济区城市之间、工业园区之间的轨道交通；结合国家高速公路网建设力度，加快推进经济区高速公路建设及扩能，可以借鉴外省建设省内高速公路的经验，利用各方力量发展经济区内高速公路，改造国省道干线，提高公路等级和通行能力。尽快实现交通联系快速化、公路等级化和网络化的目标。

参考文献

杨建军、郭敏燕：《呼包银榆资源型经济区城市化与空间规划策略》，《经济地理》2012年第1期。

张沛、吴潇、徐境：《区域一体化发展思路及推进策略研究——以内蒙呼包鄂为例》，《发展研究》2010年第2期。

B.23
青海东部城市群建设研究

马 锐*

摘 要: 青海省以西宁为中心的东部城市群建设是"十二五"以来推进城市化进程的一个重要举措。目前,东部城市群建设进展顺利,但毕竟处在起步阶段,需要按照科学的空间布局和目标定位,进一步突出重点实施举措,完善政策、设计机制,以保证其持续健康发展。

关键词: 青海东部城市群 战略任务 对策建议

城市是重要的要素集聚区和经济辐射源,城市群是促进城市分工和拓宽功能的有效形式,在促进经济增长和推动城镇化进程中发挥着极其重要的作用。青海以西宁为中心的东部城市群建设,是"十二五"以来青海推进城市化进程的一个重要举措。东部城市群建设范围包括西宁市城东、城西、城北、城中4区和大通、湟中、湟源3县以及海东市乐都、平安、互助、民和4县,辐射带动贵德、化隆、循化、同仁、尖扎5县,共18个县(区、市)及其所辖71个建制镇。

一 东部城市群建设的现实意义与实践探索

(一)东部城市群建设顺应趋势、意义重大

1. 城市群是经过世界经济发展充分印证的有效模式

从全球看,目前形成的英国伦敦城市群、法国巴黎城市群、德国莱茵鲁尔

---

* 马锐,青海省政府研究室发展战略处处长。

城市群、美国大西洋沿岸城市群、日本太平洋沿岸城市群，已成为推动全球经济发展的重要力量。比如，美国大西洋沿岸城市群仅占美国国土面积的1.5%，而人口比重占20%，经济总量占全国的近70%；日本太平洋沿岸城市群占国土面积的比重同样不足1.5%，但聚集了全国50%的人口和70%的经济总量。

2. 城市群是我国推进城镇化的重要载体

城市群发展的核心是聚合发展，也就是将零散、规模不等、联系机制相对较弱的城市"分子"通过内在聚合机制结合在一起，产生城市基础设施、公共服务和产业聚集的"化学反应"，进而释放巨大经济效益和社会效益，实现多个城市在一个区域空间内的聚合发展，获得"1+1>2"的放大效应。党的十八大报告提出了科学规划城市群规模和布局的思想，2012年底中央经济工作会议强调大中小城市和小城镇、城市群要科学布局。无疑，今后城市群将成为我国推进城镇化发展的重要载体和形式。实践证明，随着城镇化进程加快，城市数量和规模不断增长，城乡关系发生新的变化，短短几年间，我国城市群发展突飞猛进，已成为区域经济竞争的基本单元和区域竞争力的核心，成为参与国际分工、统筹城乡发展的有效载体。

3. 城市群建设有利于促进青海东部地区加快发展

青海东部地区的地理区位、经济基础、基础设施条件等方面较好，但是由于城镇体系和功能不完善，产业规模小、层次低，综合优势没有得到充分发挥。推进以西宁为中心的东部城市群建设，打造几个具备现代城市形态的中小城市，有利于加速人口、产业聚集，加快全省工业化、城市化进程；有利于发挥城市的集群效应，增强对青海经济社会发展的辐射带动作用；有利于进一步扩大对外开放，承接东中部产业转移，拓展国内外市场空间，顺应全国区域经济一体化发展大趋势。

（二）东部城市群建设进展顺利、成效显著

东部城市群建设启动实施近三年来，取得了长足进展。主要体现在四个方面。

1. 海东实现撤地设市

2013年4月，国务院正式批准撤销青海海东地区，设立地级海东市，形成了一市两区四县格局，一市，即海东市（地级市），市区驻现在乐都县；两区辖乐都区、平安区；四县即互助土族自治县、民和回族土族自治县、化隆回族自治县、循化撒拉族自治县。目前，民和和互助撤县设市工作正在积极推进。

2. 规划体系基本完善

在制定了《东部城市群发展总体规划》的基础上，编制并启动实施了城镇体系、基础设施、交通、电网、产业发展、公共服务、生态保护等9个专项规划，西宁市城市空间总体发展规划及大通县、湟中县、湟源县总体规划，海东总体规划及互助、乐都、平安和民和川垣新区城市设计。2013年，又修订审定了《西宁市城市总体规划（2001～2020）》，编制了《西宁新区规划》和《西川新城控制性详细规划》。

3. 基础条件明显改善

建成或加快建设引大济湟工程、积石峡灌区等水利项目，兰新铁路第二双线、西宁站改造、西宁南绕城高速公路等交通项目，330千伏日月山至康城回线路、输变电工程等能源项目，西宁市畅通工程、水井巷商务区、虎台行政办公科研区、中心广场金融商贸区以及各节点县城道路桥梁、集中供热等城镇化项目，湟水河治理、南北山绿化及危岩体治理等生态环境项目，城镇保障性住房、农村奖励性住房和危房改造、人饮工程、设施农业、整村推进扶贫、校园安全工程、薄弱学校改造、市县医院及乡镇卫生院和村卫生室等民生项目。特别是2013年，进一步加大了城镇化基础设施建设力度，启动实施了海东大道、海东行政中心、西宁多巴片区等重点项目，大大增强了城市功能和综合承载能力。2013年1～9月，西宁、海东固定资产投资占青海省的一半以上，比重达到53.1%。

4. 产业发展初具优势

实施了曹家堡保税物流中心综合配套工程，以园区为依托布局了太阳能光伏电池、单晶硅、300兆瓦太阳能薄膜电池生产线、年产500套1.5兆瓦风电塔筒和年产5万吨输电线路铁塔、铝深加工、百万吨甲醇、盐化工一体化、锂电材料等项目。2013年，启动了包括西宁经济技术开发区四个园区、海东工业园区在内的15个重大产业基地建设，呈现出产城融合的良好态势。以西宁经济技术开发区为例，2013年1~9月，工业增加值达到285亿元，占全省规模以上工业增加值的45%，增幅达到24%，远高于全省平均水平。

二 东部城市群建设的空间布局和目标定位

（一）空间布局和发展定位

东部城市群空间总体布局为"一核""一带""一圈"。

1. "一核"

核心区，指西宁市主城区。发展定位为引领城市群发展的龙头，青海省政治、经济、文化中心，高原旅游目的地，青藏高原重要的宜居城市、中国西部现代化中心城市，重要的现代物流中心、区域性金融中心、文化教育中心，全省先进制造业和科技创新基地，全国有影响力的新能源、新材料产业基地，国家级循环经济试验区，国家级高新技术产业开发区。

2. "一带""一圈"

"一带"指平安、乐都、民和城市发展带；"一圈"指以西宁市为中心的一小时经济圈，主要包括大通、湟中、湟源、互助。发展定位为承接产业转移的重要地区，现代设施农业产业化走廊、矿产资源精深加工走廊，区域性物流枢纽，区域性历史文化旅游、民族风情旅游和生态旅游示范区，全省重要的现代制造业、新型建材发展基地，城市群"菜篮子"主要生产、供应和保障基地，全省重要的宜居宜业地区。

（二）阶段目标和长远展望

"十二五"时期，是东部城市群建设奠定基础的重要阶段，目标是到2015年，城市群人口达到200万人左右，城市化率达到55%左右，经济总量实现五年翻一番。其中西宁市的核心地位进一步提升，市政建设实现现代化，具备向大城市发展的坚实基础；大通、湟中、湟源、平安、乐都、互助、民和等县

城基础设施体系逐步完善，公共服务水平显著提高，人居环境进一步改善，城市形态基本形成；海东实现撤地建市，成为全省重要的次中心城市。

在此基础上再用五年时间，到2020年，东部城市群建设实现提升，城市人口达到230万，城市化率达到60%，经济总量突破3000亿元，形成布局优化、结构合理、与周边区域融合发展的开放型城市体系，产业竞争力、科技创新能力和文化竞争力显著提高，建成西部重要的先进制造业基地、能源基地和区域性现代服务业中心；基础设施更加完善，城乡居民生活更加富裕，生态环境更加优美，社会更加和谐，公共服务均等化水平显著提高，形成经济与社会、人口与资源环境相协调的发展格局，如期实现全面建成小康社会的目标，提升在兰西格经济发展带中的地位。

三 东部城市群建设的重点任务和具体举措

在推进东部城市群建设实践中，需把握好"一、三、五"的工作取向。

（一）注重"一体化"发展

建设网络化城镇体系，以中心城市为核心，以次中心城市和重点城镇为节点，突出交通、信息、市政公用设施网络，注重各具特色、有机联系和优势互补、多层次布局、多空间拓展，加大区域城乡统筹力度，促进区域发展空间集约利用、生产要素有序流动、公共资源配置均衡、公共服务供给均等。依托兰西经济区、兰州—西宁城市群国家战略的实施，建成国家级经济区的核心区、国家级城市群的集聚区、全省城镇化发展的引领区和新型工业化、农业现代化的示范区，承接国内外产业转移、参与国内外市场竞争的重要平台。

（二）强化"三个支撑"

1. 强化基础设施支撑

加快综合交通运输体系建设，实现中心城市与节点城市之间、节点城市相互之间的交通网络高等级化、园区道路高标准化。加快环西宁高等级公路网络建设，规划城市群轨道交通建设，"十二五"期间实现城市群内部分城市公交一体化。加强水利基础设施建设，加快"引大济湟"（从北部大通河流域引水到东部湟水河流域）等重点水利工程建设进度，"十二五"期间实现调水总干渠、北干渠全线贯通并通水，加快湟水河治污力度，解决东部地区工程性缺水问题，为城市群发展提供水资源保障。加强城市群能源建设，实现各电压等级电网全覆盖，建设燃气干支线管网工程，延伸天然气管道至区域各主要城镇，积极发展城镇集热利用，提高城市清洁能源消费比重。健全信息基础设施，统筹"无线城市"和"数字青海"建设，加快推进"三网"融合进程。加快电信同城化进程，统一城市群区域固定电话、移动通信区号。西宁在城市群中处于核心地位，是城市群建设的重中之重，应该不断增强西宁核心城市辐射带动作用，实施"扩市提位"战略，加快旧城改造和新区建设，着力建设一批集聚效应显著的精品街区和景观带，在重要节点和地段建设一批地标性精品建筑，加速高端要素集聚，把部分产业或链条向新兴工业集中区转移、延伸。

2. 强化产业体系支撑

坚持"产""城"融合，明确产业发展方向，优化产业布局，构建在全省乃至西北地区有影响力的新能源、新材料、有色金属、装备制造、特种钢、特色纺织、生物医药等特色产业集群；夯实东部地区传统设施农业、养殖业和农产品精深加工业发展基础，壮大发展高原特色农畜产品；推动旅游业跨越式发展，构建以西宁为中心的夏都旅游圈，提升发展生产性服务业、丰富繁荣生活性服务业，推进金融业快速发展。西宁市重点是大力发展高新技术产业、现代服务业等高端产业，推动产业优化升级，发挥产业辐射带动功能；乐都、平安、民和积极打造承接产业转移集中区，用足用活《国务院关于中西部地区承接产业转移的指导意见》的相关政策，承接东中部地区产业转移，同时承接省内柴达木地区产业转移，引导支持青海南部地区在该区发展"飞地经济"，构建城市产业支撑体系，为加快城市化进程积极创造条件；其他小城镇按照已有产业基础和比较优势，注重产业配套发展和错位发展，避免产业趋同。

3. 强化公共服务支撑

根据城镇人口、规模和空间分布密度，统筹布局学校、医院、文化设施。教育方面，统筹实施学前教育推进工程、特殊教育学校建设工程、中小学教师周转房建设工程、高校基础设施及特色学科建设工程、普通高中建设工程、中等职业教育基础能力建设工程,在新建小区、旧城改造、新区和产业集聚区建设中同步规划建设中小学和幼儿园,鼓励中心城市、次中心城市规划建设城乡结合部中小学,有重点地在中小城市布局职业技术学校,加快建设青海教育园区和乐都职业教育基地。卫生方面,合理规划医疗卫生资源,扩建医疗机构基础设施,配置医疗设备,建立完善的基本医疗卫生制度,新增医疗卫生资源重点向农村和社区倾斜。加强公共文化、体育设施、基层社会管理和服务体系建设,整合人口、社会事务、就业、社保、民政、卫生、文化以及综合治理、信访等信息资源和服务资源,以地理信息系统和人口总和信息数据库为基础,以网格化精准化为切入点,以户况为支撑点,搭建城镇社会管理一体化综合服务平台。

(三)着力抓好"五项工作"

1. 推进工业集中区建设

启动建设15个以促进工业转型升级为方向的重大产业基地,一方面立足工业建基地,加速培育形成新能源、新型材料、盐化、有色金属、油气化工、煤化工、装备制造、特种钢、特色纺织、生物产业十大特色优势产业,重点实施工业"双百"行动(建设百个重点项目、培育百户重点企业)、科技支撑"123"工程(实施10个引进消化吸收和再创新项目、20个联合攻关项目、30个企业自主创新项目)、50个重大技术进步项目和40个百亿元产出项目,培育壮大有色金属延伸加工、煤及天然气化工、锂电池材料及储能电池、光伏聚光电池、硅材料及光伏制造等产业链及特色动植物资源精深加工、中藏药、昆仑晶石新材料等产业集群,努力打造青海省重要的硅材料及太阳能光伏制造基地、轻金属合金及电子材料产业基地、我国重要的有色金属及特色化工材料产业基地、锂资源精深加工和储能锂电池生产基地、发酵虫草菌粉和枸杞沙棘精深加工产业基地以及昆仑玉加工销售集散中心、"世界藏毯之都";另一方面,跳出工业看基地,努力把基地建设成为多功能的经济综合体,坚持园区和所在城区统筹规划,整体布局基础设施和公共服务设施,加快培育金融、物流、信息、中介、文化等现代服务业,吸引总部经济入园,既聚集产业又聚集人口,带动周边农牧业生产和农牧民增收。2020年,全省形成3个千亿元产业基地和6个五百亿元产业基地。

2. 加强生态环境保护

加强城市群生态建设和环境保护，努力实现城市群生态系统良性循环，将西宁建设成国家级环境保护模范城市。强化各类资源的统筹利用和保护，集约节约利用土地资源，加强水、土地、矿产以及森林、湿地等生态环境资源的统筹保护和综合利用。加强水土保持生态建设和湟水流域水污染防治，加强黑泉水库等重点水源地保护，改善生态环境。加强植树造林工作，着力提高森林覆盖率。大力推进太阳能利用，努力把西宁打造为国家级太阳能示范基地。

3. 保障改善国计民生

加快建设公共就业和人才服务中心服务窗口及信息化系统，开发社区服务、养老服务、家政服务、助残服务以及保洁、绿化等公益性岗位，开展创业服务、就业援助，重点发展已具备基础而且具有鲜明特色的"拉面经济"、黄河石画等便于掌握技巧、适宜灵活就业、带动性强的技能培训。推进城乡一体化社会保障体系建设，提高城乡居民养老保险参保率、城镇职工养老保险参保率、城乡居民医疗保险参保率、城镇职工医疗保险参保率，"十二五"期间均达到98%以上，逐步建立城乡一体化的以物质性救助为基础、以服务性救助、发展式救助为补充的公正、全面、高效的现代社会救助体系。

4. 培育市场发展要素

加强西宁与东部城市城镇之间的物流联动，消除行政壁垒和市场障碍，建立统一、开放、竞争、有序的现代市场体系，促进劳动力、资本、技术、土地等生产要素合理流动与高效配置。建立和培育一体化资本金融市场、消费市场、信息技术市场、人力资源和产权交易市场及物流集散基地，建立区域市场准入和质量互认制度，构建区域市场一体化的管理体制。

5. 重视科技创新工作

发挥企业主体作用，以重点项目为载体，走开放式、联合式创新之路，促进产学研紧密结合，深入实施技术创新工程，增强城市群自主创新能力。推动西宁创建国家创新型城市，强化创新中心功能，注重创新驱动发展。加强现代农业、高原生物、新能源、新材料和装备制造业等相关重点实验室和工程技

研究中心建设，着力赢得若干领域未来科技竞争优势，加快形成有利于科技创新的体制机制。

四 青海东部城市群建设的政策支持和相关建议

（一）强化政策统筹

东部城市群建设目前处在起步阶段，不仅需要投资、财税、金融等政策的强力支撑，而且应该注重人口、土地、环境等政策之间的均衡性和区域间的协调性，统筹解决城镇化发展的相关问题。

1. 优化投资政策

建立政府引导、市场主体、社会参与的多元化投融资机制，优先支持基础设施、产业发展、生态环保等重大项目建设。放宽市场准入条件，引导社会资金投资交通、水利、能源、信息、治污等重要基础设施建设，参与土地整治、矿产资源勘探开发、特色经济发展，鼓励进入市政公用事业、保障性住房、社会事业等领域。同时，对一些重大公共服务设施，实行省市共建、股份联结和公司化运作。

2. 做实财政政策

发挥财政资金"四两拨千斤"的引导和撬动作用，加大一般性转移支付和专项转移支付力度，每年增幅不低于20%。实行财政向西宁和海东市一次性注资政策，专项用于投融资平台建设。发行基础设施建设债券。对投资企业用地，减征耕地占用税、土地出让契税、耕地开垦费和土地出让金。取消城市群内部分公路、国道收费。

3. 丰富金融政策

加大引导和协调力度，鼓励省内金融机构创新信贷产品，优化审贷模式，做大信贷总量，吸引省外金融机构加大对城市群建设的投放力度。完善金融体系，鼓励和支持境内外银行、证券、保险、信托、担保等各类金融组织设立分支机构；加快组建城市建设与开发投资公司，加强与政策性银行、国有商业银行、股份制银行等金融机构对接；积极支持企业上市融资，推动上市企业跨区域开展兼并重组；充分利用资本市场，扩大城市群投融资规模。支持企业充分利用企业债、公司债、中期票据和短期融资券等融资工具，增强企业发展实力；鼓励金融创新，发展创业投资基金、产业投资基金，积极开展房地产信托投资，强化信用体系建设，完善金融生态环境，促进城市群发展。

4. 完善土地政策

在安排规划建设用地和土地利用年度计划指标时，充分考虑城镇发展合理用地需求，保障重点项目用地。对有工期要求的重点项目，可以采取先用地后报批方式。农村土地整理节约的土地指标全部用于城镇建设，全省土地指标可跨行政区域调剂使用。新增土地有偿使用费全部用于城镇建设。未利用地出让金的50%用于城市建设。本着"总量不减少、用途不改变、质量有提高"的原则，盘活城市群内现有土地资源，充分利用闲置土地，提高土地利用率。对利用荒山、荒坡、荒滩等土地从事种植业、畜牧业、渔业生产等改善当地生态环境的土地开发项目，可免交国有土地有偿使用费，实行"谁投资、谁开发、谁受益"政策。

5. 规范环保政策

完善城市群区域环境功能区划，发挥环境影响评价制度、环境准入和主要污染物排放总量控制的约束作用，引导产业节能减排、绿色发展。实施城市绿地系统规划，把城市群区域环境整治和生态修复项目纳入全省相关规划。推进环保收费改革，合理调整污水、垃圾处理收费标准，积极推进排污权有偿使用和交易制度。实行严格的水资源管理制度，制定主要河流水权分配制度、水资源有偿使用制度和水资源配置方案，完善水价机制和水政策体系。加强对城市近郊开山采石、取土、挖沙的管理，巩固退耕还林、小流域治理成果。

6. 创新户籍政策

结合青海省关于深化户籍制度改革的意见，放宽城市群落户政策，降低落户门槛，健全相关配套政策，加强进城落户人员在子女教育、就业、基本养老、基本医疗、住房保障、社会救助等方面的基本公共服务，保障其享有与其他城镇居民同等的权利和福利待遇。

（二）建立协调机制

1. 建立规划协调机制

对城市群发展规划的实施进行动态管理，注重与全省城镇规划衔接，与全省基础建设、产业发展、土地利用、环境保护等专项规划横向衔接，同时还应注意与海西城乡一体化乃至兰州新区等相邻地区的发展规划衔接，这样可以更好地找准定位、突出特色、错位发展。

2. 建立要素配置和利益分享机制

发展区域性商品、资本、土地、技术、信息、人才、产权等市场，实现商品与要素的自由流动和高效配置。破除行政壁垒，构建商品要素在城市群自由流动的制度环境。探索建立跨地区税收分成办法和区域性利益补偿机制。

3. 建立跨区域统筹协调机制

打破行政区域界限，加强对跨区域调水、大型水库、城际连接线、电信同城等跨区域重大基础设施的统筹规划，建立协调机制，加速推进区域基础设施建设一体化。逐步建立城市群产业布局协调机制，按照功能分区和发展定位，实行有差别的产业准入条件，推动产业分工、产业整合和园区建设。

（三）加强制度建设

强化规划的法律地位，保证各类规划有效实施。建立规划听证制度，健全规划实施情况的自检制度，维护规划的权威性、法定性和相对稳定性。建立统一的执法标准、统计制度和绩效考核评价体系，强化行政问责制和责任追究制，确保城市群建设持续健康推进，防止短期行为。

B.24 促进新疆区域协调发展的战略思考

董兆武*

摘 要： 由于诸多原因，新疆区域发展很不平衡，不仅北疆、南疆、东疆区域经济发展不平衡，就是南疆五地州经济发展也很不平衡。为了促进新疆区域协调发展，在进一步加大社会基础设施建设和进一步提升新疆对外开放水平的基础上，新时期促进新疆区域协调发展的布局重点为：进一步加快天山北坡经济带发展，进一步加快"两库一轮"石油石化产业带发展，进一步加快哈密东大门大通道和煤炭、煤电、煤化工发展，千方百计加快南疆三地州经济社会发展。

关键词： 区域协调发展 四大布局

从新疆是少数民族地区、经济欠发达和区域经济发展不平衡的基本区情出发，以科学发展观为指导，坚持区域协调发展，是促进新疆经济社会可持续、协调发展的基本方针之一，也是实现中央新疆工作座谈会提出的推进新疆跨越式发展和长治久安两大历史任务的基本方针之一。

一 新时期新疆区域发展的基本区情

由自然、历史、社会诸多因素决定，新疆区域发展的基本区情，可以简要

---

* 董兆武，新疆社会科学院杂志社研究员，研究领域为政治经济学、区域经济学。

概括为三个不平衡：一是矿产资源特别是水资源分布不平衡；二是民族人口分布不平衡；三是区域经济社会发展不平衡。这里讲的三个不平衡主要就新疆的北疆、南疆、东疆三大区域而言。这一区域发展不平衡的态势，改革开放以来特别是近10年来虽有所缓解，但依然是新疆的基本区情之一。

新疆的地貌可分为山地和盆地两大基本类型，形成"三山"（阿尔泰山、天山、昆仑山）夹"两盆"（准噶尔盆地、塔里木盆地），从而将新疆分为北疆、南疆、东疆三个地理单元。北疆包括乌鲁木齐市、克拉玛依市、昌吉回族自治州（以下简称"昌吉州"）及伊犁哈萨克自治州的伊犁州直属县市（即伊犁河谷地区）、塔城地区、阿勒泰地区和博尔塔拉蒙古自治州（以下简称"博州"）；区域内还有新疆生产建设兵团所辖的农四师、农五师、农六师、农七师、农八师、农九师、农十师、农十二师。南疆区域内有巴音郭楞蒙古自治州（以下简称"巴州"）、阿克苏地区、喀什地区、和田地区、克孜勒苏柯尔克孜自治州（以下简称"克州"）；区域内还有建设兵团所属的农一师、农二师、农三师、农十三师；东疆区域内有哈密地区、吐鲁番地区及兵团的农十四师。和内地不同，因为20世纪80年代没有实行撤地建市的改革，新疆还保留地州建制。

（一）受特定的地理条件决定，新疆各区域内矿产资源特别是水资源分布极不平衡

新疆作为典型干旱半干旱地区，突出表现为降水偏少，北疆大部分平原地区的年降水量只有200毫米，大约为华北地区年降水量的一半；南疆平原区降水量不足100毫米，塔里木盆地年降水量不足20毫米。新疆的水资源区域和季节分布很不平衡；从地域分布上讲，南疆特别是和田以及东疆的吐鲁番、哈密地区严重缺水；从季节分布看，在缺乏大型控制水利工程的情况下，往往形成春旱、夏洪、秋涝的状况。

以新疆地表水的空间分布为例：如以天山山脊为界，将新疆分为北疆和南疆两大部分，则北疆地表水资源为 409×10^8 立方米，南疆为 384×10^8 立方米。如计入外来水量，则北疆河流径流量为 439×10^8 立方米，南疆为 445×10^8 立方米，约各占一半。但北疆山区面积 20.2×10^4 平方公里，只占全疆山

区面积的28%；而南疆山区面积50.8×10^4平方公里，占全疆72%，所以北疆山区径流量或单位面积产水量比南疆多1.6倍。若以策勒经焉耆到奇台划一直线，将新疆分为西北和东南两大部分，两者面积大致相当：则西北部分的地表水资源量为733.5×10^8立方米，占全疆地表水资源量的93%；而东南部分为55.5×10^8立方米，仅占全疆的7%。以上说明新疆西北半边与东南半边水资源量相差悬殊。

水是新疆经济的命脉，水资源短缺则是制约南疆经济社会发展的重要原因。一方面是水资源短缺，另一方面沙漠和沙化面积大，成为制约南疆经济发展的重要原因，世界第二大沙漠塔克拉玛干沙漠就在南疆。同时，季节水资源的不平衡进一步加剧了南疆水资源的短缺状况。[①] 受水资源分布不平衡和人口等因素的制约，北疆和南疆的农村人口占有耕地面积也悬殊。

受地理条件和勘探开发程度的制约，北疆、南疆、东疆的矿产资源分布也极不平衡。随着塔里木盆地油气田和吐哈盆地油气田的开发，新疆已逐渐形成准噶尔盆地、塔里木盆地、吐哈盆地三大油气田并存的格局，南疆三地州到目前还没有发现大型油气田。同时，煤炭资源的区域分布也极不平衡。目前新疆最具开发潜力的四大煤田为吐哈煤田、准东煤田、伊犁河谷煤田和库车—拜城煤田，其中三大煤田分别在北疆和东疆，库车—拜城煤田在南疆的阿克苏地区；南疆喀什地区、和田地区和克州三地州到目前为止尚未发现大规模煤田，南疆三地州的煤主要靠阿克苏的库车—拜城煤田和巴州塔什店煤田供给。当然，南疆三地州能源严重短缺的现象，随着南疆特别是克州水资源的开发、南疆油气资源勘探开发的加快、新型能源的开发加快，会逐步得到缓解。但能源短缺仍是制约南疆特别是南疆三地州经济社会发展的重要原因。

（二）全疆的民族人口分布有很大差异，维吾尔族人口主要集中在南疆的阿克苏地区、喀什地区、和田地区

新疆维吾尔自治区是以维吾尔族为主的多民族聚居地区。据2010年全国

---

① 董兆武：《新疆统筹区域发展的战略思考》，载《2004～2005年新疆经济社会形势分析与预测》，新疆人民出版社，2004，第276～277页。

第六次人口普查资料显示：2010年，全区常住人口21813334人；其中，汉族人口8746148人，占总人口的40.1%；各少数民族人口13067186人，占总人口的59.9%；在各少数民族人口中，维吾尔族人口10001302人，占各少数民族总人口的75.53%。而维吾尔族又主要居住在南疆的阿克苏地区、喀什地区、和田地区；其中，阿克苏地区维吾尔族人口1799512人，喀什地区3606779人，和田地区1938316人；三地维吾尔族人口合计7344607人，占全疆维吾尔族人口总数的73.44%。我们在制定区域协调发展的总体战略时，必须考虑新疆区域民族人口分布的这一基本区情。

（三）由于诸多原因，新疆区域发展很不平衡，尤其是南疆三地州经济社会发展严重滞后，已成为新疆到2020年能否和全国同步建成全面小康社会的难点和重点，也是新时期新疆脱贫致富的难点和重点

从总体上看，北疆的水资源、土地资源、矿产资源条件和勘探开发程度要好于南疆；北疆和东疆的经济发展水平要高于南疆。这从天山北坡经济带的情况，就可以看得很清楚。从乌鲁木齐沿天山北坡到奎屯市，是新疆经济最为发达的地区，称为天山北坡经济带。天山北坡经济带的核心地区乌鲁木齐—昌吉地区，简称乌昌地区。从天山北坡经济带主要经济指标在全区所占的比重，就可以清楚地看出新疆各区域经济发展水平的巨大差异。当然，就是北疆、南疆、东疆，其区域内的不同地区经济发展水平也有很大的差异。南疆的巴州、阿克苏地区、喀什地区、和田地区、克州五地州的经济发展水平就有很大差异。和巴州毗邻的阿克苏地区也是南疆乃至全疆经济发展较快的地区。南疆的工业主要集中在巴州和阿克苏地区。

若将新疆不同地区经济发展水平分为经济相对发达地区、经济欠发达地区和经济发展严重滞后地区三个类型，则乌鲁木齐市、克拉玛依市、石河子市、昌吉州、巴州、阿克苏地区属于经济相对发达地区；喀什、和田、克州属于经济发展严重滞后地区；其他的伊犁哈萨克自治州直属县市、阿勒泰地区、塔城地区、哈密地区、吐鲁番地区属经济欠发达地区。

随着新时期中亚政治格局的变动和中国与中亚经贸合作的推进，中国全方位对外开放战略的实施，新疆能源资源的大开发和能源资源陆上国际安全大通道的建设，新疆的资源优势和地缘优势日渐凸显，新疆在中亚地缘政治中的战略地位日渐凸显，新疆在国家发展与安全大局中的特殊重要的战略地位日渐凸显。但是，由于诸多原因，南北疆对外开放态势也有很大差异，总体来说，北疆的对外开放要早于南疆，北疆的地缘优势要强于南疆。真正形成南北呼应的全方位开放大格局，南疆的对外开放任重而道远。

二 坚持科学发展观，促进新疆区域协调发展，是实现新疆跨越式发展和长治久安的一项长期的战略任务

（一）促进区域经济协调发展，特别是千方百计加快南疆三地州经济社会发展，不仅是进一步完善新疆经济布局的根本要求，也是维护新疆稳定的一项战略任务

由于自然、历史等多方面原因，新疆南北疆经济社会发展很不平衡，为实现中央提出的新疆跨越式发展和长治久安两大历史任务、促进新疆区域经济协调可持续发展，特别是千方百计加快南疆三地州经济社会发展，不仅是完善新疆经济布局的基本要求，也是维护新疆稳定的一项长期的战略任务。

长期以来，中央和自治区党委、人民政府高度关注南疆特别是南疆三地州的社会经济发展。随着南疆库尔勒至喀什及喀什至和田铁路的贯通，随着轮台至民丰和阿克苏至和田两条沙漠公路及环塔里木公路网的贯通，随着塔里木盆地油气田的大规模开发和塔里木河流域生态环境综合治理一期工程的顺利实施，随着喀什经济开发区和南疆口岸建设的顺利实施，特别是随着全国19个省市对口援疆工作的顺利开展，随着近年来自治区党委和人民政府对南疆各项民生工程投入的加大，南疆特别是南疆三地州社会经济有了长足的发展。但是，由于诸多原因，南疆特别是南疆三地州社会经济发展严重滞后，其依然是我们促进新疆区域协调发展中的难点和重点，依然是促进新疆区域协调发展中必须高度关注、认真解决的一项长期的战略任务。

（二）坚持科学发展观，促进新疆区域协调发展，是新疆进一步完善生产布局、调整产业结构、不断培育区域新的经济增长点的客观需要

不同于东部沿海地区，新疆已逐渐形成以中心城市为集聚核、中小城镇为辅的区域城市群。受特定的地理条件决定，新疆形成环两大盆地的点线状的生产布局，这就决定新疆的生产布局总体发展趋势是以乌鲁木齐市为中心，向南北两翼展开。因此，在进一步加快天山北坡经济带发展的同时，千方百计加快南疆的发展特别是南疆三地州的发展，则是进一步完善新疆生产布局的战略选择。

有的学者形象地将新疆生产布局称为树丫形，即新疆的经济布局以兰新线为主轴，经首府乌鲁木齐市沿天山南北的国道312和314展开。若从经济带的角度讲，也可将东疆、南疆、北疆的统一的区域布局比喻为雁形，哈密为新疆东大门，可喻为雁首，而由立体运输网连接的南北疆则可为大雁的两翼。由此决定新时期新疆经济布局的三大重点：其一，随着西气东输一线、二线、三线的贯通，随着乌鲁木齐到兰州的原油和成品油管道的贯通；随着兰—新线电气化改造的顺利进行，随着星星峡到乌鲁木齐的公路改扩建；特别是随着750千伏安新疆和西北电网联网、哈密到格尔木750千伏安第二条回路的建设、哈密到郑州南±800千伏远距离高压输电电网的开工建设，应把东疆这个东大门打造成新疆和祖国内地联系的战略交通枢纽、战略资源的大通道，新疆实施疆电东输的重要基地，重要的煤炭、煤电、煤化工基地。其二，国家已正式将加快建设天山北坡产业带纳入国家规划的战略层面，我们应充分发挥乌鲁木齐市首府中心城市的作用和优势，依托霍尔果斯口岸经济开发区与阿拉山口的地缘优势，依托伊犁河谷地区丰富的农业资源和煤炭资源优势，依托阿勒泰地区和塔城地区丰富的煤炭和矿产资源、农牧业资源的优势，依托北疆丰富的旅游资源优势，进一步做大做强天山北坡产业带，使其成为拉动新疆经济快速增长、促进区域协调发展、率先建成小康社会的示范区和重要支点。其三，依托库尔勒—轮台—库车（简称"两库一轮"）石油石化产业带的崛起，依托喀什经济开发区和南疆众多口岸的优势，依托南疆丰富的水利资源、农业资源、矿产资源的优势，进一步加快南疆特别是南疆三地州的发展。

（三）坚持科学发展观，促进新疆区域协调发展，是进一步调整产业结构、充分发挥不同区域比较优势的需要

调整地区产业结构特别是农业结构，必须坚持因地制宜，充分发挥不同地区的比较优势，这是促进新疆区域协调发展的重要指导思想。从总体上看，新疆的棉花种植优势主要在石河子垦区、昌吉州特别是南疆的喀什地区、阿克苏地区、和田地区，农业条件极为丰富的伊犁地区和塔额盆地基本上不宜种植棉花。草原畜牧业的优势主要在伊犁河谷地区、塔城和阿勒泰地区；而特色林果业和棉花的种植优势主要在南疆环塔里木盆地，东疆的吐鲁番地区和哈密地区则有发展经济作物和特色林果业的优势。而大中城市的周边则具有发展设施农业和城郊养殖业的优势。为此，在促进区域协调发展和推进新型工业化、农牧业现代化、新型城镇化的进程中，在保持全区或大区粮食安全的前提下，应充分发挥各地区的比较优势，坚持宜工则工、宜农则农、宜牧则牧、宜林则林、宜棉则棉。为了促进区域协调发展，必须坚持农轻重协调发展，以工促农，以城促农；必须坚持农林牧渔相结合，以农促牧，以牧促农。在今后一个时期，必须把发展畜牧业特别是农区畜牧业、城市近郊养殖业放在调整农业产业结构的重要位置，逐步解决畜产品供应紧张、牛羊肉价格居高不下的状况。

三 促进新疆区域协调发展的战略构想和主要对策

（一）进一步加大对以交通通信和水利为重点的基础设施建设，是进一步完善新疆生产力布局、促进新疆区域协调发展的物质保障

交通（包括现代通信）是新疆的动脉，这已为新疆发展的实践所证实。新兰线的贯通，拉开了新疆工业特别是石油工业大发展的序幕；20世纪90年代亚欧第二大陆桥的贯通，从根本上改变了新疆对外开放的大格局，使新疆成为中国向西开放的桥头堡、大通道；南疆铁路由大河沿至库尔勒，又由库尔勒

逐步向西延至阿克苏、喀什、和田，初步打破了长期制约南疆特别是南疆三地州经济社会发展的交通瓶颈，为南疆的发展奠定了坚实的物质基础。近10年来，新疆经济社会的快速发展，特别是南疆经济社会的快速发展，正是得益于新疆综合立体、快速交通网络的建立。快速、便捷、通畅的立体交通网络使新疆分散的县市成为统一布局的重要网点。今后，新疆在进一步加快立体交通网络建设的同时，要进一步加大县以下乡镇村公路建设，进一步加大南北疆交通枢纽建设。为了形成开放的统一的生产布局，建议国家尽快将中吉乌铁路、新疆和田至格尔木铁路建设列入近期规划。综合立体交通网的建设要实现三通：疆内通，区内外通和与周边国家通。新疆要抓住中国—印度—巴基斯坦经济带和丝绸之路经济带的建设机遇，进一步完善全方位、立体综合交通网络。

水是新疆的命脉。要通过重大水利控制型工程建设，逐步缓解或改变新疆水资源区域和季节分布不平衡的状态。建议国家有关部门在顺利完成塔里木河流域生态治理一期工程的前提下，尽快将塔河流域生态治理二期工程列入规划，同时将玛纳斯河和艾比湖生态恢复与治理列入规划。哈密是新疆的东大门，哈密又是新疆实施"西电东输"工程的重要电源地，建议自治区有关部门深入研究哈密地区水资源供需状况，研究制定可行性方案，解决哈密地区水资源短缺的问题。

（二）从新疆的基本区情出发，进一步加快新疆的新型城镇化进程，是促进新疆区域协调发展的重要战略支撑

从新疆的实际出发，坚持以人为本，稳步推进新疆新型城镇化进程，不仅是推进新疆经济社会持续快速发展的最大红利，也是进一步促进新疆区域协调发展的最大红利。推进新疆新型城镇化进程，要有利于城乡协调发展，有利于各种生产要素自由流动和产业的聚集、人口和社会财富的聚集，有利于完善新疆点线状的生产布局，有利于逐步缩小区域之间的发展差距。为此，要做到如下几点。

（1）稳步提高城镇化水平，是推进新疆经济社会持续发展的重要动力，特别是稳步推进南疆三地州的城镇化水平，更是促进南疆经济社会持续发展和区域协调发展的重要动力。

（2）进一步做强做大区域中心城市，进一步做强做大区域次中心城市，进一步加快有条件的重点乡镇发展；加快区域一体化发展，应是加快新疆城镇化进程、进一步完善新疆生产布局、促进新疆区域发展的可行的战略选择。

应着力把乌鲁木齐市打造成中亚、西亚、南亚的国际商贸中心。着力把喀什市、伊宁市、哈密市，分别打造成南疆、北疆、东疆更具影响力的中心城市。把莎车县、库车县打造成南疆的区域次中心城市，把沙湾县、新源县、福海县、鄯善县打造成这一区域的次中心城市。

（3）通过联合试办工业园区，促进区域经济一体化进程。为了使自治区工业园区持续、高效、快速发展，必须坚持"三个集中"的原则：坚持工业企业要向工业园区集中，坚持工业园区的产业发展要向特色产业、优势产业、主导产业集中，坚持工业园区要向发展条件好的中心城市和优势区域集中。

（三）进一步通过产业聚集做强做大天山北坡经济带，充分发挥天山北坡经济带的辐射效应，使其成为拉动北疆乃至全疆经济快速发展的重要引擎

随着新疆区域协调发展，特别是随着区域新的经济增长极的形成，如库尔勒—轮台—库车石油石化产业带的崛起，哈密煤炭、煤电、煤化工产业的快速发展，伊犁河谷地区煤炭、煤制气产业的发展，天山北坡经济带在全疆经济总量中的比重会有所降低，但相当长的一个时期内，天山北坡经济带依然在新疆经济总量中占有举足轻重的地位。

为了进一步做强做大天山北坡经济带：一是适度扩大天山北坡核心区，是进一步做强做大天山北坡经济带的必然选择。乌鲁木齐—昌吉州可以说是天山北坡经济带的核心区，但其城市人口仅占全区的37.2%，地区生产总值占全区的36.2%，应逐步扩大天山北坡经济带核心区，将其拓展为乌鲁木齐—昌吉—石河子—克拉玛依—奎屯—线，即应将石河子市和人们所说的独山子—奎屯—乌苏金三角纳入天山北坡经济带核心区，这样有利于石油石化产业、重要轻工业产业的聚集和整合。

二是充分发挥天山北坡经济带对北疆经济的带动和辐射作用。天山北坡经

济带若不依托阿拉山口和霍尔果斯两大口岸及北疆其他口岸，若不依托伊犁河谷地区丰富的农业资源特别是发展煤炭、煤制气产业，不依托塔城丰富的农牧业资源和外向型农业的优势，不依托近年来快速发展的阿勒泰地区的矿业资源，就很难进一步做强做大天山北坡经济带。如果把旅游业作为进一步做强做大天山北坡经济带的支柱产业，那我们更应该从整合整个北疆丰富的旅游资源的视野来做这篇大文章。

（四）进一步加快"两库一轮"石油石化产业带的发展，把"两库一轮"石油石化产业带培育成新疆总体生产布局由乌鲁木齐向南疆展开的重点节点，培育成南疆经济发展的新的增长点

随着南疆铁路的西延，塔里木盆地油气资源的开发，塔河流域生态环境综合治理一期工程的实施，近10年巴州和阿克苏地区成为全疆经济发展最快的地区之一，已成为全疆15个地州市中经济相对发达的地区，而巴州和阿克苏地区经济的快速发展则主要得益于"两库一轮"石油石化产业带的崛起。这可以从库车县和库尔勒市的发展中看得更为清楚。

随着经济的快速发展，库车县在南疆乃至全疆的特殊重要的战略地位进一步凸显。库车区位优势明显，是南疆五地州重要的交通枢纽和连接南北疆的交通大动脉，是塔里木石油天然气开发的主战场，被自治区确定为新疆四大石油化工基地和五大煤电、煤焦化、煤化工基地之一，是新疆的电力基地和南疆的电力枢纽；是国家和自治区重要的商品粮、商品棉、畜牧业基地，是新疆四大旅游县市之一，成为自治区"五区三线"黄金旅游区域的重要组成部分。因此，着力把库车县打造成南疆重要的区域次中心城市，是进一步完善南疆乃至全疆生产布局的战略需要。

库尔勒市经济的快速发展，在完善新疆生产布局中起着越来越重要的战略作用。库尔勒市已成为连接南北疆的重要交通枢纽和物流中心，已成为全疆石化、机械等产业的重要基地。

因此，千方百计加快"两库一轮"石油石化产业带发展，不仅可使其成为新疆区域经济协调发展的新增长极，也成为完善新疆生产布局和拉动整个南疆经济社会持续快速发展的增长极。

（五）千方百计加快南疆三地州经济社会发展，是促进新疆区域协调发展的战略重点

如果按总体经济发展水平来划分，喀什地区、和田地区和克州南疆三地州属于经济发展严重滞后地区。形成这一状况的原因是多方面的，如自然环境恶劣（特别是和田），人均耕地面积少，人口自然增长过快，交通欠发达，缺乏工业大项目支撑，能源短缺，等等。当然，在中央和自治区党委、人民政府的高度关注下，在南疆三地州各族干部群众的努力下和全国对口援疆省市努力下，这一经济严重滞后的状况已发生了很大的变化。南疆铁路西延至和田和两条沙漠公路及环塔里木高等级公路的建成，基本上打破了长期以来交通对南疆三地州发展的瓶颈制约；下半地大型水利枢纽工程和盖孜河、托什干河水电的大规模开发，为南疆三地州经济社会发展带来新的机遇；喀什经济开发区的建设，为充分发挥南疆三地州口岸集群优势，迈出坚实的一步；在19个省市对口援疆下，以喀什山东钢厂和克州赣新钢厂的建设为标志，新型工业化在南疆三地州迈出新的步伐。中国2010～2020年扶贫纲要已将南疆三地州纳入整体连片开发扶贫区。同时，我们也应看到，由于丰富的水土光热条件，南疆三地州特别是和田和喀什具有发展棉花产业和特色林果业及大农业的优势。

若再细分，南疆三地州的情况又有很大差异。笔者认为从各方面条件看，如生态环境、人均耕地、人口增长和工业发展条件，和田的困难更大一些。如果说，南疆三地州是全疆扶贫开发的重点和难点，那么，和田则是南疆三地州扶贫开发的重点和难点。克州虽然也有一定困难，但由于人口较少，特别是通过克州矿产资源和水能资源的开发，随着戈壁产业的发展，克州的扶贫开发难度会小一点，实现到2020年和全国同步建成小康社会应该说有一定把握。喀什虽然人口较多，但农业开发条件和生态环境相对来说要优于和田，喀什经济开发区的建设，从援疆力量的配置（全国经济最发达的上海、广东、山东对口援助喀什）来看，喀什经济社会发展会更快一些。

建议中央和自治区进一步加大对南疆三地州交通水利基础设施建设投资，进一步加大生态环境修复和治理投资，进一步加大对南疆三地州特色产业的投资，进一步加大南疆三地州矿产资源开发和勘探的投资，进一步加大对人口培

训和农村富余劳动力转移的投资。建议国家将和田地区列入全国生态修复和发展沙生产业的重点实验区。南疆三地州要紧紧抓住将南疆三地州纳入整体连片扶贫开发的历史机遇,紧紧抓住喀什经济开发区建设的历史机遇,紧紧抓住南疆三地州矿产资源和水能资源开发的历史机遇,紧紧抓住有全国19个对口援疆省市的历史机遇,紧紧抓住"气化新疆"的历史机遇,坚持发展和稳定两手抓两手都要硬的方针,艰苦奋斗,开拓进取,促进南疆三地州经济社会持续、健康发展,促进新疆区域协调发展。

(六)坚持全方位开放格局,以大通道建设促进新疆区域协调发展

要想充分发挥新疆得天独厚的资源和地缘优势,要想不断增加新疆经济发展活力,必须树立全方位开放的发展理念,必须加快大通道建设,将新疆的发展纳入全国统一开发的大格局中,纳入中国全方位开放的大格局中。

我们这里所说的大通道建设,既包括向祖国内地开放的大通道,也包括向周边国家开放的大通道。为了不断加大新疆和祖国内地的经济技术全方位联系,我们建设了铁路、公路、航空大通道,我们已经建成连接祖国内地的油气输送大通道。随着新疆和西北电网联网,特别是随着750千伏哈密至格尔木第二电路和±800千伏哈密到郑州南高压远距离输电电网的建设,我们还将建成"西电东送"的大通道。为此,建议中央有关部门尽快将煤制气大通道建设列入规划,尽早开工建设。为了进一步加快和祖国内地大通道建设,我们要切实加快哈密地区经济社会发展,真正把哈密建设成新疆的东大门。为此,建议中央有关部门尽快出台扶持新疆发展煤电、煤制气、风电、光伏发电的各项优惠政策。我们要紧紧抓住中央新疆工作座谈会后,中央出台的加快喀什、霍尔果斯开发区建设,把乌洽会提升为国家级"中国—亚欧博览会"的历史机遇,以大通道建设为重点,进一步提升新疆全方位开放水平,把新疆建设成中央向西开放的桥头堡、大通道和重要外贸出口基地。

为了进一步加快向西开放大通道建设,我们在不断加快中国和中亚国家经贸合作的同时,充分发挥新疆全方位地缘优势,进一步发挥新疆中蒙口岸的优势,进一步加大和蒙古国的经贸合作,建设新的大通道。为此,建议在中央的统一管理下,将新疆境内对蒙古国进出口口岸的管理权下放到自治区人民政府。

权威报告　热点资讯　海量资源

当代中国与世界发展的高端智库平台

皮书数据库　www.pishu.com.cn

皮书数据库是专业的人文社会科学综合学术资源总库，以大型连续性图书——皮书系列为基础，整合国内外相关资讯构建而成。该数据库包含七大子库，涵盖两百多个主题，囊括了近十几年间中国与世界经济社会发展报告，覆盖经济、社会、政治、文化、教育、国际问题等多个领域。

皮书数据库以篇章为基本单位，方便用户对皮书内容的阅读需求。用户可进行全文检索，也可对文献题目、内容提要、作者名称、作者单位、关键字等基本信息进行检索，还可对检索到的篇章再作二次筛选，进行在线阅读或下载阅读。智能多维度导航，可使用户根据自己熟知的分类标准进行分类导航筛选，使查找和检索更高效、便捷。

权威的研究报告、独特的调研数据、前沿的热点资讯，皮书数据库已发展成为国内最具影响力的关于中国与世界现实问题研究的成果库和资讯库。

皮书俱乐部会员服务指南

1. 谁能成为皮书俱乐部成员？
- 皮书作者自动成为俱乐部会员
- 购买了皮书产品（纸质皮书、电子书）的个人用户

2. 会员可以享受的增值服务
- 加入皮书俱乐部，免费获赠该纸质图书的电子书
- 免费获赠皮书数据库100元充值卡
- 免费定期获赠皮书电子期刊
- 优先参与各类皮书学术活动
- 优先享受皮书产品的最新优惠

卡号：5885252323871093
密码：

3. 如何享受增值服务？

（1）加入皮书俱乐部，获赠该书的电子书

第1步 登录我社官网（www.ssap.com.cn），注册账号；

第2步 登录并进入"会员中心"—"皮书俱乐部"，提交加入皮书俱乐部申请；

第3步 审核通过后，自动进入俱乐部服务环节，填写相关购书信息即可自动兑换相应电子书。

（2）免费获赠皮书数据库100元充值卡

100元充值卡只能在皮书数据库中充值和使用

第1步 刮开附赠充值的涂层（左下）；

第2步 登录皮书数据库网站（www.pishu.com.cn），注册账号；

第3步 登录并进入"会员中心"—"在线充值"—"充值卡充值"，充值成功后即可使用。

4. 声明

解释权归社会科学文献出版社所有

皮书俱乐部会员可享受社会科学文献出版社其他相关免费增值服务，有任何疑问，均可与我们联系
联系电话：010-59367227　企业QQ：800045692　邮箱：pishuclub@ssap.com.cn
欢迎登录社会科学文献出版社官网（www.ssap.com.cn）和中国皮书网（www.pishu.cn）了解更多信息

法律声明

"皮书系列"（含蓝皮书、绿皮书、黄皮书）由社会科学文献出版社最早使用并对外推广，现已成为中国图书市场上流行的品牌，是社会科学文献出版社的品牌图书。社会科学文献出版社拥有该系列图书的专有出版权和网络传播权，其LOGO（ ）与"经济蓝皮书"、"社会蓝皮书"等皮书名称已在中华人民共和国工商行政管理总局商标局登记注册，社会科学文献出版社合法拥有其商标专用权。

未经社会科学文献出版社的授权和许可，任何复制、模仿或以其他方式侵害"皮书系列"和LOGO（ ）、"经济蓝皮书"、"社会蓝皮书"等皮书名称商标专用权的行为均属于侵权行为，社会科学文献出版社将采取法律手段追究其法律责任，维护合法权益。

欢迎社会各界人士对侵犯社会科学文献出版社上述权利的违法行为进行举报。电话：010-59367121，电子邮箱：fawubu@ssap.cn。

社会科学文献出版社

权威·前沿·原创

社会科学文献出版社

皮书系列

2014年

盘点年度资讯　预测时代前程

社会科学文献出版社 学术传播中心 编制

社长致辞

我们是图书出版者,更是人文社会科学内容资源供应商;

我们背靠中国社会科学院,面向中国与世界人文社会科学界,坚持为人文社会科学的繁荣与发展服务;

我们精心打造权威信息资源整合平台,坚持为中国经济与社会的繁荣与发展提供决策咨询服务;

我们以读者定位自身,立志让爱书人读到好书,让求知者获得知识;

我们精心编辑、设计每一本好书以形成品牌张力,以优秀的品牌形象服务读者,开拓市场;

我们始终坚持"创社科经典,出传世文献"的经营理念,坚持"权威、前沿、原创"的产品特色;

我们"以人为本",提倡阳光下创业,员工与企业共享发展之成果;

我们立足于现实,认真对待我们的优势、劣势,我们更着眼于未来,以不断的学习与创新适应不断变化的世界,以不断的努力提升自己的实力;

我们愿与社会各界友好合作,共享人文社会科学发展之成果,共同推动中国学术出版乃至内容产业的繁荣与发展。

社会科学文献出版社社长
中国社会学会秘书长

2014 年 1 月

社会科学文献出版社　　　　　　　　　皮书系列

"皮书"起源于十七、十八世纪的英国，主要指官方或社会组织正式发表的重要文件或报告，多以"白皮书"命名。在中国，"皮书"这一概念被社会广泛接受，并被成功运作、发展成为一种全新的出版形态，则源于中国社会科学院社会科学文献出版社。

皮书是对中国与世界发展状况和热点问题进行年度监测，以专家和学术的视角，针对某一领域或区域现状与发展态势展开分析和预测，具备权威性、前沿性、原创性、实证性、时效性等特点的连续性公开出版物，由一系列权威研究报告组成。皮书系列是社会科学文献出版社编辑出版的蓝皮书、绿皮书、黄皮书等的统称。

皮书系列的作者以中国社会科学院、著名高校、地方社会科学院的研究人员为主，多为国内一流研究机构的权威专家学者，他们的看法和观点代表了学界对中国与世界的现实和未来最高水平的解读与分析。

自20世纪90年代末推出以经济蓝皮书为开端的皮书系列以来，至今已出版皮书近1000余部，内容涵盖经济、社会、政法、文化传媒、行业、地方发展、国际形势等领域。皮书系列已成为社会科学文献出版社的著名图书品牌和中国社会科学院的知名学术品牌。

皮书系列在数字出版和国际出版方面成就斐然。皮书数据库被评为"2008~2009年度数字出版知名品牌"；经济蓝皮书、社会蓝皮书等十几种皮书每年还由国外知名学术出版机构出版英文版、俄文版、韩文版和日文版，面向全球发行。

2011年，皮书系列正式列入"十二五"国家重点出版规划项目，一年一度的皮书年会升格由中国社会科学院主办；2012年，部分重点皮书列入中国社会科学院承担的国家哲学社会科学创新工程项目。

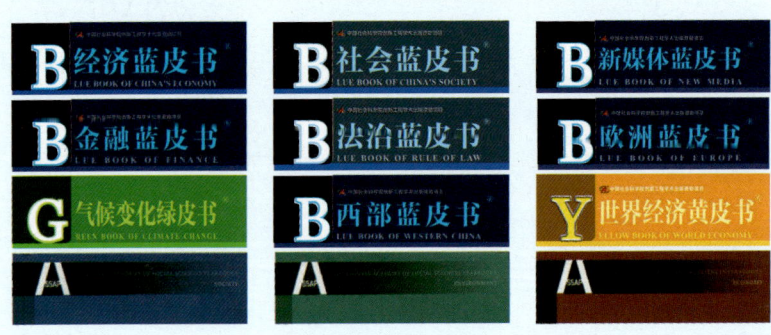

权威 前沿 原创

经济类 | 皮书系列 重点推荐

经 济 类

经济类皮书涵盖宏观经济、城市经济、大区域经济，
提供权威、前沿的分析与预测

经济蓝皮书
2014年中国经济形势分析与预测（赠阅读卡）

李 扬 / 主编　2013年12月出版　估价：69.00元

◆ 本书课题为"总理基金项目"，由著名经济学家李扬领衔，联合数十家科研机构、国家部委和高等院校的专家共同撰写，对2013年中国宏观及微观经济形势，特别是全球金融危机及其对中国经济的影响进行了深入分析，并且提出了2014年经济走势的预测。

世界经济黄皮书
2014年世界经济形势分析与预测（赠阅读卡）

王洛林　张宇燕 / 主编　2014年1月出版　估价：69.00元

◆ 2013年的世界经济仍旧行进在坎坷复苏的道路上。发达经济体经济复苏继续巩固，美国和日本经济进入低速增长通道，欧元区结束衰退并呈复苏迹象。本书展望2014年世界经济，预计全球经济增长仍将维持在中低速的水平上。

工业化蓝皮书
中国工业化进程报告（2014）（赠阅读卡）

黄群慧　吕 铁　李晓华 等 / 著　2014年11月出版　估价：89.00元

◆ 中国的工业化是事关中华民族复兴的伟大事业，分析跟踪研究中国的工业化进程，无疑具有重大意义。科学评价与客观认识我国的工业化水平，对于我国明确自身发展中的优势和不足，对于经济结构的升级与转型，对于制定经济发展政策，从而提升我国的现代化水平具有重要作用。

皮书系列重点推荐　经济类

金融蓝皮书

中国金融发展报告（2014）（赠阅读卡）

李扬　王国刚/主编　2013年12月出版　定价:69.00元

◆ 由中国社会科学院金融研究所组织编写的《中国金融发展报告（2014）》，概括和分析了2013年中国金融发展和运行中的各方面情况，研讨和评论了2013年发生的主要金融事件。本书由业内专家和青年精英联合编著，有利于读者了解掌握2013年中国的金融状况，把握2014年中国金融的走势。

城市竞争力蓝皮书

中国城市竞争力报告No.12（赠阅读卡）

倪鹏飞/主编　2014年5月出版　估价:89.00元

◆ 本书由中国社会科学院城市与竞争力研究中心主任倪鹏飞主持编写，汇集了众多研究城市经济问题的专家学者关于城市竞争力研究的最新成果。本报告构建了一套科学的城市竞争力评价指标体系，采用第一手数据材料，对国内重点城市年度竞争力格局变化进行客观分析和综合比较、排名，对研究城市经济及城市竞争力极具参考价值。

中国省域竞争力蓝皮书

中国省域经济综合竞争力发展报告（2012~2013）（赠阅读卡）

李建平　李闽榕　高燕京/主编　2014年3月出版　估价:188.00元

◆ 本书充分运用数理分析、空间分析、规范分析与实证分析相结合、定性分析与定量分析相结合的方法，建立起比较科学完善、符合中国国情的省域经济综合竞争力指标评价体系及数学模型，对2011~2012年中国内地31个省、市、区的经济综合竞争力进行全面、深入、科学的总体评价与比较分析。

农村经济绿皮书

中国农村经济形势分析与预测(2013~2014)（赠阅读卡）

中国社会科学院农村发展研究所　国家统计局农村社会经济调查司/著
2014年4月出版　估价:59.00元

◆ 本书对2013年中国农业和农村经济运行情况进行了系统的分析和评价，对2014年中国农业和农村经济发展趋势进行了预测，并提出相应的政策建议，专题部分将围绕某个重大的理论和现实问题进行多维、深入、细致的分析和探讨。

经济类　皮书系列 重点推荐

西部蓝皮书

中国西部经济发展报告（2014）（赠阅读卡）

姚慧琴　徐璋勇 / 主编　　2014年7月出版　　估价:69.00元

◆ 本书由西北大学中国西部经济发展研究中心主编，汇集了源自西部本土以及国内研究西部问题的权威专家的第一手资料，对国家实施西部大开发战略进行年度动态跟踪，并对2014年西部经济、社会发展态势进行预测和展望。

气候变化绿皮书

应对气候变化报告（2014）（赠阅读卡）

王伟光　郑国光 / 主编　　2014年11月出版　　估价:79.00元

◆ 本书由社科院城环所和国家气候中心共同组织编写，各篇报告的作者长期从事气候变化科学问题、社会经济影响，以及国际气候制度等领域的研究工作，密切跟踪国际谈判的进程，参与国家应对气候变化相关政策的咨询，有丰富的理论与实践经验。

就业蓝皮书

2014年中国大学生就业报告（赠阅读卡）

麦可思研究院 / 编著　王伯庆　郭娇 / 主审
2014年6月出版　估价:98.00元

◆ 本书是迄今为止关于中国应届大学毕业生就业、大学毕业生中期职业发展及高等教育人口流动情况的视野最为宽广、资料最为翔实、分类最为精细的实证调查和定量研究；为我国教育主管部门的教育决策提供了极有价值的参考。

企业社会责任蓝皮书

中国企业社会责任研究报告（2014）（赠阅读卡）

黄群慧　彭华岗　钟宏武　张蒽 / 编著
2014年11月出版　估价:69.00元

◆ 本书系中国社会科学院经济学部企业社会责任研究中心组织编写的《企业社会责任蓝皮书》2014年分册。该书在对企业社会责任进行宏观总体研究的基础上，根据2013年企业社会责任及相关背景进行了创新研究，在全国企业中观层面对企业健全社会责任管理体系提供了弥足珍贵的丰富信息。

皮书系列
重点推荐

社会政法类

社会政法类

社会政法类皮书聚焦社会发展领域的热点、难点问题，提供权威、原创的资讯与视点

社会蓝皮书
2014年中国社会形势分析与预测（赠阅读卡）

李培林 陈光金 张 翼 / 主编　2013年12月出版　估价：69.00元

◆ 本报告是中国社会科学院"社会形势分析与预测"课题组2014年度分析报告，由中国社会科学院社会学研究所组织研究机构专家、高校学者和政府研究人员撰写。对2013年中国社会发展的各个方面内容进行了权威解读，同时对2014年社会形势发展趋势进行了预测。

法治蓝皮书
中国法治发展报告 No.12（2014）（赠阅读卡）

李 林 田 禾 / 主编　2014年2月出版　估价：98.00元

◆ 本年度法治蓝皮书一如既往秉承关注中国法治发展进程中的焦点问题的特点，回顾总结了2013年度中国法治发展取得的成就和存在的不足，并对2014年中国法治发展形势进行了预测和展望。

民间组织蓝皮书
中国民间组织报告（2014）（赠阅读卡）

黄晓勇 / 主编　2014年8月出版　估价：69.00元

◆ 本报告是中国社会科学院"民间组织与公共治理研究"课题组推出的第五本民间组织蓝皮书。基于国家权威统计数据、实地调研和广泛搜集的资料，本报告对2012年以来我国民间组织的发展现状、热点专题、改革趋势等问题进行了深入研究，并提出了相应的政策建议。

社会政法类　　皮书系列 重点推荐

社会保障绿皮书

中国社会保障发展报告（2014）No.6（赠阅读卡）

王延中 / 主编　2014年9月出版　估价:69.00元

◆ 社会保障是调节收入分配的重要工具，随着社会保障制度的不断建立健全、社会保障覆盖面的不断扩大和社会保障资金的不断增加，社会保障在调节收入分配中的重要性不断提高。本书全面评述了2013年以来社会保障制度各个主要领域的发展情况。

环境绿皮书

中国环境发展报告（2014）（赠阅读卡）

刘鉴强 / 主编　　2014年4月出版　估价:69.00元

◆ 本书由民间环保组织"自然之友"组织编写，由特别关注、生态保护、宜居城市、可持续消费以及政策与治理等版块构成，以公共利益的视角记录、审视和思考中国环境状况，呈现2013年中国环境与可持续发展领域的全局态势，用深刻的思考、科学的数据分析2013年的环境热点事件。

教育蓝皮书

中国教育发展报告（2014）（赠阅读卡）

杨东平 / 主编　2014年3月出版　估价:69.00元

◆ 本书站在教育前沿，突出教育中的问题，特别是对当前教育改革中出现的教育公平、高校教育结构调整、义务教育均衡发展等问题进行了深入分析，从教育的内在发展谈教育，又从外部条件来谈教育，具有重要的现实意义，对我国的教育体制的改革与发展具有一定的学术价值和参考意义。

反腐倡廉蓝皮书

中国反腐倡廉建设报告No.3（赠阅读卡）

中国社会科学院中国廉政研究中心 / 主编
2013年12月出版　估价:79.00元

◆ 本书抓住了若干社会热点和焦点问题，全面反映了新时期新阶段中国反腐倡廉面对的严峻局面，以及中国共产党反腐倡廉建设的新实践新成果。根据实地调研、问卷调查和舆情分析，梳理了当下社会普遍关注的与反腐败密切相关的热点问题。

皮书系列 重点推荐 行业报告类

行业报告类

行业报告类皮书立足重点行业、新兴行业领域，
提供及时、前瞻的数据与信息

房地产蓝皮书
中国房地产发展报告No.11（赠阅读卡）

魏后凯 李景国/主编　　2014年4月出版　　估价:79.00元

◆ 本书由中国社会科学院城市发展与环境研究所组织编写，秉承客观公正、科学中立的原则，深度解析2013年中国房地产发展的形势和存在的主要矛盾，并预测2014年及未来10年或更长时间的房地产发展大势。观点精辟，数据翔实，对关注房地产市场的各阶层人士极具参考价值。

旅游绿皮书
2013~2014年中国旅游发展分析与预测（赠阅读卡）

宋 瑞/主编　　2013年12月出版　　定价:69.00元

◆ 如何从全球的视野理性审视中国旅游，如何在世界旅游版图上客观定位中国，如何积极有效地推进中国旅游的世界化，如何制定中国实现世界旅游强国梦想的线路图？本年度开始，《旅游绿皮书》将围绕"世界与中国"这一主题进行系列研究，以期为推进中国旅游的长远发展提供科学参考和智力支持。

信息化蓝皮书
中国信息化形势分析与预测（2014）（赠阅读卡）

周宏仁/主编　　2014年7月出版　　估价:98.00元

◆ 本书在以中国信息化发展的分析和预测为重点的同时，反映了过去一年间中国信息化关注的重点和热点，视野宽阔，观点新颖，内容丰富，数据翔实，对中国信息化的发展有很强的指导性，可读性很强。

行业报告类　皮书系列重点推荐

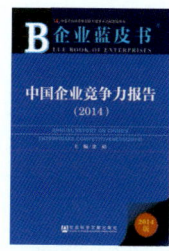

企业蓝皮书

中国企业竞争力报告（2014）（赠阅读卡）

金　碚 / 主编　　2014 年 11 月出版　　估价 :89.00 元

◆　中国经济正处于新一轮的经济波动中，如何保持稳健的经营心态和经营方式并进一步求发展，对于企业保持并提升核心竞争力至关重要。本书利用上市公司的财务数据，研究上市公司竞争力变化的最新趋势，探索进一步提升中国企业国际竞争力的有效途径，这无论对实践工作者还是理论研究者都具有重大意义。

食品药品蓝皮书

食品药品安全与监管政策研究报告（2014）（赠阅读卡）

唐民皓 / 主编　　2014 年 7 月出版　　估价 :69.00 元

◆　食品药品安全是当下社会关注的焦点问题之一，如何破解食品药品安全监管重点难点问题是需要以社会合力才能解决的系统工程。本书围绕安全热点问题、监管重点问题和政策焦点问题，注重于对食品药品公共政策和行政监管体制的探索和研究。

流通蓝皮书

中国商业发展报告（2013~2014）（赠阅读卡）

荆林波 / 主编　　2014 年 5 月出版　　估价 :89.00 元

◆　《中国商业发展报告》是中国社会科学院财经战略研究院与香港利丰研究中心合作的成果，并且在 2010 年开始以中英文版同步在全球发行。蓝皮书从关注中国宏观经济出发，突出中国流通业的宏观背景反映了本年度中国流通业发展的状况。

住房绿皮书

中国住房发展报告（2013~2014）（赠阅读卡）

倪鹏飞 / 主编　　2013 年 12 月出版　　估价 :79.00 元

◆　本报告从宏观背景、市场主体、市场体系、公共政策和年度主题五个方面，对中国住宅市场体系做了全面系统的分析、预测与评价，并给出了相关政策建议，并在评述 2012~2013 年住房及相关市场走势的基础上，预测了 2013~2014 年住房及相关市场的发展变化。

皮书系列
重点推荐

国别与地区类

国别与地区类

国别与地区类皮书关注全球重点国家与地区，提供全面、独特的解读与研究

亚太蓝皮书

亚太地区发展报告（2014）（赠阅读卡）

李向阳 / 主编　　2013年12月出版　　定价:69.00元

◆ 本书是由中国社会科学院亚太与全球战略研究院精心打造的又一品牌皮书，关注时下亚太地区局势发展动向里隐藏的中长趋势，剖析亚太地区政治与安全格局下的区域形势最新动向以及地区关系发展的热点问题，并对2014年亚太地区重大动态作出前瞻性的分析与预测。

日本蓝皮书

日本研究报告（2014）（赠阅读卡）

李　薇 / 主编　　2014年2月出版　　估价:69.00元

◆ 本书由中华日本学会、中国社会科学院日本研究所合作推出，是以中国社会科学院日本研究所的研究人员为主完成的研究成果。对2013年日本的政治、外交、经济、社会文化作了回顾、分析与展望，并收录了该年度日本大事记。

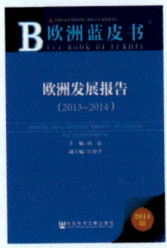

欧洲蓝皮书

欧洲发展报告(2013~2014)（赠阅读卡）

周　弘 / 主编　　2014年3月出版　　估价:89.00元

◆ 本年度的欧洲发展报告，对欧洲经济、政治、社会、外交等面的形式进行了跟踪介绍与分析。力求反映作为一个整体的欧盟及30多个欧洲国家在2013年出现的各种变化。

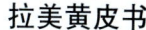 国别与地区类　皮书系列 重点推荐

拉美黄皮书

拉丁美洲和加勒比发展报告（2013~2014）（赠阅读卡）

吴白乙 / 主编　2014 年 4 月出版　估价 :89.00 元

◆ 本书是中国社会科学院拉丁美洲研究所的第 13 份关于拉丁美洲和加勒比地区发展形势状况的年度报告。本书对 2013 年拉丁美洲和加勒比地区诸国的政治、经济、社会、外交等方面的发展情况做了系统介绍，对该地区相关国家的热点及焦点问题进行了总结和分析，并在此基础上对该地区各国 2014 年的发展前景做出预测。

澳门蓝皮书

澳门经济社会发展报告（2013~2014）（赠阅读卡）

吴志良　郝雨凡 / 主编　2014 年 3 月出版　估价 :79.00 元

◆ 本书集中反映 2013 年本澳各个领域的发展动态，总结评价近年澳门政治、经济、社会的总体变化，同时对 2014 年社会经济情况作初步预测。

日本经济蓝皮书

日本经济与中日经贸关系研究报告（2014）（赠阅读卡）

王洛林　张季风 / 主编　2014 年 5 月出版　估价 :79.00 元

◆ 本书对当前日本经济以及中日经济合作的发展动态进行了多角度、全景式的深度分析。本报告回顾并展望了 2013~2014 年度日本宏观经济的运行状况。此外，本报告还收录了大量来自日本政府权威机构的数据图表，具有极高的参考价值。

美国蓝皮书

美国问题研究报告（2014）（赠阅读卡）

黄　平　倪　峰 / 主编　2014 年 6 月出版　估价 :89.00 元

◆ 本书是由中国社会科学院美国所主持完成的研究成果，它回顾了美国 2013 年的经济、政治形势与外交战略，对 2013 年以来美国内政外交发生的重大事件以及重要政策进行了较为全面的回顾和梳理。

皮书系列 重点推荐　地方发展类

地方发展类

地方发展类皮书关注大陆各省份、经济区域，提供科学、多元的预判与咨政信息

社会建设蓝皮书
2014年北京社会建设分析报告（赠阅读卡）
宋贵伦 / 主编　2014年4月出版　估价：69.00元

◆ 本书依据社会学理论框架和分析方法，对北京市的人口、就业、分配、社会阶层以及城乡关系等社会学基本问题进行了广泛调研与分析，对广受社会关注的住房、教育、医疗、养老、交通等社会热点问题做了深刻了解与剖析，对日益显现的征地搬迁、外籍人口管理、群体性心理障碍等进行了有益探讨。

温州蓝皮书
2014年温州经济社会形势分析与预测（赠阅读卡）
潘忠强　王春光　金浩 / 主编　2014年4月出版　估价：69.00元

◆ 本书是由中共温州市委党校与中国社会科学院社会学研究所合作推出的第七本"温州经济社会形势分析与预测"年度报告，深入全面分析了2013年温州经济、社会、政治、文化发展的主要特点、经验、成效与不足，提出了相应的政策建议。

上海蓝皮书
上海资源环境发展报告（2014）（赠阅读卡）
周冯琦　汤庆合　王利民 / 著　2014年1月出版　估价：59.00元

◆ 本书在上海所面临资源环境风险的来源、程度、成因、对策等方面作了些有益的探索，希望能对有关部门完善上海的资源环境风险防控工作提供一些有价值的参考，也让普通民众更全面地了解上海资源环境风险及其防控的图景。

地方发展类　　皮书系列 重点推荐

广州蓝皮书

2014年中国广州社会形势分析与预测（赠阅读卡）

易佐永　杨　秦　顾涧清 / 主编　2014年5月出版　估价：65.00元

◆ 本书由广州大学与广州市委宣传部、广州市人力资源和社会保障局联合主编，汇集了广州科研团体、高等院校和政府部门诸多社会问题研究专家、学者和实际部门工作者的最新研究成果，是关于广州社会运行情况和相关专题分析与预测的重要参考资料。

河南经济蓝皮书

2014年河南经济形势分析与预测（赠阅读卡）

胡五岳 / 主编　2014年4月出版　估价：59.00元

◆ 本书由河南省统计局主持编纂。该分析与展望以2013年最新年度统计数据为基础，科学研判河南经济发展的脉络轨迹、分析年度运行态势；以客观翔实、权威资料为特征，突出科学性、前瞻性和可操作性，服务于科学决策和科学发展。

陕西蓝皮书

陕西社会发展报告（2014）（赠阅读卡）

任宗哲　石　英　江　波 / 主编　2014年1月出版　估价：65.00元

◆ 本书系统而全面地描述了陕西省2013年社会发展各个领域所取得的成就、存在的问题、面临的挑战及其应对思路，为更好地思考2014年陕西发展前景、政策指向和工作策略等方面提供了一个较为简洁清晰的参考蓝本。

上海蓝皮书

上海经济发展报告（2014）（赠阅读卡）

沈开艳 / 主编　2014年1月出版　估价：69.00元

◆ 本书系上海社会科学院系列之一，报告对2014年上海经济增长与发展趋势的进行了预测，把握了上海经济发展的脉搏和学术研究的前沿。

皮书系列重点推荐　地方发展类·文化传媒类

广州蓝皮书
广州经济发展报告（2014）（赠阅读卡）

李江涛　刘江华/主编　2014年6月出版　估价:65.00元

◆ 本书是由广州市社会科学院主持编写的"广州蓝皮书"系列之一，本报告对广州2013年宏观经济运行情况作了深入分析，对2014年宏观经济走势进行了合理预测，并在此基础上提出了相应的政策建议。

文化传媒类

文化传媒类皮书透视文化领域、文化产业，探索文化大繁荣、大发展的路径

新媒体蓝皮书
中国新媒体发展报告 No.4(2013)（赠阅读卡）

唐绪军/主编　2014年6月出版　估价:69.00元

◆ 本书由中国社会科学院新闻与传播研究所和上海大学合作编写，在构建新媒体发展研究基本框架的基础上，全面梳理2013年中国新媒体发展现状，发表最前沿的网络媒体深度调查数据和研究成果，并对新媒体发展的未来趋势做出预测。

舆情蓝皮书
中国社会舆情与危机管理报告（2014）（赠阅读卡）

谢耘耕/主编　2014年8月出版　估价:85.00元

◆ 本书由上海交通大学舆情研究实验室和危机管理研究中心主编，已被列入教育部人文社会科学研究报告培育项目。本书以新媒体环境下的中国社会为立足点，对2013年中国社会舆情、分类舆情等进行了深入系统的研究，并预测了2014年社会舆情走势。

经济类

产业蓝皮书
中国产业竞争力报告（2014）No.4
著(编)者：张其仔　2014年5月出版 / 估价:79.00元

长三角蓝皮书
2014年率先基本实现现代化的长三角
著(编)者：刘志彪　2014年6月出版 / 估价:120.00元

城市竞争力蓝皮书
中国城市竞争力报告No.12
著(编)者：倪鹏飞　2014年5月出版 / 估价:89.00元

城市蓝皮书
中国城市发展报告No.7
著(编)者：潘家华　魏后凯　2014年7月出版 / 估价:69.00元

城市群蓝皮书
中国城市群发展指数报告(2014)
著(编)者：刘士林　刘新静　2014年10月出版 / 估价:59.00元

城乡统筹蓝皮书
中国城乡统筹发展报告（2014）
著(编)者：程志强、潘晨光　2014年3月出版 / 估价:59.00元

城乡一体化蓝皮书
中国城乡一体化发展报告（2014）
著(编)者：汝信　付崇兰　2014年8月出版 / 估价:59.00元

城镇化蓝皮书
中国城镇化健康发展报告（2014）
著(编)者：张占斌　2014年10月出版 / 估价:69.00元

低碳发展蓝皮书
中国低碳发展报告（2014）
著(编)者：齐晔　2014年7月出版 / 估价:69.00元

低碳经济蓝皮书
中国低碳经济发展报告（2014）
著(编)者：薛进军　赵忠秀　2014年5月出版 / 估价:79.00元

东北蓝皮书
中国东北地区发展报告（2014）
著(编)者：鲍振东　曹晓峰　2014年8月出版 / 估价:79.00元

发展和改革蓝皮书
中国经济发展和体制改革报告No.7
著(编)者：邹东涛　2014年7月出版 / 估价:79.00元

工业化蓝皮书
中国工业化进程报告（2014）
著(编)者：黄群慧　吕铁　李晓华　等
2014年11月出版 / 估价:89.00元

国际城市蓝皮书
国际城市发展报告（2014）
著(编)者：屠启宇　2014年1月出版 / 估价:69.00元

国家创新蓝皮书
国家创新发展报告（2013~2014）
著(编)者：陈劲　2014年3月出版 / 估价:69.00元

国家竞争力蓝皮书
中国国家竞争力报告No.2
著(编)者：倪鹏飞　2014年10月出版 / 估价:98.00元

宏观经济蓝皮书
中国经济增长报告（2014）
著(编)者：张平　刘霞辉　2014年10月出版 / 估价:69.00元

减贫蓝皮书
中国减贫与社会发展报告
著(编)者：黄承伟　2014年7月出版 / 估价:69.00元

金融蓝皮书
中国金融发展报告（2014）
著(编)者：李扬　王国刚　2013年12月出版 / 定价:69.00元

经济蓝皮书
2014年中国经济形势分析与预测
著(编)者：李扬　2013年12月出版 / 估价:69.00元

经济蓝皮书春季号
中国经济前景分析——2014年春季报告
著(编)者：李扬　2014年4月出版 / 估价:59.00元

经济信息绿皮书
中国与世界经济发展报告（2014）
著(编)者：王长胜　2013年12月出版 / 定价:69.00元

就业蓝皮书
2014年中国大学生就业报告
著(编)者：麦可思研究院　2014年6月出版 / 估价:98.00元

民营经济蓝皮书
中国民营经济发展报告No.10（2013～2014）
著(编)者：黄孟复　2014年9月出版 / 估价:69.00元

民营企业蓝皮书
中国民营企业竞争力报告No.7（2014）
著(编)者：刘迎秋　2014年1月出版 / 估价:79.00元

农村绿皮书
中国农村经济形势分析与预测（2014）
著(编)者：中国社会科学院农村发展研究所
国家统计局农村社会经济调查司　著
2014年4月出版 / 估价:59.00元

企业公民蓝皮书
中国企业公民报告No.4
著(编)者：邹东涛　2014年7月出版 / 估价:69.00元

企业社会责任蓝皮书
中国企业社会责任研究报告（2014）
著(编)者：黄群慧　彭华岗　钟宏武　等
2014年11月出版 / 估价:59.00元

气候变化绿皮书
应对气候变化报告（2014）
著(编)者：王伟光　郑国光　2014年11月出版 / 估价:79.00元

区域蓝皮书
中国区域经济发展报告（2014）
著(编)者：梁昊光　2014年4月出版 / 估价:69.00元

皮书系列 2014全品种 | 经济类·社会政法类

人口与劳动绿皮书
中国人口与劳动问题报告No.15
著（编）者：蔡昉　2014年6月出版 / 估价:69.00元

生态经济（建设）绿皮书
中国经济（建设）发展报告（2013~2014）
著（编）者：黄浩涛　李周　2014年10月出版 / 估价:69.00元

世界经济黄皮书
2014年世界经济形势分析与预测
著（编）者：王洛林　张宇燕　2014年1月出版 / 估价:69.00元

西北蓝皮书
中国西北发展报告（2014）
著（编）者：张进海　陈冬红　段庆林　2014年1月出版 / 定价:65.00元

西部蓝皮书
中国西部发展报告（2014）
著（编）者：姚慧琴　徐璋勇　2014年7月出版 / 估价:69.00元

新型城镇化蓝皮书
新型城镇化发展报告（2014）
著（编）者：沈体雁　李伟　宋敏　2014年3月出版 / 估价:69.00元

新兴经济体蓝皮书
金砖国家发展报告（2014）
著（编）者：林跃勤　周文　2014年3月出版 / 估价:79.00元

循环经济绿皮书
中国循环经济发展报告（2013~2014）
著（编）者：齐建国　2014年12月出版 / 估价:69.00元

中部竞争力蓝皮书
中国中部经济社会竞争力报告（2014）
著（编）者：教育部人文社会科学重点研究基地
　　　　　南昌大学中国中部经济社会发展研究中心
2014年7月出版 / 估价:59.00元

中部蓝皮书
中国中部地区发展报告（2014）
著（编）者：朱有志　2014年10月出版 / 估价:59.00元

中国科技蓝皮书
中国科技发展报告（2014）
著（编）者：陈劲　2014年4月出版 / 估价:69.00元

中国省域竞争力蓝皮书
中国省域经济综合竞争力发展报告（2012~2013）
著（编）者：李建平　李闽榕　高燕京　2014年3月出版 / 估价:188.00元

中三角蓝皮书
长江中游城市群发展报告（2013~2014）
著（编）者：秦尊文　2014年6月出版 / 估价:69.00元

中小城市绿皮书
中国中小城市发展报告（2014）
著（编）者：中国城市经济学会中小城市经济发展委员会
　　　　　《中国中小城市发展报告》编纂委员会
2014年10月出版 / 估价:98.00元

中原蓝皮书
中原经济区发展报告（2014）
著（编）者：刘怀廉　2014年6月出版 / 估价:68.00元

社会政法类

殡葬绿皮书
中国殡葬事业发展报告（2014）
著（编）者：朱勇　副主编 李伯森　2014年3月出版 / 估价:59.00元

城市创新蓝皮书
中国城市创新报告（2014）
著（编）者：周天勇　旷建伟　2014年7月出版 / 估价:69.00元

城市管理蓝皮书
中国城市管理报告2014
著（编）者：谭维克　刘林　2014年7月出版 / 估价:98.00元

城市生活质量蓝皮书
中国城市生活质量指数报告（2014）
著（编）者：张平　2014年7月出版 / 估价:59.00元

城市政府能力蓝皮书
中国城市政府公共服务能力评估报告（2014）
著（编）者：何艳玲　2014年7月出版 / 估价:59.00元

创新蓝皮书
创新型国家建设报告（2014）
著（编）者：詹正茂　2014年7月出版 / 估价:69.00元

慈善蓝皮书
中国慈善发展报告（2014）
著（编）者：杨团　2014年6月出版 / 估价:69.00元

法治蓝皮书
中国法治发展报告No.12（2014）
著（编）者：李林　田禾　2014年2月出版 / 估价:98.00元

反腐倡廉蓝皮书
中国反腐倡廉建设报告No.3
著（编）者：李秋芳　2013年12月出版 / 估价:79.00元

非传统安全蓝皮书
中国非传统安全研究报告（2014）
著（编）者：余潇枫　2014年5月出版 / 估价:69.00元

社会政法类 — 皮书系列 2014全品种

妇女发展蓝皮书
福建省妇女发展报告（2014）
著(编)者：刘群英　2014年10月出版 / 估价：58.00元

妇女发展蓝皮书
中国妇女发展报告No.5
著(编)者：王金玲　高小贤　2014年5月出版 / 估价：65.00元

妇女教育蓝皮书
中国妇女教育发展报告No.3
著(编)者：张李玺　2014年10月出版 / 估价：69.00元

公共服务满意度蓝皮书
中国城市公共服务评价报告（2014）
著(编)者：胡伟　2014年11月出版 / 估价：69.00元

公共服务蓝皮书
中国城市基本公共服务力评价（2014）
著(编)者：侯惠勤　辛向阳　易定宏
2014年10月出版 / 估价：55.00元

公民科学素质蓝皮书
中国公民科学素质调查报告（2013~2014）
著(编)者：李群　许佳军　2014年2月出版 / 估价：69.00元

公益蓝皮书
中国公益发展报告（2014）
著(编)者：朱健刚　2014年5月出版 / 估价：78.00元

国际人才蓝皮书
中国海归创业发展报告（2014）No.2
著(编)者：王辉耀　路江涌　2014年10月出版 / 估价：69.00元

国际人才蓝皮书
中国留学发展报告（2014）No.3
著(编)者：王辉耀　2014年9月出版 / 估价：59.00元

行政改革蓝皮书
中国行政体制改革报告（2014）No.3
著(编)者：魏礼群　2014年3月出版 / 估价：69.00元

华侨华人蓝皮书
华侨华人研究报告（2014）
著(编)者：丘进　2014年5月出版 / 估价：128.00元

环境竞争力绿皮书
中国省域环境竞争力发展报告（2014）
著(编)者：李建平　李闽榕　王金南
2014年12月出版 / 估价：148.00元

环境绿皮书
中国环境发展报告（2014）
著(编)者：刘鉴强　2014年4月出版 / 估价：69.00元

基本公共服务蓝皮书
中国省级政府基本公共服务发展报告（2014）
著(编)者：孙德超　2014年1月出版 / 估价：69.00元

基金会透明度蓝皮书
中国基金会透明度发展研究报告（2014）
著(编)者：基金会中心网　2014年7月出版 / 估价：79.00元

教师蓝皮书
中国中小学教师发展报告（2014）
著(编)者：曾晓东　2014年4月出版 / 估价：59.00元

教育蓝皮书
中国教育发展报告（2014）
著(编)者：杨东平　2014年3月出版 / 估价：69.00元

科普蓝皮书
中国科普基础设施发展报告（2014）
著(编)者：任福君　2014年6月出版 / 估价：79.00元

口腔健康蓝皮书
中国口腔健康发展报告（2014）
著(编)者：胡德渝　2014年12月出版 / 估价：59.00元

老龄蓝皮书
中国老龄事业发展报告（2014）
著(编)者：吴玉韶　2014年2月出版 / 估价：59.00元

连片特困区蓝皮书
中国连片特困区发展报告（2014）
著(编)者：丁建军　冷志明　游俊　2014年3月出版 / 估价：79.00元

民间组织蓝皮书
中国民间组织报告（2014）
著(编)者：黄晓勇　2014年8月出版 / 估价：69.00元

民族发展蓝皮书
中国民族区域自治发展报告（2014）
著(编)者：郝时远　2014年6月出版 / 估价：98.00元

女性生活蓝皮书
中国女性生活状况报告No.8（2014）
著(编)者：韩湘景　2014年3月出版 / 估价：78.00元

汽车社会蓝皮书
中国汽车社会发展报告（2014）
著(编)者：王俊秀　2014年1月出版 / 估价：59.00元

青年蓝皮书
中国青年发展报告（2014）No.2
著(编)者：廉思　2014年6月出版 / 估价：59.00元

全球环境竞争力绿皮书
全球环境竞争力发展报告（2014）
著(编)者：李建平　李闽榕　王金南　2014年11月出版 / 估价：69.00元

青少年蓝皮书
中国未成年人新媒体运用报告（2014）
著(编)者：李文革　沈杰　季为民　2014年6月出版 / 估价：69.00元

皮书系列 2014全品种
社会政法类·行业报告类

区域人才蓝皮书
中国区域人才竞争力报告No.2
著(编)者:桂昭明 王辉耀　2014年6月出版 / 估价:69.00元

人才蓝皮书
中国人才发展报告（2014）
著(编)者:潘晨光　2014年10月出版 / 估价:79.00元

人权蓝皮书
中国人权事业发展报告No.4（2014）
著(编)者:李君如　2014年7月出版 / 估价:98.00元

世界人才蓝皮书
全球人才发展报告No.1
著(编)者:孙学玉 张冠梓　2013年12月出版 / 估价:69.00元

社会保障绿皮书
中国社会保障发展报告（2014）No.6
著(编)者:王延中　2014年4月出版 / 估价:69.00元

社会工作蓝皮书
中国社会工作发展报告（2013~2014）
著(编)者:王杰秀 邹文开　2014年8月出版 / 估价:59.00元

社会管理蓝皮书
中国社会管理创新报告No.3
著(编)者:连玉明　2014年9月出版 / 估价:79.00元

社会蓝皮书
2014年中国社会形势分析与预测
著(编)者:李培林 陈光金 张翼　2013年12月出版 / 估价:69.00元

社会体制蓝皮书
中国社会体制改革报告（2014）No.2
著(编)者:龚维斌　2014年5月出版 / 估价:59.00元

社会心态蓝皮书
2014年中国社会心态研究报告
著(编)者:王俊秀 杨宜音　2014年1月出版 / 估价:59.00元

生态城市绿皮书
中国生态城市建设发展报告（2014）
著(编)者:李景源 孙伟平 刘举科　2014年6月出版 / 估价:128.00元

生态文明绿皮书
中国省域生态文明建设评价报告（ECI 2014）
著(编)者:严耕　2014年9月出版 / 估价:98.00元

世界创新竞争力黄皮书
世界创新竞争力发展报告（2014）
著(编)者:李建平 李闽榕 赵新力　2014年11月出版 / 估价:128.00元

水与发展蓝皮书
中国水风险评估报告（2014）
著(编)者:苏杨　2014年9月出版 / 估价:69.00元

危机管理蓝皮书
中国危机管理报告（2014）
著(编)者:文学国 范正青　2014年8月出版 / 估价:79.00元

小康蓝皮书
中国全面建设小康社会监测报告（2014）
著(编)者:潘璠　2014年11月出版 / 估价:59.00元

形象危机应对蓝皮书
形象危机应对研究报告（2014）
著(编)者:唐钧　2014年9月出版 / 估价:118.00元

政治参与蓝皮书
中国政治参与报告（2014）
著(编)者:房宁　2014年7月出版 / 估价:58.00元

政治发展蓝皮书
中国政治发展报告（2014）
著(编)者:房宁 杨海蛟　2014年6月出版 / 估价:98.00元

宗教蓝皮书
中国宗教报告（2014）
著(编)者:金泽 邱永辉　2014年8月出版 / 估价:59.00元

社会组织蓝皮书
中国社会组织评估报告（2014）
著(编)者:徐家良　2014年3月出版 / 估价:69.00元

政府绩效评估蓝皮书
中国地方政府绩效评估报告（2014）
著(编)者:贠杰　2014年9月出版 / 估价:69.00元

行业报告类

保健蓝皮书
中国保健服务产业发展报告No.2
著(编)者:中国保健协会 中共中央党校
2014年7月出版 / 估价:198.00元

保健蓝皮书
中国保健食品产业发展报告No.2
著(编)者:中国保健协会
　　　中国社会科学院食品药品产业发展与监管研究中心
2014年7月出版 / 估价:198.00元

保健蓝皮书
中国保健用品产业发展报告No.2
著(编)者:中国保健协会　2014年3月出版 / 估价:198.00元

保险蓝皮书
中国保险业竞争力报告（2014）
著(编)者:罗忠敏　2014年1月出版 / 估价:98.00元

行业报告类 — 皮书系列 2014全品种

餐饮产业蓝皮书
中国餐饮产业发展报告（2014）
著(编)者：中国烹饪协会 中国社会科学院财经战略研究院
2014年5月出版 / 估价：59.00元

测绘地理信息蓝皮书
中国地理信息产业发展报告（2014）
著(编)者：徐德明 2014年12月出版 / 估价：98.00元

茶业蓝皮书
中国茶产业发展报告（2014）
著(编)者：李闽榕 杨江帆 2014年4月出版 / 估价：79.00元

产权市场蓝皮书
中国产权市场发展报告（2014）
著(编)者：曹和平 2014年1月出版 / 估价：69.00元

产业安全蓝皮书
中国出版与传媒安全报告（2014）
著(编)者：北京交通大学中国产业安全研究中心
2014年1月出版 / 估价：59.00元

产业安全蓝皮书
中国医疗产业安全报告（2014）
著(编)者：北京交通大学中国产业安全研究中心
2014年1月出版 / 估价：59.00元

产业安全蓝皮书
中国医疗产业安全报告（2014）
著(编)者：李孟刚 2014年7月出版 / 估价：69.00元

产业安全蓝皮书
中国文化产业安全蓝皮书（2013~2014）
著(编)者：高海涛 刘益 2014年3月出版 / 估价：69.00元

产业安全蓝皮书
中国出版传媒产业安全报告（2014）
著(编)者：孙万军 王玉海 2014年12月出版 / 估价：69.00元

典当业蓝皮书
中国典当行业发展报告（2013~2014）
著(编)者：黄育华 王力 张红地
2014年10月出版 / 估价：69.00元

电子商务蓝皮书
中国城市电子商务影响力报告（2014）
著(编)者：荆林波 2014年5月出版 / 估价：69.00元

电子政务蓝皮书
中国电子政务发展报告（2014）
著(编)者：洪毅 王长胜 2014年2月出版 / 估价：59.00元

杜仲产业绿皮书
中国杜仲橡胶资源与产业发展报告（2014）
著(编)者：杜红岩 胡文臻 俞瑞
2014年9月出版 / 估价：99.00元

房地产蓝皮书
中国房地产发展报告No.11
著(编)者：魏后凯 李景国 2014年4月出版 / 估价：79.00元

服务外包蓝皮书
中国服务外包产业发展报告（2014）
著(编)者：王晓红 李皓 2014年4月出版 / 估价：89.00元

高端消费蓝皮书
中国高端消费市场研究报告
著(编)者：依绍华 王雪峰 2013年12月出版 / 估价：69.00元

会展经济蓝皮书
中国会展经济发展报告（2014）
著(编)者：过聚荣 2014年9月出版 / 估价：65.00元

会展蓝皮书
中外会展业动态评估年度报告（2014）
著(编)者：张敏 2014年8月出版 / 估价：68.00元

基金会绿皮书
中国基金会发展独立研究报告（2014）
著(编)者：基金会中心网 2014年8月出版 / 估价：58.00元

交通运输蓝皮书
中国交通运输服务发展报告（2014）
著(编)者：林晓言 卜伟 武剑红
2014年10月出版 / 估价：69.00元

金融监管蓝皮书
中国金融监管报告（2014）
著(编)者：胡滨 2014年9月出版 / 估价：65.00元

金融蓝皮书
中国金融中心发展报告（2014）
著(编)者：中国社会科学院金融研究所
中国博士后特华科研工作站 王力 黄育华
2014年10月出版 / 估价：59.00元

金融蓝皮书
中国商业银行竞争力报告（2014）
著(编)者：王松奇 2014年5月出版 / 估价：79.00元

金融蓝皮书
中国金融发展报告（2014）
著(编)者：李扬 王国刚 2013年12月出版 / 估价：69.00元

金融蓝皮书
中国金融法治报告（2014）
著(编)者：胡滨 全先银 2014年3月出版 / 估价：65.00元

金融蓝皮书
中国金融产品与服务报告（2014）
著(编)者：殷剑峰 2014年6月出版 / 估价：59.00元

金融信息服务蓝皮书
金融信息服务业发展报告（2014）
著(编)者：鲁广锦 2014年11月出版 / 估价：69.00元

皮书系列 2014全品种

行业报告类

抗衰老医学蓝皮书
抗衰老医学发展报告（2014）
著(编)者:罗伯特·高德曼 罗纳德·科莱兹 尼尔·布什 朱敏 金大鹏 郭弋
2014年3月出版 估价:69.00元

客车蓝皮书
中国客车产业发展报告（2014）
著(编)者:姚蔚 2014年12月出版 估价:69.00元

科学传播蓝皮书
中国科学传播报告（2014）
著(编)者:詹正茂 2014年4月出版 估价:69.00元

流通蓝皮书
中国商业发展报告（2014）
著(编)者:荆林波 2014年5月出版 估价:89.00元

旅游安全蓝皮书
中国旅游安全报告（2014）
著(编)者:郑向敏 谢朝武 2014年6月出版 估价:79.00元

旅游绿皮书
2013~2014年中国旅游发展分析与预测
著(编)者:宋瑞 2013年12月出版 估价:69.00元

旅游城市绿皮书
世界旅游城市发展报告（2013~2014）
著(编)者:张辉 2014年1月出版 估价:69.00元

贸易蓝皮书
中国贸易发展报告（2014）
著(编)者:荆林波 2014年5月出版 估价:49.00元

民营医院蓝皮书
中国民营医院发展报告（2014）
著(编)者:朱幼棣 2014年10月出版 估价:69.00元

闽商蓝皮书
闽商发展报告（2014）
著(编)者:李闽榕 王日根 2014年12月出版 估价:69.00元

能源蓝皮书
中国能源发展报告（2014）
著(编)者:崔民选 王军生 陈义和
2014年10月出版 估价:59.00元

农产品流通蓝皮书
中国农产品流通产业发展报告（2014）
著(编)者:贾敬敦 王炳南 张玉玺 张鹏毅 陈丽华
2014年9月出版 估价:89.00元

期货蓝皮书
中国期货市场发展报告（2014）
著(编)者:荆林波 2014年6月出版 估价:98.00元

企业蓝皮书
中国企业竞争力报告（2014）
著(编)者:金碚 2014年11月出版 估价:89.00元

汽车安全蓝皮书
中国汽车安全发展报告（2014）
著(编)者:赵福全 孙小端 等 2014年1月出版 估价:69.00元

汽车蓝皮书
中国汽车产业发展报告（2014）
著(编)者:国务院发展研究中心产业经济研究部 中国汽车工程学会 大众汽车集团(中国)
2014年7月出版 估价:79.00元

清洁能源蓝皮书
国际清洁能源发展报告（2014）
著(编)者:国际清洁能源论坛（澳门）
2014年9月出版 估价:89.00元

人力资源蓝皮书
中国人力资源发展报告（2014）
著(编)者:吴江 2014年9月出版 估价:69.00元

软件和信息服务业蓝皮书
中国软件和信息服务业发展报告（2014）
著(编)者:洪京一 工业和信息化部电子科学技术情报研究所
2014年6月出版 估价:98.00元

商会蓝皮书
中国商会发展报告 No.4（2014）
著(编)者:黄孟复 2014年4月出版 估价:59.00元

商品市场蓝皮书
中国商品市场发展报告（2014）
著(编)者:荆林波 2014年7月出版 估价:59.00元

上市公司蓝皮书
中国上市公司非财务信息披露报告（2014）
著(编)者:钟宏武 张旺 张蒽 等
2014年12月出版 估价:59.00元

食品药品蓝皮书
食品药品安全与监管政策研究报告（2014）
著(编)者:唐民皓 2014年7月出版 估价:69.00元

世界能源蓝皮书
世界能源发展报告（2014）
著(编)者:黄晓勇 2014年9月出版 估价:99.00元

私募市场蓝皮书
中国私募股权市场发展报告（2014）
著(编)者:曹和平 2014年4月出版 估价:69.00元

体育蓝皮书
中国体育产业发展报告（2014）
著(编)者:阮伟 钟秉枢 2013年2月出版 估价:69.00元

行业报告类 — 皮书系列 2014全品种

体育蓝皮书·公共体育服务
中国公共体育服务发展报告（2014）
著(编)者：戴健　2014年12月出版 / 估价：69.00元

投资蓝皮书
中国投资发展报告（2014）
著(编)者：杨庆蔚　2014年4月出版 / 估价：79.00元

投资蓝皮书
中国企业海外投资发展报告（2013~2014）
著(编)者：陈文晖　薛誉华　2013年12月出版 / 估价：69.00元

物联网蓝皮书
中国物联网发展报告（2014）
著(编)者：龚六堂　2014年1月出版 / 估价：59.00元

西部工业蓝皮书
中国西部工业发展报告（2014）
著(编)者：方行明　刘方健　姜凌等
2014年9月出版 / 估价：69.00元

西部金融蓝皮书
中国西部金融发展报告（2014）
著(编)者：李忠民　2014年10月出版 / 估价：69.00元

新能源汽车蓝皮书
中国新能源汽车产业发展报告（2014）
著(编)者：中国汽车技术研究中心
　　　　　日产（中国）投资有限公司
　　　　　东风汽车有限公司
2014年9月出版 / 估价：69.00元

信托蓝皮书
中国信托业研究报告（2014）
著(编)者：中建投信托研究中心　中国建设建投研究院
2014年9月出版 / 估价：59.00元

信托蓝皮书
中国信托投资报告（2014）
著(编)者：杨金龙　刘屹　2014年7月出版 / 估价：69.00元

信息化蓝皮书
中国信息化形势分析与预测（2014）
著(编)者：周宏仁　2014年7月出版 / 估价：98.00元

信用蓝皮书
中国信用发展报告（2014）
著(编)者：章政　田侃　2014年4月出版 / 估价：69.00元

休闲绿皮书
2014年中国休闲发展报告
著(编)者：刘德谦　唐兵　宋瑞
2014年6月出版 / 估价：59.00元

养老产业蓝皮书
中国养老产业发展报告（2013~2014年）
著(编)者：张车伟　2014年1月出版 / 估价：69.00元

移动互联网蓝皮书
中国移动互联网发展报告（2014）
著(编)者：官建文　2014年5月出版 / 估价：79.00元

医药蓝皮书
中国药品市场报告（2014）
著(编)者：程锦锥　朱恒鹏　2014年12月出版 / 估价：79.00元

中国林业竞争力蓝皮书
中国省域林业竞争力发展报告No.2（2014）
（上下册）
著(编)者：郑传芳　李闽榕　张春霞　张会儒
2014年8月出版 / 估价：139.00元

中国农业竞争力蓝皮书
中国省域农业竞争力发展报告No.2（2014）
著(编)者：郑传芳　宋洪远　李闽榕　张春霞
2014年7月出版 / 估价：128.00元

中国信托市场蓝皮书
中国信托业市场报告（2013~2014）
著(编)者：李旸　2014年10月出版 / 估价：69.00元

中国总部经济蓝皮书
中国总部经济发展报告（2014）
著(编)者：赵弘　2014年9月出版 / 估价：69.00元

珠三角流通蓝皮书
珠三角商圈发展研究报告（2014）
著(编)者：王先庆　林至颖　2014年8月出版 / 估价：69.00元

住房绿皮书
中国住房发展报告（2013~2014）
著(编)者：倪鹏飞　2013年12月出版 / 估价：79.00元

资本市场蓝皮书
中国场外交易市场发展报告（2014）
著(编)者：高峦　2014年3月出版 / 估价：79.00元

资产管理蓝皮书
中国信托业发展报告（2014）
著(编)者：智信资产管理研究院　2014年7月出版 / 估价：69.00元

支付清算蓝皮书
中国支付清算发展报告（2014）
著(编)者：杨涛　2014年4月出版 / 估价：45.00元

文化传媒类

传媒蓝皮书
中国传媒产业发展报告（2014）
著(编)者:崔保国　2014年4月出版 / 估价:79.00元

传媒竞争力蓝皮书
中国传媒国际竞争力研究报告（2014）
著(编)者:李本乾　2014年9月出版 / 估价:69.00元

创意城市蓝皮书
武汉市文化创意产业发展报告（2014）
著(编)者:张京成　黄永林　2014年10月出版 / 估价:69.00元

电视蓝皮书
中国电视产业发展报告（2014）
著(编)者:卢斌　2014年4月出版 / 估价:79.00元

电影蓝皮书
中国电影出版发展报告（2014）
著(编)者:卢斌　2014年4月出版 / 估价:79.00元

动漫蓝皮书
中国动漫产业发展报告（2014）
著(编)者:卢斌　郑玉明　牛兴侦　2014年4月出版 / 估价:79.00元

广电蓝皮书
中国广播电影电视发展报告（2014）
著(编)者:庞井君　杨明品　李岚
2014年6月出版 / 估价:88.00元

广告主蓝皮书
中国广告主营销传播趋势报告NO.8
著(编)者:中国传媒大学广告主研究所
　　　　　中国广告主营销传播创新研究课题组
　　　　　黄升民　杜国清　邵华冬等
2014年5月出版 / 估价:98.00元

国际传播蓝皮书
中国国际传播发展报告（2014）
著(编)者:胡正荣　李继东　姬德强
2014年1月出版 / 估价:69.00元

纪录片蓝皮书
中国纪录片发展报告（2014）
著(编)者:何苏六　2014年10月出版 / 估价:89.00元

两岸文化蓝皮书
两岸文化产业合作发展报告（2014）
著(编)者:胡惠林　肖夏勇　2014年6月出版 / 估价:59.00元

媒介与女性蓝皮书
中国媒介与女性发展报告（2014）
著(编)者:刘利群　2014年8月出版 / 估价:69.00元

全球传媒蓝皮书
全球传媒产业发展报告（2014）
著(编)者:胡正荣　2014年12月出版 / 估价:79.00元

视听新媒体蓝皮书
中国视听新媒体发展报告（2014）
著(编)者:庞井君　2014年6月出版 / 估价:148.00元

文化创新蓝皮书
中国文化创新报告（2014）No.5
著(编)者:于平　傅才武　2014年7月出版 / 估价:79.00元

文化科技蓝皮书
文化科技融合与创意城市发展报告（2014）
著(编)者:李凤亮　于平　2014年7月出版 / 估价:79.00元

文化蓝皮书
2014年中国文化产业发展报告
著(编)者:张晓明　胡惠林　章建刚
2014年3月出版 / 估价:69.00元

文化蓝皮书
中国文化产业供需协调增长测评报（2013）
著(编)者:高书生　王亚楠　2014年5月出版 / 估价:79.00元

文化蓝皮书
中国城镇文化消费需求景气评价报告（2014）
著(编)者:王亚南　张晓明　祁述裕
2014年5月出版 / 估价:79.00元

文化蓝皮书
中国公共文化服务发展报告（2014）
著(编)者:于群　李国新　2014年10月出版 / 估价:98.00元

文化蓝皮书
中国文化消费需求景气评价报告（2014）
著(编)者:王亚南　2014年5月出版 / 估价:79.00元

文化蓝皮书
中国乡村文化消费需求景气评价报告（2014）
著(编)者:王亚南　2014年5月出版 / 估价:79.00元

文化蓝皮书
中国中心城市文化消费需求景气评价报告（2014）
著(编)者:王亚南　2014年5月出版 / 估价:79.00元

文化蓝皮书
中国少数民族文化发展报告（2014）
著(编)者:武翠英　张晓明　张学进
2014年3月出版 / 估价:69.00元

文化传媒类

文化建设蓝皮书
中国文化建设发展报告（2014）
著(编)者：江畅　孙伟平　2014年3月出版 / 估价：69.00元

文化品牌蓝皮书
中国文化品牌发展报告（2014）
著(编)者：欧阳友权　2014年5月出版 / 估价：75.00元

文化软实力蓝皮书
中国文化软实力研究报告（2014）
著(编)者：张国祚　2014年7月出版 / 估价：79.00元

文化遗产蓝皮书
中国文化遗产事业发展报告（2014）
著(编)者：刘世锦　2014年3月出版 / 估价：79.00元

文学蓝皮书
中国文情报告（2014）
著(编)者：白烨　2014年5月出版 / 估价：59.00元

新媒体蓝皮书
中国新媒体发展报告No.5（2014）
著(编)者：唐绪军　2014年6月出版 / 估价：69.00元

移动互联网蓝皮书
中国移动互联网发展报告（2014）
著(编)者：官建文　2014年4月出版 / 估价：79.00元

游戏蓝皮书
中国游戏产业发展报告（2014）
著(编)者：卢斌　2014年4月出版 / 估价：79.00元

舆情蓝皮书
中国社会舆情与危机管理报告（2014）
著(编)者：谢耘耕　2014年8月出版 / 估价：85.00元

粤港澳台文化蓝皮书
粤港澳台文化创意产业发展报告（2014）
著(编)者：丁未　2014年4月出版 / 估价：69.00元

地方发展类

安徽蓝皮书
安徽社会发展报告（2014）
著(编)者：程桦　2014年4月出版 / 估价：79.00元

安徽社会建设蓝皮书
安徽社会建设分析报告（2014）
著(编)者：黄家海　王开玉　蔡宪　2014年4月出版 / 估价：69.00元

北京蓝皮书
北京城乡发展报告（2014）
著(编)者：黄序　2014年4月出版 / 估价：59.00元

北京蓝皮书
北京公共服务发展报告（2014）
著(编)者：张耘　2014年3月出版 / 估价：65.00元

北京蓝皮书
北京经济发展报告（2014）
著(编)者：赵弘　2014年4月出版 / 估价：59.00元

北京蓝皮书
北京社会发展报告（2014）
著(编)者：缪青　2014年10月出版 / 估价：59.00元

北京蓝皮书
北京文化发展报告（2014）
著(编)者：李建盛　2014年5月出版 / 估价：69.00元

北京蓝皮书
中国社区发展报告（2014）
著(编)者：于燕燕　2014年8月出版 / 估价：59.00元

北京蓝皮书
北京公共服务发展报告（2014）
著(编)者：施昌奎　2014年8月出版 / 估价：59.00元

北京旅游绿皮书
北京旅游发展报告（2014）
著(编)者：鲁勇　2014年7月出版 / 估价：98.00元

北京律师蓝皮书
北京律师发展报告No.2（2014）
著(编)者：王隽　周塞军　2014年9月出版 / 估价：79.00元

北京人才蓝皮书
北京人才发展报告（2014）
著(编)者：于淼　2014年10月出版 / 估价：89.00元

城乡一体化蓝皮书
中国城乡一体化发展报告·北京卷（2014）
著(编)者：张宝秀　黄序　2014年6月出版 / 估价：59.00元

创意城市蓝皮书
北京文化创意产业发展报告（2014）
著(编)者：张京成　王国华　2014年10月出版 / 估价：69.00元

创意城市蓝皮书
青岛文化创意产业发展报告（2014）
著(编)者：马达　2014年5月出版 / 估价：69.00元

创意城市蓝皮书
无锡文化创意产业发展报告（2014）
著(编)者：庄若江　张鸣年　2014年8月出版 / 估价：75.00元

皮书系列 2014全品种

地方发展类

服务业蓝皮书
广东现代服务业发展报告（2014）
著(编)者：祁明 程晓　2014年1月出版 / 估价:69.00元

甘肃蓝皮书
甘肃舆情分析与预测（2014）
著(编)者：陈双梅 郝树声　2014年1月出版 / 估价:69.00元

甘肃蓝皮书
甘肃县域社会发展评价报告（2014）
著(编)者：魏胜文　2014年1月出版 / 估价:69.00元

甘肃蓝皮书
甘肃经济发展分析与预测（2014）
著(编)者：魏胜文　2014年1月出版 / 估价:69.00元

甘肃蓝皮书
甘肃社会发展分析与预测（2014）
著(编)者：安文华　2014年1月出版 / 估价:69.00元

甘肃蓝皮书
甘肃文化发展分析与预测（2014）
著(编)者：周小华　2014年1月出版 / 估价:69.00元

广东蓝皮书
广东省电子商务发展报告（2014）
著(编)者：黄建明 祁明　2014年11月出版 / 估价:69.00元

广东蓝皮书
广东社会工作发展报告（2014）
著(编)者：罗观翠　2013年12月出版 / 估价:69.00元

广东外经贸蓝皮书
广东对外经济贸易发展研究报告（2014）
著(编)者：陈万灵　2014年3月出版 / 估价:65.00元

广西北部湾经济区蓝皮书
广西北部湾经济区开放开发报告（2014）
著(编)者：广西北部湾经济区规划建设管理委员会办公室
　　　　广西社会科学院 广西北部湾发展研究院
2014年7月出版 / 估价:69.00元

广州蓝皮书
2014年中国广州经济形势分析与预测
著(编)者：庾建设 郭志勇 沈奎　2014年6月出版 / 估价:69.00元

广州蓝皮书
2014年中国广州社会形势分析与预测
著(编)者：易佐永 杨秦 顾涧清　2014年5月出版 / 估价:65.00元

广州蓝皮书
广州城市国际化发展报告（2014）
著(编)者：朱名宏　2014年9月出版 / 估价:59.00元

广州蓝皮书
广州创新型城市发展报告（2014）
著(编)者：李江涛　2014年8月出版 / 估价:59.00元

广州蓝皮书
广州经济发展报告（2014）
著(编)者：李江涛 刘江华　2014年6月出版 / 估价:65.00元

广州蓝皮书
广州农村发展报告（2014）
著(编)者：李江涛 汤锦华　2014年8月出版 / 估价:59.00元

广州蓝皮书
广州青年发展报告（2014）
著(编)者：魏国华 张强　2014年9月出版 / 估价:65.00元

广州蓝皮书
广州汽车产业发展报告（2014）
著(编)者：李江涛 杨再高　2014年10月出版 / 估价:69.00元

广州蓝皮书
广州商贸业发展报告（2014）
著(编)者：陈家成 王旭东 荀振英
2014年7月出版 / 估价:69.00元

广州蓝皮书
广州文化创意产业发展报告（2014）
著(编)者：甘新　2014年10月出版 / 估价:59.00元

广州蓝皮书
中国广州城市建设发展报告（2014）
著(编)者：董皞 冼伟雄 李俊夫
2014年8月出版 / 估价:69.00元

广州蓝皮书
中国广州科技与信息化发展报告（2014）
著(编)者：庾建设 谢学宁　2014年8月出版 / 估价:59.00元

广州蓝皮书
中国广州文化创意产业发展报告（2014）
著(编)者：甘新　2014年10月出版 / 估价:59.00元

广州蓝皮书
中国广州文化发展报告（2014）
著(编)者：徐俊忠 汤应武 陆志强
2014年8月出版 / 估价:69.00元

贵州蓝皮书
贵州法治发展报告（2014）
著(编)者：吴大华　2014年3月出版 / 估价:69.00元

贵州蓝皮书
贵州社会发展报告（2014）
著(编)者：王兴骥　2014年3月出版 / 估价:59.00元

贵州蓝皮书
贵州农村扶贫开发报告（2014）
著(编)者：王朝新 宋明　2014年3月出版 / 估价:69.00元

贵州蓝皮书
贵州文化产业发展报告（2014）
著(编)者：李建国　2014年3月出版 / 估价:69.00元

地方发展类

海淀蓝皮书
海淀区文化和科技融合发展报告（2014）
著(编)者:陈名杰 孟景伟　2014年5月出版 / 估价:75.00元

海峡经济区蓝皮书
海峡经济区发展报告（2014）
著(编)者:李闽榕 王秉安 谢明辉（台湾）
2014年10月出版 / 估价:78.00元

海峡西岸蓝皮书
海峡西岸经济区发展报告（2014）
著(编)者:福建省人民政府发展研究中心
2014年9月出版 / 估价:85.00元

杭州蓝皮书
杭州市妇女发展报告（2014）
著(编)者:魏颖 揭爱花　2014年2月出版 / 估价:69.00元

河北蓝皮书
河北省经济发展报告（2014）
著(编)者:马树强 张贵　2013年12月出版 / 估价:69.00元

河北蓝皮书
河北经济社会发展报告（2014）
著(编)者:周文夫　2013年12月出版 / 估价:69.00元

河南经济蓝皮书
2014年河南经济形势分析与预测
著(编)者:胡五岳　2014年3月出版 / 估价:65.00元

河南蓝皮书
2014年河南社会形势分析与预测
著(编)者:刘道兴 牛苏林　2014年1月出版 / 估价:59.00元

河南蓝皮书
河南城市发展报告（2014）
著(编)者:林宪斋 王建国　2014年1月出版 / 估价:69.00元

河南蓝皮书
河南经济发展报告（2014）
著(编)者:喻新安　2014年1月出版 / 估价:59.00元

河南蓝皮书
河南文化发展报告（2014）
著(编)者:谷建全 卫绍生　2014年1月出版 / 估价:69.00元

河南蓝皮书
河南工业发展报告（2014）
著(编)者:龚绍东　2014年1月出版 / 估价:59.00元

黑龙江产业蓝皮书
黑龙江产业发展报告（2014）
著(编)者:于渤　2014年10月出版 / 估价:79.00元

黑龙江蓝皮书
黑龙江经济发展报告（2014）
著(编)者:曲伟　2014年1月出版 / 估价:59.00元

黑龙江蓝皮书
黑龙江社会发展报告（2014）
著(编)者:艾书琴　2014年1月出版 / 估价:69.00元

湖南城市蓝皮书
城市社会管理
著(编)者:罗海藩　2014年10月出版 / 估价:59.00元

湖南蓝皮书
2014年湖南产业发展报告
著(编)者:梁志峰　2014年5月出版 / 估价:89.00元

湖南蓝皮书
2014年湖南法治发展报告
著(编)者:梁志峰　2014年5月出版 / 估价:79.00元

湖南蓝皮书
2014年湖南经济展望
著(编)者:梁志峰　2014年5月出版 / 估价:79.00元

湖南蓝皮书
2014年湖南两型社会发展报告
著(编)者:梁志峰　2014年5月出版 / 估价:79.00元

湖南县域绿皮书
湖南县域发展报告No.2
著(编)者:朱有志 袁准 周小毛　2014年7月出版 / 估价:69.00元

沪港蓝皮书
沪港发展报告（2014）
著(编)者:尤安山　2014年9月出版 / 估价:89.00元

吉林蓝皮书
2014年吉林经济社会形势分析与预测
著(编)者:马克　2014年1月出版 / 估价:69.00元

江苏法治蓝皮书
江苏法治发展报告No.3（2014）
著(编)者:李力 龚廷泰 严海良　2014年8月出版 / 估价:88.00元

京津冀蓝皮书
京津冀区域一体化发展报告（2014）
著(编)者:文魁 祝尔娟　2014年3月出版 / 估价:89.00元

经济特区蓝皮书
中国经济特区发展报告（2014）
著(编)者:陶一桃　2014年3月出版 / 估价:89.00元

辽宁蓝皮书
2014年辽宁经济社会形势分析与预测
著(编)者:曹晓峰 张晶 张卓民　2014年1月出版 / 估价:69.00元

流通蓝皮书
湖南省商贸流通产业发展报告No.2
著(编)者:柳思维　2014年10月出版 / 估价:75.00元

皮书系列 2014全品种　地方发展类

内蒙古蓝皮书
内蒙古经济发展蓝皮书(2013~2014)
著(编)者:黄育华　　2014年7月出版 / 估价:69.00元

内蒙古蓝皮书
内蒙古反腐倡廉建设报告No.1
著(编)者:张志华　无极　　2013年12月出版 / 估价:69.00元

浦东新区蓝皮书
上海浦东经济发展报告（2014）
著(编)者:左学金　陆沪根　　2014年1月出版 / 估价:59.00元

侨乡蓝皮书
中国侨乡发展报告（2014）
著(编)者:郑一省　　2013年12月出版 / 估价:69.00元

青海蓝皮书
2014年青海经济社会形势分析与预测
著(编)者:赵宗福　　2014年2月出版 / 估价:69.00元

人口与健康蓝皮书
深圳人口与健康发展报告（2014）
著(编)者:陆杰华　江捍平　　2014年10月出版 / 估价:98.00元

山西蓝皮书
山西资源型经济转型发展报告（2014）
著(编)者:李志强　容和平　　2014年3月出版 / 估价:79.00元

陕西蓝皮书
陕西经济发展报告（2014）
著(编)者:任宗哲　石英　裴成荣　　2014年3月出版 / 估价:65.00元

陕西蓝皮书
陕西社会发展报告（2014）
著(编)者:任宗哲　石英　江波　　2014年1月出版 / 估价:65.00元

陕西蓝皮书
陕西文化发展报告（2014）
著(编)者:任宗哲　石英　王长寿　　2014年3月出版 / 估价:59.00元

上海蓝皮书
上海传媒发展报告（2014）
著(编)者:强荧　焦雨虹　　2014年1月出版 / 估价:59.00元

上海蓝皮书
上海法治发展报告（2014）
著(编)者:潘世伟　叶青　　2014年1月出版 / 估价:59.00元

上海蓝皮书
上海经济发展报告（2014）
著(编)者:沈开艳　　2014年1月出版 / 估价:69.00元

上海蓝皮书
上海社会发展报告（2014）
著(编)者:卢汉龙　周海旺　　2014年1月出版 / 估价:59.00元

上海蓝皮书
上海文化发展报告（2014）
著(编)者:蒯大申　　2014年1月出版 / 估价:59.00元

上海蓝皮书
上海文学发展报告（2014）
著(编)者:陈圣来　　2014年1月出版 / 估价:59.00元

上海蓝皮书
上海资源环境发展报告（2014）
著(编)者:周冯琦　汤庆合　王利民　　2014年1月出版 / 估价:59.00元

上海社会保障绿皮书
上海社会保障改革与发展报告（2013~2014）
著(编)者:汪泓　　2014年1月出版 / 估价:65.00元

社会建设蓝皮书
2014年北京社会建设分析报告
著(编)者:宋贵伦　　2014年4月出版 / 估价:69.00元

深圳蓝皮书
深圳经济发展报告（2014）
著(编)者:吴忠　　2014年6月出版 / 估价:69.00元

深圳蓝皮书
深圳劳动关系发展报告（2014）
著(编)者:汤庭芬　　2014年6月出版 / 估价:69.00元

深圳蓝皮书
深圳社会发展报告（2014）
著(编)者:吴忠　余智晟　　2014年7月出版 / 估价:69.00元

四川蓝皮书
四川文化产业发展报告（2014）
著(编)者:向宝云　　2014年1月出版 / 估价:69.00元

温州蓝皮书
2014年温州经济社会形势分析与预测
著(编)者:潘忠强　王春光　金浩　　2014年4月出版 / 估价:69.00元

温州蓝皮书
浙江温州金融综合改革试验区发展报告（2013~201）
著(编)者:钱水土　王去非　李义超
2014年4月出版 / 估价:69.00元

扬州蓝皮书
扬州经济社会发展报告（2014）
著(编)者:张爱军　　2014年1月出版 / 估价:78.00元

义乌蓝皮书
浙江义乌市国际贸易综合改革试验区发展报告（2013~2014）
著(编)者:马淑琴　刘文革　周松强
2014年4月出版 / 估价:69.00元

云南蓝皮书
中国面向西南开放重要桥头堡建设发展报告（2014）
著(编)者:刘绍怀　　2014年12月出版 / 估价:69.00元

长株潭城市群蓝皮书
长株潭城市群发展报告（2014）
著(编)者:张萍　　2014年10月出版 / 估价:69.00元

地方发展类·国别与地区类

郑州蓝皮书
2014年郑州文化发展报告
著(编)者:王哲　2014年7月出版 / 估价:69.00元

中国省会经济圈蓝皮书
合肥经济圈经济社会发展报告No.4(2013~2014)
著(编)者:董昭礼　2014年4月出版 / 估价:79.00元

国别与地区类

G20国家创新竞争力黄皮书
二十国集团(G20)国家创新竞争力发展报告(2014)
著(编)者:李建平 李闽榕 赵新力
2014年9月出版 / 估价:118.00元

澳门蓝皮书
澳门经济社会发展报告(2013~2014)
著(编)者:吴志良 郝雨凡　2014年3月出版 / 估价:79.00元

北部湾蓝皮书
泛北部湾合作发展报告(2014)
著(编)者:吕余生　2014年7月出版 / 估价:79.00元

大湄公河次区域蓝皮书
大湄公河次区域合作发展报告(2014)
著(编)者:刘稚　2014年8月出版 / 估价:79.00元

大洋洲蓝皮书
大洋洲发展报告(2014)
著(编)者:魏明海 喻常森　2014年7月出版 / 估价:69.00元

德国蓝皮书
德国发展报告(2014)
著(编)者:李乐曾 郑春荣　2014年5月出版 / 估价:69.00元

东北亚黄皮书
东北亚地区政治与安全报告(2014)
著(编)者:黄凤志 刘雪莲　2014年6月出版 / 估价:69.00元

东盟黄皮书
东盟发展报告(2014)
著(编)者:黄兴球 庄国土　2014年12月出版 / 估价:68.00元

东南亚蓝皮书
东南亚地区发展报告(2014)
著(编)者:王勤　2014年11月出版 / 估价:59.00元

俄罗斯黄皮书
俄罗斯发展报告(2014)
著(编)者:李永全　2014年7月出版 / 估价:79.00元

非洲黄皮书
非洲发展报告No.15(2014)
著(编)者:张宏明　2014年7月出版 / 估价:79.00元

港澳珠三角蓝皮书
粤港澳区域合作与发展报告(2014)
著(编)者:梁庆寅 陈广汉　2014年6月出版 / 估价:59.00元

国际形势黄皮书
全球政治与安全报告(2014)
著(编)者:李慎明 张宇燕　2014年1月出版 / 估价:69.00元

韩国蓝皮书
韩国发展报告(2014)
著(编)者:牛林杰 刘宝全　2014年6月出版 / 估价:69.00元

加拿大蓝皮书
加拿大国情研究报告(2014)
著(编)者:仲伟合 唐小松　2013年12月出版 / 估价:69.00元

柬埔寨蓝皮书
柬埔寨国情报告(2014)
著(编)者:毕世鸿　2014年6月出版 / 估价:79.00元

拉美黄皮书
拉丁美洲和加勒比发展报告(2014)
著(编)者:吴白乙 刘维广　2014年4月出版 / 估价:89.00元

老挝蓝皮书
老挝国情报告(2014)
著(编)者:卢光盛 方芸 吕星　2014年6月出版 / 估价:79.00元

美国蓝皮书
美国问题研究报告(2014)
著(编)者:黄平 倪峰　2014年5月出版 / 估价:79.00元

缅甸蓝皮书
缅甸国情报告(2014)
著(编)者:李晨阳　2014年4月出版 / 估价:79.00元

欧亚大陆桥发展蓝皮书
欧亚大陆桥发展报告(2014)
著(编)者:李忠民　2014年10月出版 / 估价:59.00元

欧洲蓝皮书
欧洲发展报告(2014)
著(编)者:周弘　2014年3月出版 / 估价:79.00元

国别与地区类

葡语国家蓝皮书
巴西发展与中巴关系报告2014（中英文）
著(编)者:张曙光 David T. Ritchie
2014年8月出版 / 估价:69.00元

日本经济蓝皮书
日本经济与中日经贸关系发展报告（2014）
著(编)者:王洛林 张季风　2014年5月出版 / 估价:79.00元

日本蓝皮书
日本发展报告（2014）
著(编)者:李薇　2014年2月出版 / 估价:69.00元

上海合作组织黄皮书
上海合作组织发展报告（2014）
著(编)者:李进峰 吴宏伟 李伟　2014年9月出版 / 估价:98.00元

世界创新竞争力黄皮书
世界创新竞争发展报告（2014）
著(编)者:李建平　2014年1月出版 / 估价:148.00元

世界能源黄皮书
世界能源分析与展望（2013~2014）
著(编)者:张宇燕 等　2014年1月出版 / 估价:69.00元

世界社会主义黄皮书
世界社会主义跟踪研究报告（2014）
著(编)者:李慎明　2014年5月出版 / 估价:189.00元

泰国蓝皮书
泰国国情报告（2014）
著(编)者:邹春萌　2014年6月出版 / 估价:79.00元

亚太蓝皮书
亚太地区发展报告（2014）
著(编)者:李向阳　2013年12月出版 / 估价:69.00元

印度蓝皮书
印度国情报告（2014）
著(编)者:吕昭义　2014年1月出版 / 估价:69.00元

印度洋地区蓝皮书
印度洋地区发展报告（2014）
著(编)者:汪戎 万广华　2014年6月出版 / 估价:79.00元

越南蓝皮书
越南国情报告（2014）
著(编)者:吕余生　2014年8月出版 / 估价:65.00元

中东黄皮书
中东发展报告No.15（2014）
著(编)者:杨光　2014年10月出版 / 估价:59.00元

中欧关系蓝皮书
中国与欧洲关系发展报告（2014）
著(编)者:周弘　2013年12月出版 / 估价:69.00元

中亚黄皮书
中亚国家发展报告（2014）
著(编)者:孙力　2014年9月出版 / 估价:79.00元

皮书大事记

☆ 2012年12月，《中国社会科学院皮书资助规定（试行）》由中国社会科学院科研局正式颁布实施。

☆ 2011年，部分重点皮书纳入院创新工程。

☆ 2011年8月，2011年皮书年会在安徽合肥举行，这是皮书年会首次由中国社会科学院主办。

☆ 2011年2月，"2011年全国皮书研讨会"在北京京西宾馆举行。王伟光院长（时任常务副院长）出席并讲话。本次会议标志着皮书及皮书研创出版从一个具体出版单位的出版产品和出版活动上升为由中国社会科学院牵头的国家哲学社会科学智库产品和创新活动。

☆ 2010年9月，"2010年中国经济社会形势报告会暨第十一次全国皮书工作研讨会"在福建福州举行，高全立副院长参加会议并做学术报告。

☆ 2010年9月，皮书学术委员会成立，由我院李扬副院长领衔，并由在各个学科领域有一定的学术影响力、了解皮书编创出版并持续关注皮书品牌的专家学者组成。皮书学术委员会的成立为进一步提高皮书这一品牌的学术质量、为学术界构建一个更大的学术出版与学术推广平台提供了专家支持。

☆ 2009年8月，"2009年中国经济社会形势分析与预测暨第十次皮书工作研讨会"在辽宁丹东举行。李扬副院长参加本次会议，本次会议颁发了首届优秀皮书奖，我院多部皮书获奖。

社会科学文献出版社
SOCIAL SCIENCES ACADEMIC PRESS (CHINA)

社会科学文献出版社成立于1985年,是直属于中国社会科学院的人文社会科学专业学术出版机构。

成立以来,特别是1998年实施第二次创业以来,依托于中国社会科学院丰厚的学术出版和专家学者两大资源,坚持"创社科经典,出传世文献"的出版理念和"权威、前沿、原创"的产品定位,社科文献立足内涵式发展道路,从战略层面推动学术出版的五大能力建设,逐步走上了学术产品的系列化、规模化、数字化、国际化、市场化经营道路。

先后策划出版了著名的图书品牌和学术品牌"皮书"系列、"列国志"、"社科文献精品译库"、"中国史话"、"全球化译丛"、"气候变化与人类发展译丛""近世中国"等一大批既有学术影响又有市场价值的系列图书。形成了较强的学术出版能力和资源整合能力,年发稿3.5亿字,年出版新书1200余种,承印发行中国社科院院属期刊近70种。

2012年,《社会科学文献出版社学术著作出版规范》修订完成。同年10月,社会科学文献出版社参加了由新闻出版总署召开加强学术著作出版规范座谈会,并代表50多家出版社发起实施学术著作出版规范的倡议。2013年,社会科学文献出版社参与新闻出版总署学术著作规范国家标准的起草工作。

依托于雄厚的出版资源整合能力,社会科学文献出版社长期以来一直致力于从内容资源和数字平台两个方面实现传统出版的再造,并先后推出了皮书数据库、列国志数据库、中国田野调查数据库等一系列数字产品。

在国内原创著作、国外名家经典著作大量出版,数字出版突飞猛进的同时,社会科学文献出版社在学术出版国际化方面也取得了不俗的成绩。先后与荷兰博睿等十余家国际出版机构合作面向海外推出了《经济蓝皮书》《社会蓝皮书》等十余种皮书的英文版、俄文版、日文版等。

此外,社会科学文献出版社积极与中央和地方各类媒体合作,联合大型书店、学术书店、机场书店、网络书店、图书馆,逐步构建起了强大的学术图书的内容传播力和社会影响力,学术图书的媒体曝光率居全国之首,图书馆藏率居于全国出版机构前十位。

作为已经开启第三次创业梦想的人文社会科学学术出版机构,社会科学文献出版社结合社会需求、自身的条件以及行业发展,提出了新的创业目标:精心打造人文社会科学成果推广平台,发展成为一家集图书、期刊、声像电子和数字出版物为一体,面向海内外高端读者和客户,具备独特竞争力的人文社会科学内容资源供应商和海内外知名的专业学术出版机构。

中国皮书网

发布皮书研创资讯,传播皮书精彩内容
引领皮书出版潮流,打造皮书服务平台

栏目设置:

- □ 资讯:皮书动态、皮书观点、皮书数据、皮书报道、皮书新书发布会、电子期刊
- □ 标准:皮书评价、皮书研究、皮书规范、皮书专家、编撰团队
- □ 服务:最新皮书、皮书书目、重点推荐、在线购书
- □ 链接:皮书数据库、皮书博客、皮书微博、出版社首页、在线书城
- □ 搜索:资讯、图书、研究动态
- □ 互动:皮书论坛

www.pishu.cn

中国皮书网依托皮书系列"权威、前沿、原创"的优质内容资源,通过文字、图片、音频、视频等多种元素,在皮书研创者、使用者之间搭建了一个成果展示、资源共享的互动平台。

自2005年12月正式上线以来,中国皮书网的IP访问量、PV浏览量与日俱增,受到海内外研究者、公务人员、商务人士以及专业读者的广泛关注。

2008年10月,中国皮书网获得"最具商业价值网站"称号。

2011年全国新闻出版网站年会上,中国皮书网被授予"2011最具商业价值网站"荣誉称号。

权威报告 热点资讯 海量资源

当代中国与世界发展的高端智库平台

皮书数据库 www.pishu.com.cn

皮书数据库是专业的人文社会科学综合学术资源总库,以大型连续性图书——皮书系列为基础,整合国内外相关资讯构建而成。包含七大子库,涵盖两百多个主题,囊括了近十几年间中国与世界经济社会发展报告,覆盖经济、社会、政治、文化、教育、国际问题等多个领域。

皮书数据库以篇章为基本单位,方便用户对皮书内容的阅读需求。用户可进行全文检索,也可对文献题目、内容提要、作者名称、作者单位、关键字等基本信息进行检索,还可对检索到的篇章再作二次筛选,进行在线阅读或下载阅读。智能多维度导航,可使用户根据自己熟知的分类标准进行分类导航筛选,使查找和检索更高效、便捷。

权威的研究报告,独特的调研数据,前沿的热点资讯,皮书数据库已发展成为国内最具影响力的关于中国与世界现实问题研究的成果库和资讯库。

皮书俱乐部会员服务指南

1. 谁能成为皮书俱乐部会员?
- 皮书作者自动成为皮书俱乐部会员;
- 购买皮书产品(纸质图书、电子书、皮书数据库充值卡)的个人用户。

2. 会员可享受的增值服务:
- 免费获赠该纸质图书的电子书;
- 免费获赠皮书数据库100元充值卡;
- 免费定期获赠皮书电子期刊;
- 优先参与各类皮书学术活动;
- 优先享受皮书产品的最新优惠。

阅读卡

3. 如何享受皮书俱乐部会员服务?

(1)如何免费获得整本电子书?

购买纸质图书后,将购书信息特别是书后附赠的卡号和密码通过邮件形式发送到pishu@188.com,我们将验证您的信息,通过验证并成功注册后即可获得该本书的电子书。

(2)如何获赠皮书数据库100元充值卡?

第1步:刮开附赠卡的密码涂层(左方);

第2步:登录皮书数据库网站(www.pishu.com.cn),注册成为皮书数据库用户,注册时请提供您的真实信息,以便您获得皮书俱乐部会员服务;

第3步:注册成功后登录,点击进入"会员中心";

第4步:点击"在线充值",输入正确的卡号和密码即可使用。

皮书俱乐部会员可享受社会科学文献出版社其他相关免费增值服务
您有任何疑问,均可拨打服务电话:010-59367227 QQ:1924151860
欢迎登录社会科学文献出版社官网(www.ssap.com.cn)和中国皮书网(www.pishu.cn)了解更多信息

皮书数据库
www.pishu.com.cn

皮书数据库三期即将上线

• 皮书数据库（SSDB）是社会科学文献出版社整合现有皮书资源开发的在线数字产品，全面收录"皮书系列"的内容资源，并以此为基础整合大量相关资讯构建而成。

• 皮书数据库现有中国经济发展数据库、中国社会发展数据库、世界经济与国际政治数据库等子库，覆盖经济、社会、文化等多个行业、领域，现有报告30000多篇，总字数超过5亿字，并以每年4000多篇的速度不断更新累积。2009年7月，皮书数据库荣获"2008～2009年中国数字出版知名品牌"。

• 2011年3月，皮书数据库二期正式上线，开发了更加灵活便捷的检索系统，可以实现精确查找和模糊匹配，并与纸书发行基本同步，可为读者提供更加广泛的资讯服务。

更多信息请登录

| 中国皮书网 | 皮书微博 | 皮书博客 | 皮书微信 |
| http://www.pishu.cn | http://weibo.com/pishu | http://blog.sina.com.cn/pishu | 皮书说 |

请到各地书店皮书专架 / 专柜购买，也可办理邮购

咨询 / 邮购电话：010-59367028　59367070　　　邮　　箱：duzhe@ssap.cn
邮购地址：北京市西城区北三环中路甲29号院3号楼华龙大厦13层读者服务中心
邮　　编：100029
银行户名：社会科学文献出版社
开户银行：中国工商银行北京北太平庄支行
账　　号：0200010019200365434
网上书店：010-59367070　　qq：1265056568
网　　址：www.ssap.com.cn　　　　　www.pishu.cn